U0822852

21世纪立体化高职高专规划教材·财经系列

财务报表分析

（第2版）

刘晓菊　郭邦涌　骆淑芳　主　编

谭素娴　周炳伟　副主编

電子工業出版社
Publishing House of Electronics Industry
北京·BEIJING

内 容 简 介

本书是以最新企业会计准则、国家财经法规为指导而编写的，满足了高职高专会计专业财务分析、财务报表分析等课程教学需要。本书分为财务报表分析基础、主要财务报表分析、企业财务效率分析、财务报表综合分析4个项目。本书借鉴了财务报表分析的前沿成果，内容涵盖了财务报表分析的基本理论，注重与企业财务分析实务相衔接，各部分内容有理论、有实训，较好地体现了会计教学理实一体化的理念。各项目设有知识目标、能力目标、理论讲解、实务训练等模块，按照学习任务组织教学，设置了大量的案例，以及相关链接、小知识、任务检测等栏目，形式多样，有利于教学中开展师生互动，培养学生的动手能力。

本书体系完整，内容实用，既可作为高职高专会计类专业学生的学习用书，也可作为企业管理人员的自学参考用书。

图书在版编目（CIP）数据

财务报表分析/刘晓菊，郭邦涌，骆淑芳主编. —2版. —北京：电子工业出版社，2017.5
ISBN 978-7-121-31495-7
Ⅰ. ①财… Ⅱ. ①刘… ②郭… ③骆… Ⅲ. ①会计报表-会计分析-高等职业教育-教材 Ⅳ. ①F231.5
中国版本图书馆CIP数据核字（2017）第092679号

策划编辑：贾瑞敏　许振伍
责任编辑：贾瑞敏　　特约编辑：胡伟卷　苗丽敏
印　　刷：三河市华成印务有限公司
装　　订：三河市华成印务有限公司
出版发行：电子工业出版社
北京市海淀区万寿路173信箱　邮编100036
开　　本：787×1 092　1/16　印张：17.5　字数：436.8千字
版　　次：2013年8月第1版
2017年5月第2版
印　　次：2017年5月第1次印刷
册　　数：3 000册　　定价：39.80元

凡所购买电子工业出版社图书有缺损问题，请向购买书店调换。若书店售缺，请与本社发行部联系，联系及邮购电话：(010)88254888，88258888。

质量投诉请发邮件至zlts@phei.com.cn，盗版侵权举报请发邮件至dbqq@phei.com.cn。

本书咨询联系方式：电话010-62017651；邮箱fservice@vip.163.com；QQ群427695338；微信DZFW18310186571。

前 言

《财务报表分析》出版以来，得到了各院校师生的肯定和厚爱，多次重印。这激发了我们不断完善该教材的热情，坚定了我们为广大读者提供更实用、更新颖、更贴近经济新常态的教材的信心。此次修订保留了原教材的结构布局和体例，以方便教师教学；重新精选了近两年的企业实例，更新了教学案例、习题和实训，以利于学生学习和训练。

信息技术发展正带来业态和财务会计工作的变革，人工智能技术的进步真正使计算机把会计人员从简单会计处理工作中解脱出来，而将工作的重心转移到财务管理上来。财务分析是企业财务管理工作的重要内容，是管理者了解企业过去的经营和财务活动情况、判断目前所处的境地、预测未来发展趋势和变化的主要途径。财务报表分析是会计人员直接根据企业财务报表数据进行指标计算、比较、解读和判断，为深入研究企业偿债、盈利、营运和发展等问题及其影响因素提供基础性分析，具有较强的专业性。因此，许多高校会计专业专门开设财务报表分析课程，对学生财务分析能力进行系统的训练。

高职高专经济管理类专业学生，特别是会计专业学生通过本课程的学习和训练，能够加深对财务报表的理解，掌握利用会计数据和会计信息进行企业经营成果和财务状况的评价方法，具备通过财务报表数据评价过去和预测未来的能力，以及具有帮助利益相关组织改善决策的能力。本教材根据企业对相关职业人才的要求，以加强职业院校学生实践能力和职业技能的培养为宗旨，把理论学习与实践训练相结合，融“教”“学”“做”为一体，以满足高职高专会计专业与会计电算化专业财务分析课程的教学需要，使学生能够依据报表计算相关分析指标，进行数据比较分析、趋势研判和财务报告撰写。

本教材在内容选取与编排上，按照先易后难，讲、练结合的方式，根据职业教育的要求，把理论学习与实际应用相结合，单项训练与综合训练相结合。

为满足教师课堂教学需要，各项目划分若干任务，每一任务分理论学习、实务操作、任务检测 3 个环节进行编写。为满足学生课后训练的需要，在每一任务后都编写了配套实训。

经过修订后，本教材从整体策划到编写，更加突出以下 3 个方面的特色。

1. **实践性**。以理实一体化为理念，以学生学会为目标，突出了财务报表分析实训模块，通过大量的企业实例，使学生能够通过有针对性的训练来获得企业财务分析的技能。同时，对每一学习任务的关键点设置了相应提示板块，有利于在教学中开展师生互动，培养学生的动手能力。

2. **简明性**。本教材由多年从事财务报表分析课程教学的经验丰富的教师编写，从有利于教师教和学生学入手，为教师讲授理论和演示操作提供了必要的案例，为学生训练设置了相应的实务训练、任务检测和配套习题，并配有课件、实训参考答案。本教材结构清晰，内容通俗易懂。

3. **新颖性**。本教材依据最新企业会计准则，选用企业实际案例资料，借鉴前沿理论研究成果，结合职业教育教学要求，按照企业财务分析工作步骤安排教学和实训内容，有利于提高学生的职业适应能力。

本教材由金华职业技术学院刘晓菊、郭邦涌，广州工程技术职业学院骆淑芳担任主编，广州工程技术职业学院谭素娴、广东女子职业技术学院周炳伟担任副主编。全书由刘晓菊负责拟定大纲、统稿和修改。编写任务的具体分工为：各项目实训由郭邦涌编写；项目一，项目二，项目三中任务一、任务二由刘晓菊编写；项目三中任务三、任务四由周炳伟编写；项目四由骆淑芳、谭素娴编写。

在本教材的编写过程中，编者参阅了大量的著作和文献资料，在此向相关作者表示感谢。同时，在编写中得到了金华职业技术学院合作单位的支持，在此表示感谢！

由于编者水平有限，时间比较仓促，疏漏之处在所难免，欢迎广大读者批评指正，以便我们不断修改和完善。

编　者

目　录

项目一

财务报表分析基础

知识目标

1. 明确财务报表分析的目的。
2. 熟悉财务报表分析的内容、程序。
3. 熟悉财务报告的构成，了解财务报告的信息使用者。
4. 掌握财务报表分析的方法。
5. 理解财务报表分析的局限性。

能力目标

1. 能够描述不同会计信息使用者进行财务报表分析的目的。
2. 能够搜集较为全面的财务分析信息资料。
3. 能够灵活运用比较分析法、因素分析法。

任务一　财务报表分析的目的与内容

理论讲解

一、财务报表分析的产生与发展

财务报表分析是会计报表使用者以企业财务报告及其他相关资料为依据，采用专门的财务分析方法，系统分析和评价企业过去和现在的财务状况和经营成果，预测企业未来发展趋势，为作出正确决策提供准确依据的一项经济管理活动。

财务报表分析产生于19世纪末20世纪初，是由美国银行界倡导的。银行家需要了解企业的经营情况和财务状况，调查和分析企业的信用状况和财务实力，以评价与判断企业的偿付能力及违约风险，从而要求企业提供反映其财务情况的财务报表，作为其考察、评价企业信用状况的主要依据。因此，当时的财务分析主要是为银行服务的信用分析。

资本及债务市场的形成与发展，使投资者需要更为广泛、丰富的信息资料。财务报表分析由主要为贷款银行服务扩展到为所有的资金提供者服务，财务分析的内容由信用状况、财务风险及偿债能力扩展到筹资结构、利润分配及盈利能力等，从而形成了较为完备的外部财务分析体系。

股份公司纷纷设立并发展起来以后，所有权与管理经营权分离下的受托经营责任关系得以确立且普遍存在。为改进经营管理，增强公司的盈利能力与偿债能力，以取得投资者和债权人的信任与支持，经营管理者开发了内部财务分析，从而使财务分析由外部分析扩展到内部分析，分析主体由外部利害关系人扩展到内部经营管理者。

随着经济发展、体制改革与现代公司制的出现，现代财务分析领域不断扩展，财务分析在资本市场、企业重组、绩效评价、企业评估等领域的应用也越来越广泛。知识经济时代的到来，大数据技术被广泛地应用于各个领域，如保险、医疗、信息、航空航天等行业，并取得了良好成效。在财务分析中，大数据技术以其大量化、多样化、快速化优势受到了财务管理人员的一致好评。一方面，它极大地提升了财务数据分析和处理的能力；另一方面，还提高了财务管理的质量和水平。

小知识

大数据为我们带来了什么？

大数据（big data），或称巨量资料，指的是所涉及的资料量规模巨大到无法通过目前主流软件工具，在合理时间内进行撷取、管理、处理，并整理成帮助企业经营决策的信息。当一波又一波的 IT 技术热潮源源不断地向我们扑面而来的时候，无论是否作好了准备，都要开始迎接它所带来的影响了。在物联网、云计算的推波助澜下，大数据开始登场了。但它到底给我们带来了什么呢？

预测未来

大数据吸引人的地方在于用“科学”的办法挑战了“预测学”，帮助人们发现未知，帮助人们进行决策。大数据把看起来不相关的数据放到一起分析，找出某些跨领域的关联关系，进而找出因果关系，发现价值。“现在已经是一个有海量数据的时代，应用数学已经取代了其他的所有学科工具，而且只要数据足够，就能说明问题。”

变革商业

大数据所带来的商机，会衍生出一系列与大数据相关的商业机遇与商业模式，数据的潜在价值也会源源不断地发挥作用。于是，未来有专门的数据搜集、数据分析、数据生成的一条数据产业链产生。影响最大的当然是 IT 公司。包括航空、金融、电商、政府、电信、电力，甚至 F1 赛车等各个行业的企业都在纷纷掘金大数据。可以看出，在推动大数据企业应用方面，真正看到大数据潜在商业价值的企业比大数据技术厂商还要着急。有消息称，阿里巴巴以 7 000 万美元收购了一家移动开发者数据统计平台。沃尔玛大数据实验室直接参与到大数据工具的开发和开源工作中。

变革思维

大数据时代改变思维方式。2009 年 H1N1 流行病毒背景下谷歌通过检测检索词条，处理了 4.5 亿个不同的数据模型，将预测结果与 2007 年、2008 年美国疾控中心记录的实际流感病例进行对比后，确定了 45 条检索词条组合，再制作数学模型后，最终预测结果与官方数据的相关系数高达 97%。如果按照传统的信息返回处理流程，通告新流感病毒病例将延迟一两周。对于飞速传播的疾病，信息滞后两周后果几乎是致命的。而谷歌运用大数据技术，以前所未有的方式，通过海量数据分析找出流感传播的范围，为世界预测流感提供了一种更快捷的预测工具。阿里巴巴的马云通过大量数据分析得出 2008 年经济疲弱，为其旗下商家提前作好迎接经济危机的准备提供了缓冲的时间。

资料来源：百度文库，2016-8-20.

二、财务报表分析的目的

财务报表分析的根本目的就是充分利用会计报表及其分析所揭示的信息作为决策的依据。概括起来就是：评价过去的经营业绩；衡量现在的财务状况；预测未来的发展趋势。不同的信息使用者进行分析的具体目的和侧重点有所不同，具体表现如下。

（一）企业经营管理者

企业经营管理者主要指企业的经理，以及各分厂、部门、车间的管理人员。他们进行财务分析的目的是综合的、多方面的，包括企业目标的完成情况、企业目前的财务状况、企业未来的发展前景。通过分析，可以及时发现生产经营中存在的问题，并采取有效措施解决问题，使企业增强盈利能力。

（二）企业投资者

企业投资者包括企业的所有者和潜在投资者。他们为决定是否投资，分析企业的资产和盈利能力，判断投资风险；为决定是否转让股份，分析盈利状况、股价水平和发展前景；为考查经营者的业绩，要分析资产盈利水平、破产风险和竞争能力；为决定股利分配政策，要分析筹资状况。

（三）企业债权人

企业债权人包括短期债权人和长期债权人。他们审定是否发放贷款，要分析放贷的报酬和风险；了解短期偿债能力，要分析流动状况；了解长期偿债能力，要分析盈利状况；决定是否转让债权，要分析企业的发展能力，等等。

（四）注册会计师和审计人员

注册会计师和审计人员通过财务分析，来确定企业财务状况和经营成果的真实性与合理性，鉴证企业会计报表的可靠性。

（五）其他企业利益相关者

税务机关、财政机关、工商行政管理机关和国有资产管理机构、律师、供应商（客户）等进行财务分析的目的：一是监督国家的各项经济政策、法规、制度在企业单位的执行情况；二是保证企业财务会计信息和财务分析报告的真实性、准确性，为宏观经济决策提供可靠信息。

与咨询业的发展有关，财务分析师已成为专门的职业，他们为各类报表使用者提供专业咨询，服务于不同的分析目的。

小知识

大数据时代的会计发展趋势

当今，大数据伴随着云计算、移动互联网的发展，正在对全球经济社会产生巨大的影响。大数据具有 4V 特点：数据体量巨大（Volume）；处理速度快（Velocity）；数据类型繁多（Variety）；价值密度低，商业价值高（Value）。大数据给现代会计提供了新的技术和方法，面对大数据所带来的新思维、新技术和方法的变革，会计人员需要应时而变来适应思维模式及数据处理模式的变化。大数据对会计发展的影响，主要表现在以下 3 个方面。

从事后的财务报告向实时财务报告发展

在传统会计中，会计人员只是在企业生产经营业务发生后才编制财务报告，而且财务报告编制过程漫长，年度财务报告一般用三四个月时间才能编制完成。这严重影响了会计信息的及时性和利用效率。随着信息技术迅速发展，越来越多的人意识到实时财务报告的重要性，而大数据技术使实时财务报告成为可能。实时财务报告是信息技术与大数据技术较好交叉融合的产物，是信息化条件下会计技术和方法发展的必然产物，尤其对业务数据和风险控制“实时性”要求较高的特定行业，如银行、证券、保险等行业，在这些行业中实现实时财务报告迫在眉睫。

在大数据时代，企业要实现实时财务报告，首先要在企业内部局域网中实现企业的会计信息系统和管理信息系统的数据集成，这可以通过建立企业的中心数据库来实现；其次是将企业内部局域网与因特网相连，实时财务报告系统中所用到数据则来源于因特网和企业内部局域网的中心数据库。实时财务报告由会计人员对数据库信息进行网页化处理后供用户浏览，同时用户也可根据需求自己定制所需信息，通过 ASP（Active Server Page）等动态页面生成技术即时生成所需的财务信息页面，为财务报告使用者提供实时的财务会计信息。

从会计的反映过去向预测未来发展

在大数据时代，会计人员需要更多地探寻如何利用大数据资源帮助企业预测或防范风险，并确保绩效和实现价值的持续增长。大数据技术能够让会计人员进行彻底革新，并有机会在企业中发挥更具战略性和“前瞻性”的作用。会计人员通过各种技术不断搜集、存储和传递的海量数据会改变会计工作的工作重心，从数据分析和挖掘过程中向企业领导提出预测性的重要趋势，并为股东和利益相关方创造新的财富。

会计人员要实现从反映过去向预测未来发展，需要做好3个方面的工作：首先，要制定数据评估的方法和服务，在符合法规且有效管理数据资产方面，发挥其对合规与内控方面的作用；其次，利用大数据提供更具针对性的决策支持，可以是通过实时方式，并决定何时与内部和外部利益相关方分享数据最有效，或何时将数据“兑现”为新产品；最后，利用大数据及其相关工具并不只是为了实时识别风险和提高会计服务能力，更是为了评估生产经营活动中所面临的短期和长期风险并进行规避。

从财务管理理念向综合管理理念发展

大数据的出现将颠覆现行财务管理的理念和模式，财务管理将不再局限于传统的财务领域，而是向销售、研发、人力资源等多个领域延伸和渗透，对于跟企业业务有关的一切数据的搜集、处理和分析将成为财务管理的主要定位和主导任务。大数据时代的财务管理拓展了传统财务管理的领域和范围，一些原本不属于传统财务管理范畴的业务会进入大数据时代的财务管理视野，可以将其称为“综合财务管理”。

综合财务管理因为大数据技术的支撑，能在企业决策时通过数据挖掘掌握大量的有用信息，这些信息有助于企业减少常规错误，有利于企业减少系统性风险，可以使企业对未来发展的预测更加准确。另外，大数据使得财务人员在进行相关数据分析时，及早觉察到异常情况，这样企业就可以提前采取措施，减少可能的损失或免除潜在的风险。综合财务管理极大地扩展了财务管理的领域和深度，从企业所处的行业背景分析、企业的竞争能力估计、企业无形资产评估、产品价值分析和自身财务状况出发，做到不仅“知己”，而且“知彼”。从这个意义上说，大数据时代，综合财务管理将成为企业的核心资源与核心竞争力。

资料来源：会计网，2015-05-17.

三、财务报表分析的内容

财务报表分析的内容包括以下几个部分。

① 财务报告分析，主要从会计分析角度对财务报告进行分析，包括资产负债表分析、利润表分析、现金流量表分析和所有者权益变动表分析4项内容。

② 财务效率分析，主要从比率分析与因素分析角度研究企业财务效率及变动情况，包括偿债能力分析、营运能力分析、盈利能力分析和发展能力分析4项内容。

③ 财务综合分析，主要利用系列财务分析指标，以全局的观点对企业的整体财务状况作出综合分析与评价。其主要分析方法有杜邦分析法、帕利普财务分析体系、沃尔评分法等。

在线自测

任务检测 1-1

一、单项选择题

1．财务分析开始于（　　）。

A．投资者　　B．银行家　　C．财务分析师　　D．企业经理

2．企业投资者进行财务报表分析的根本目的是关心企业的（　　）。

A．盈利能力　　B．营运能力　　C．偿债能力　　D．增长能力

3．从企业债权人的角度看，财务报表分析的最直接的目的是看企业的（　　）。

A．盈利能力　　B．营运能力　　C．偿债能力　　D．增长能力

4．社会贡献率指标是（　　）利益主体最关心的指标。

A．所有者　　B．经营者　　C．政府管理者　　D．债权人

二、多项选择题

1．财务报表分析的主体包括（　　）。

A．企业的经营者　　B．企业的所有者或潜在投资者

C．企业的债权人　　D．政府管理部门

2．财务报表分析的作用在于（　　）。

A．评价企业过去　　B．反映企业现状

C．预测企业未来　　D．进行专题分析

任务二　财务报表分析的信息搜集

理论讲解

财务报表分析信息按信息来源可分为内部信息和外部信息两类。

企业的内部信息主要包括会计信息、统计与业务信息、计划及预算信息等，企业的外部信息包括国家经济政策与法规信息、综合部门的信息、政府监管部门的信息、中介机构的信息等。财务报表分析使用的最主要信息资料是企业财务报告。企业的审计报告可以作为企业财务报表分析的参考资料。

小知识

财务报告与财务报表的区别

财务报告是指企业对外提供的反映企业某一特定日期财务状况和某一会计期间经营成果、现金流量的文件。企业的财务报告包括财务报表和其他应当在财务报告中披露的相关信息和资料。其中，财务报表由报表本身及其附注两部分构成，附注是财务报表的有机组成部分，而报表至少应当包括资产负债表、利润表和现金流量表等报表。

一、资产负债表

资产负债表是反映企业在某一特定日期的财务状况的会计报表。企业编制资产负债表的目的是通过如实反映企业的资产、负债和所有者权益金额及其构成情况，帮助使用者评

价企业资产的质量及短期偿债能力、长期偿债能力、利润分配能力等。

根据财务报表列报准则的规定，资产负债表采用账户式结构，即左侧列报资产，一般按资产的流动性大小排列；右侧列报负债和所有者权益，一般按要求清偿时间的先后顺序排列。账户式资产负债表中的资产各项目的合计等于负债和所有者权益各项目的合计，资产负债表左方和右方平衡。因此，通过账户式资产负债表，可以反映资产、负债和所有者权益之间的内在关系，即“资产＝负债＋所有者权益”，表中各项目分“年初余额”和“期末余额”两栏分别填列。

二、利润表

利润表是反映企业在一定会计期间的经营成果的会计报表。企业编制利润表的目的是通过如实反映企业实现的收入、发生的费用，以及应当计入当期利润的利得和损失等金额及其结构情况，帮助使用者分析评价企业的经营成果及其构成与质量。

财务报表列报准则规定，企业应当采用多步式利润表，将不同性质的收入和费用类别进行对比，从而可以得出一些中间性的利润数据，以便于使用者理解企业经营成果的不同来源。企业需要提供比较利润表，以便使用者通过比较不同时期利润的实现情况，判断企业经营成果的未来发展趋势。因此，利润表的各项目分为“本期金额”和“上期金额”两栏分别填列。

三、现金流量表

现金流量表是反映企业在一定会计期间的现金和现金等价物流入和流出的会计报表。企业编制现金流量表的目的是通过如实反映企业各项活动的现金流入和现金流出，帮助使用者评价企业生产经营过程，特别是经营活动中形成的现金流量和资金周转情况。

现金流量表以现金及现金等价物为基础编制，划分为经营活动、投资活动和筹资活动；按照收付实现制原则编制，将权责发生制下的盈利信息调整为收付实现制下的现金流量信息。通常情况下，现金流量应当分别按照现金流入和现金流出总额列报，计算出现金净增加额，从而全面揭示企业现金流量的方向、规模和结构。

全面执行企业会计准则体系的企业所编制的财务报表，还应当包括所有者权益（或股东权益）变动表。

四、所有者权益变动表

所有者权益变动表是反映构成所有者权益的各组成部分当期增减变动情况的报表。该报表应当全面反映一定时期内所有者权益的变动情况，不仅包括所有者权益总量的增减变动，还包括所有者权益增减变动的结构性信息，特别是要反映直接计入所有者权益的利得和损失，让使用者准确理解所有者权益增减变动的根源。

在所有者权益变动表中，净利润和直接计入所有者权益的利得和损失均单列项目反映，从而体现了企业综合收益的构成。根据规定，企业需要提供比较所有者权益变动表，因此所有者权益变动表的各项目分“本年金额”和“上年金额”两栏分别填列。

五、附注

附注是财务报表不可或缺的组成部分，是对在资产负债表、利润表、现金流量表和所有者权益变动表等报表中列示项目的文字描述或明细资料，以及对未能在这些报表中列示项目的说明等。企业编制附注的目的是通过对报表本身作补充说明，更加全面、系统地反映企业财务状况、经营成果和现金流量的全貌，从而有助于向使用者提供更为有用的决策信息，帮助其作出更加科学、合理的决策。

附注应当按照如下顺序披露有关内容。

（一）企业的基本情况

① 企业注册地、组织形式和总部地址。

② 企业的业务性质和主要经营活动，如企业所处的行业、所提供的主要产品或服务、客户的性质、销售策略、监管环境的性质等。

③ 母公司及集团最终母公司的名称。

④ 财务报告的批准报出者和财务报告批准报出日。

（二）财务报表的编制基础

（三）遵循企业会计准则的声明

企业应当声明编制的财务报表符合企业会计准则的要求，真实、完整地反映了企业的财务状况、经营成果和现金流量等有关信息，以此明确企业编制财务报表所依据的制度。

（四）重要会计政策和会计估计

1. 重要会计政策的说明

由于企业经济业务的复杂性和多样化，因此某些经济业务有多种会计处理方法可供选择。企业选择不同的会计处理方法，可能极大地影响企业的财务状况和经营成果。为了有助于使用者理解，有必要对这些会计政策加以披露。

2. 重要会计估计的说明

财务报表列报准则强调了对会计估计不确定因素的披露要求，企业应当披露会计估计中所采用的关键假设和不确定因素的确定依据，这些关键假设和不确定因素在下一会计期间内很可能导致对资产、负债账面价值进行重大调整。

（五）会计政策和会计估计变更及差错更正的说明

（六）报表重要项目的说明

企业应当以文字和数字描述相结合，尽可能以列表形式披露报表重要项目的构成或当期增减变动情况，并且报表重要项目的明细金额合计，应当与报表项目金额相衔接。在披露上，一般应当按照资产负债表、利润表、现金流量表、所有者权益变动表的顺序及其项目列示的顺序。

（七）其他需要说明的重要事项

这主要包括或有和承诺事项、资产负债表日后非调整事项、关联方关系及其交易等。

六、审计报告

审计报告是注册会计师根据独立审计准则的要求，在实施了必要的审计程序后出具的用于对被审计单位年度会计报表发表审计意见的书面文件。审计报告一般包括标题，收件人，引言段，管理层对财务报表的责任段，注册会计师的责任段，审计意见段，注册会计师的签名和盖章，会计师事务所的名称、地址及盖章，报告日期。

注册会计师根据审计结果和被审计单位对有关问题的处理情况，形成不同的审计意见。出具的审计报告分为标准审计报告和非标准审计报告两大基本类型。

（一）标准审计报告

标准审计报告是指注册会计师出具的不附加说明段、强调事项段或任何修饰性用语的无保留意见的审计报告。当出具无保留意见的审计报告时，注册会计师应当以“我们认为”作为意见段的开头，并使用“在所有重大方面”“公允反映”等术语。无保留意见的审计报告意味着，注册会计师通过实施审计工作，认为被审计单位财务报表的编制符合合法性和公允性的要求，合理保证财务报表不存在重大错报。

（二）非标准审计报告

非标准审计报告是指标准审计报告以外的其他审计报告，包括带强调事项段的无保留意见的审计报告和非无保留意见的审计报告。

1. 带强调事项段的无保留意见的审计报告

审计报告的强调事项段是指注册会计师在审计意见段之后增加的对重大事项予以强调的段落。增加强调事项段的情形有：对持续经营能力产生重大疑虑、存在重大不确定事项，以及其他审计准则规定增加强调事项段的情形。

增加强调事项段是为了提醒使用者关注某些事项，并不影响注册会计师的审计意见。为了使使用者明确这一点，注册会计师应当在强调事项段中指明，该段内容仅用于提醒使用者关注，并不影响已发表的审计意见。

2. 非无保留意见的审计报告

非无保留意见的审计报告包括保留意见的审计报告、否定意见的审计报告和无法表示意见的审计报告。

（1）保留意见的审计报告

如果认为财务报表整体是公允的，但还存在下列情形之一，注册会计师应当出具保留意见的审计报告。第一，会计政策的选用、会计估计的作出或财务报表的披露不符合适用的会计准则和相关会计制度的规定，虽影响重大，但不至于出具否定意见的审计报告；第二，因审计范围受到限制，不能获取充分、适当的审计证据，虽影响重大，但不至于出具无法表示意见的审计报告。

应当指出的是，只有当注册会计师认为财务报表就其整体而言是公允的，但还存在对财务报表产生重大影响的情形时，才能出具保留意见的审计报告。

（2）否定意见的审计报告

如果认为财务报表没有按照适用的会计准则和相关会计制度的规定编制，未能在所有重大方面公允反映被审计单位的财务状况、经营成果和现金流量，注册会计师应当出具否定意见的审计报告。

应当指出的是，只有当注册会计师认为财务报表存在重大错报会误导使用者，以至于财务报表编制不符合适用的会计准则和相关会计制度的规定，未能从整体上公允反映被审计单位的财务状况、经营成果和现金流量时，注册会计师才出具否定意见的审计报告。

（3）无法表示意见的审计报告

如果审计范围受到限制可能产生的影响非常重大和广泛，不能获取充分、适当的审计证据，以至于无法对财务报表发表审计意见，注册会计师就应当出具无法表示意见的审计报告。

无法表示意见不同于否定意见，它通常仅仅适用于注册会计师不能获取充分、适当的审计证据，以至于无法确定财务报表的合法性与公允性的情形。如果注册会计师发表否定意见，必须获得充分、适当的审计证据。无论是出具无法表示意见的审计报告，还是出具否定意见的审计报告，都只有在非常严重的情形下采用。

小知识

财务分析数据的获取

上海证券市场或深圳证券市场上市公司的股票、证券、债券交易情况，或者上证指数、深交指数发展变化的情况，上市公司的最新财务报告数据，可以通过以下网站来获取。

全景网：http://www.p5w.net。

证券之星：http://www.stockstar.com.cn。

搜狐财经：http://business.sohu.com。

新浪财经：http://finance.sina.com.cn。

证券时报网：http://www.stcn.com。

和讯网：http://www.hexun.com。

中国资本证券网：http://www.ccstock.cn。

七、财务报表分析的局限性

财务报告是财务分析的主要数据来源，而财务报告是以会计核算资料为基础编制的，它以一定的会计假设为基础，采用权责发生制，执行统一的会计准则和制度进行计量。报表数据本身具有局限性，具体表现为以下几点。

① 财务报告主要反映历史信息，不能准确代表企业资产的现在价值和能力，而财务分析需要通过评价过去，衡量现在，更要预测未来的发展趋势。根据历史信息评价企业未来

的各种能力，具有局限性。

② 财务报告主要反映货币计量的经济信息，不能反映企业全部的实际状况和能力。例如，财务报告不能反映企业的信誉、市场地位、技术优势、人力资源等。

③ 财务报告数据可以被粉饰。例如，企业为表现良好的偿债能力和营运能力，可以在报表日前放宽信用条件、扩大销售、增加销售收入，抛售短期有价证券，提前办理大额增资并偿还部分流动负债，期末压缩或延缓进货等。

④ 选择不同的会计政策影响财务指标的可比性。不同企业不同会计方法的选择，必然影响到不同企业会计资料的可比性，使财务分析结论脱离实际。

任务检测 1-2

选择题

在线自测

1．财务会计报告包括（　　）。

A．会计报表　　B．会计报表附注

C．财务情况说明书　　D．招股说明书

2．资产负债表的附表是（　　）。

A．应交增值税明细表　　B．分部报表

C．利润分配表　　D．财务报表附注

配套实训

实训　财务分析信息搜集

利用因特网，浏览上市公司财务报告，了解财务报告的基本内容，并进行财务分析信息资料搜集。请关注公司以下年度报告内容。

1．重要提示、目录和释义

2．公司简介和主要财务指标

3．公司业务概要

4．管理层讨论与分析

5．重要事项

6．股份变动及股东情况

7．优先股相关情况

8．董事、监事、高级管理人员和员工情况

9．公司治理

10．财务报告

11．备查文件目录

特别关注财务报告信息，尝试下载各年度的主要报表数据，为后续分析作准备。

提示：可以以上市公司尖锋集团为例（股票代码 600668），登录新浪财经网页，查询该股数据信息。

任务三　财务报表分析的程序和方法

理论讲解

一、财务报表分析的程序

为保证财务分析的开展，具体的分析工作必须依据一定的程序分步骤实施。一般可分为以下步骤。

（一）准备阶段

准备阶段的主要任务是明确财务分析的目的，制订财务分析计划，搜集财务分析信息。

财务分析首先要确定分析目的，在明确分析目的的基础上，应制订财务分析计划，内容包括：分析人员的分工和职责、分析工作的步骤和时间、财务分析的内容及拟采用的分析方法等。分析方案确定后，要搜集所需要的资料。通常财务报表是任何分析都需要的，除此之外，还可能需要非财务报表资料。信息搜集整理的及时性、完整性、准确性对分析的正确性有着直接的影响。

（二）实施阶段

这一阶段的主要内容是进行财务报告的会计分析、财务比率指标分析，并在此基础上开展综合分析。

会计分析是财务分析的基础。会计分析一般可按 4 个步骤进行：第一，阅读财务报告；第二，比较会计报表；第三，解释会计报表；第四，修正会计报表信息。通过会计分析，对发现的由于会计原则、会计政策等引起的会计信息差异，应通过一定的方式加以说明、调整，以消除会计信息的失真问题。

财务比率指标分析是财务分析的一项重要方法。应根据分析的目的和要求选择恰当的分析指标，对企业的财务状况作出评价。在以上分析的基础上，将定量分析、定性分析和实际调查情况相结合，对企业财务状况和经营成果作出全面分析和评价。

（三）形成结论阶段

财务分析的最终目的是为财务决策提供依据。编写财务分析报告、作出分析结论是财务分析的最后步骤，主要是将财务分析的的结论、分析中发现的基本问题、针对问题提出的改进措施以书面的形式表示出来，为使用者提供服务。例如，该企业是否具有投资价值，是否为该企业提供贷款，以及企业收益率下降的原因是什么等。

二、财务报表分析的方法

小知识

巴菲特财务报表分析八法

巴菲特说："只有愿意花时间学习如何分析财务报表，才能够独立地选择投资目标。"相反，如果不能从财务报表中看出上市公司是真是假是好是坏，巴菲特认为，就别在投资圈里混了。巴菲特运用以下 8 种方法分析公司财务报表。

方法一，垂直分析：确定财务报表结构中占比最大的重要项目

垂直分析，又称纵向分析，实质上是结构分析。第 1 步，首先计算确定财务报表中各项目占总额的比重或百分比；第 2 步，通过各项目的占比，分析其在企业经营中的重要性，一般项目占比越大，其重要程度越高，对公司总体的影响程度越大；第 3 步，将分析期各项目的比重与前期同项目比重对比，研究各项目的比重变动情况，对变动较大的重要项目作进一步分析。经过垂直分析法处理后的会计报表通常称为同度量报表、总体结构报表、共同比报表。以利润表为例，巴菲特非常关注销售毛利率、销售费用率、销售税前利润率、销售净利率，这实质上就是对利润表进行垂直分析。

方法二，水平分析：分析财务报表中年度变化最大的重要项目

水平分析，又称横向对比，是将财务报表各项目报告期的数据与上一期的数据进行对比，分析企业财务数据变动情况。水平分析进行的对比，一般不是只对比一两个项目，而是把财务报表报告期的所有项目与上一期进行全面的、综合的对比分析，揭示各方面存在的问题，为进一步全面、深入分析企业财务状况打下基础，因此水平分析法是会计分析的基本方法。这种本期与上期的对比分析，既要包括增减变动的绝对值，又要包括增减变动比率的相对值，才可以防止得出片面的结论。每年巴菲特致股东的信的第 1 句就是说伯克希尔公司每股净资产比上一年度增长的百分比。

方法三，趋势分析：分析财务报表中长期变化最大的重要项目

趋势分析是一种长期分析，计算一个或多个项目随后连续多个报告期数据与基期比较的定基指数，或者与上一期比较的环比指数，形成一个指数时间序列，以此分析这个报表项目历史长期变动趋势，并作为预测未来长期发展趋势的依据之一。趋势分析法既可用于对会计报表的整体分析，即研究一定时期报表各项目的变动趋势，也可以只是对某些主要财务指标的发展趋势进行分析。巴菲特特别重视公司净资产、盈利、销售收入的长期趋势分析。他每年致股东的信的第 1 页就是一张表，列示从 1965 年以来伯克希尔公司每年每股净资产增长率、标准普尔 500 指标年增长率，以及二者的差异。

方法四，比率分析：最常用，也是最重要的财务报表分析方法

比率分析就是将两个财务报表数据相除得出的相对比率，分析两个项目之间的关联关系。比率分析法是最基本、最常用，也是最重要的财务报表分析方法。财务比率一般分为 4 类：盈利能力比率、营运能力比率、偿债能力比率、增长（发展）能力比率。从巴菲特过去 40 多年致股东的信来看，巴菲特对这 4 类比率中最关注的是净资产收益率、总资产周转率、资产负债率、销售收入和利润增长率。财务比率分析的最大作用是，使不同规模的企业财务数据所传递的财务信息可以按照统一的标准进行横向对照比较。财务比率的常用标准有 3 种：历史标准、经验标准、行业标准。巴菲特经常会与历史水平进行比较。

方法五，因素分析：分析最重要的驱动因素

因素分析法，又称连环分析法，用来计算几个相互联系的驱动因素对综合财务指标的影响程度的大小。例如，销售收入取决于销量和单价两个因素——企业提价，往往会导致销量下降。我们可以用因素分析法来测算价格上升和销量下降对收入的影响程度。巴菲特 2007 年这样分析：1972 年他收购喜诗糖果时，年销量为 1 600 万磅。2007 年增长到 3 200 万磅，35 年只增长了一倍，年增长率仅为 2%，但销售收入却从 1972 年的 0.3 亿增长到 2007 年的 3.83 亿美元，35 年增长了 13 倍。销量增长一倍，收入增长 13 倍，最主要的驱动因素是持续涨价。

方法六，综合分析：对多项重要指标结合进行综合分析

企业本身是一个综合性的整体，企业的各项财务活动、各张财务报表、各个财务项目、各个财务分析指标是相互联系的，如果单独分析一项或一类财务指标，就会像盲人摸象一样陷入片面理解的误区。因此，我们要把相互依存、相互作用的多个重要财务指标结合在一起，从企业经营系统的整体角度来进行综合分析，从而对整个企业作出系统的、全面的评价。目前，使用比较广泛的有杜邦财务分析体系、沃尔评分法、帕利普财务分析体系。最重要、最常用的是杜邦财务分析体系：净资产收益率＝销售净利率×资产周转率×权益乘数。这 3 个比率分别代表公司的销售盈利能力、营运能力、偿债能力。此外，还可以根据其驱动因素进一步细分。

方法七，对比分析：同最主要的竞争对手进行对比分析

同那些进行广泛分散投资的机构不同，巴菲特高度集中投资于少数超级明星公司，前十大重仓股所占组合超过 80%。这些超级明星公司各项重要财务指标都远远超过行业平均水平。在长期稳定发展的行业中，那些伟大的超级明星企业也往往都有一个与其实力相当、难分高下的对手。例如，软饮料行业中的可口可乐与百事可乐、快餐行业中的麦当劳与肯德基、飞机制造行业中的波音与空客。两个超级明星企业旗鼓相当，几乎垄断了行业的大部分市场，这就形成了典型的双寡头垄断格局。因此，把超级明星公司与其竞争对手进行对比分析是最合适的方法。

方法八，前景分析：预测未来长期业绩是财务分析的最终目标

巴菲特进行财务报表分析的目的不是分析所有公司，而是寻找极少数超级明星。“我们始终在寻找那些业务清晰易懂、业绩持续优异，由能力非凡并且为股东着想的管理层来经营的大公司。这种目标公司并不能充分保证我们的投资盈利：我们不仅要在合理的价格上买入，而且我们买入的公司的未来业绩还要与我们的预测相符。这种投资方法——寻找超级明星，给我们提供了走向真正成功的唯一机会。”对企业未来发展前景进行财务预测是财务报表分析的最终目标。巴菲特说得非常明确：“我关注的是公司未来 20 年，甚至 30 年的盈利能力。”

资料来源：百度文库，2016-1-27.

常见的财务报表分析的基本方法包括比较分析法、比率分析法、因素分析法和趋势分析法。

（一）比较分析法

比较分析法是财务报表分析中最常用的方法。比较分析法是通过指标对比，从数量上确定差异，并进一步分析原因的分析方法。可以进行本期的实际指标与前期的实际指标相比较、本期的实际指标与预期目标（如计划指标、定额指标、标准值等）相比较、本期的实际指标与同类企业相同指标相比较。对反映某方面情况的报表进行全面、综合对比分析，常用的比较分析法主要包括水平分析法和垂直分析法。

1. 水平分析法

水平分析法是指将反映企业报告期财务状况的信息（也就是会计报表信息资料）与反映企业前期或历史某一时期财务状况的信息进行对比，研究企业各项经营业绩或财务状况的发展变动情况的一种财务分析方法。水平分析法的要点是：将报表资料中不同时期的同项数据进行对比。对比的方式有以下几种。

一是绝对值增减变动的计算。其公式为：

$$\text{绝对值变动数量}=\text{分析期某项指标实际数}-\text{基期同项指标实际数}$$

二是增减变动率的计算。其公式为：

$$\text{变动率}=\frac{\text{变动绝对值}}{\text{基期实际数量}}\times 100\%$$

水平分析法在不同企业应用中，要注意可比性。即使在同一企业应用，对于差异的评价也应考虑对比基础。同时，应将两种对比方式结合运用，不仅要运用变动量，还应结合运用变动率进行分析。

2. 垂直分析法

垂直分析法是通过计算报表中各项目占总体的比重或结构，反映报表中的项目与总体的关系情况及其变动情况。垂直分析法的一般步骤如下。

第一，确定报表中各项目占总额的比重或百分比。其计算公式为：

$$\text{某项目的比重}=\frac{\text{该项目金额}}{\text{各项目总金额}}\times 100\%$$

第二，通过各项目的比重，分析各项目在企业经营中的重要性。一般项目比重越大，说明其重要程度越高，对总体的影响越大。

第三，将分析期各项目的比重与前期同项目比重对比，研究各项目的比重变动情况。

实务演练

案例资料：A公司2016年和2017年比较利润表如表1.1所示。

表1.1　A公司2016年和2017年比较利润表

万元

项　目	2016年	2017年
一、营业收入	65 000	78 700
减：营业成本	45 800	56 100
税金及附加	3 680	4 460

（续表）

项　目	2016年	2017年
销售费用	1 000	1 200
管理费用	3 000	3 280
财务费用	800	1 100
资产减值损失	0	0
加：公允价值变动净收益	0	0
投资净收益	12 000	10 800
二、营业利润	22 720	23 360
加：营业外收入	1 820	2 200
减：营业外支出	2 560	1 820
三、利润总额	21 980	23 740
减：所得税	5 120	5 935
四、净利润	16 860	17 805

根据表1.1，运用比较分析法编制利润水平分析表、垂直分析表，如表1.2、表1.3所示。

表1.2　A公司利润水平分析

万元

项　目	2017年	2016年	增减额	增减/（%）
一、营业收入	78 700	65 000	13700	21.08
减：营业成本	56 100	45 800	10300	22.49
税金及附加	4 460	3 680	780	21.20
销售费用	1 200	1 000	200	20.00
管理费用	3 280	3 000	280	9.33
财务费用	1 100	800	300	37.50
资产减值损失	0	0	0	0.00
加：公允价值变动净收益	0	0	0	0.00
投资净收益	10 800	12 000	−1200	−10.00
二、营业利润	23 360	22 720	640	2.82
加：营业外收入	2 200	1 820	380	20.88
减：营业外支出	1 820	2 560	−740	−28.91
三、利润总额	23 740	21 980	1760	8.01
减：所得税	5 935	5 120	815	15.92
四、净利润	17 805	16 860	945	5.60

表1.3　A公司利润垂直分析

万元

项　目	2017年	2016年	2017年/(%)	2016年/(%)
一、营业收入	78 700	65 000	100.00	100.00
减：营业成本	56 100	45 800	71.28	70.46
税金及附加	4 460	3 680	5.67	5.66
销售费用	1 200	1 000	1.52	1.54
管理费用	3 280	3 000	4.17	4.62
财务费用	1 100	800	1.40	1.23

（续表）

项　目	2017 年	2016 年	2017 年/(%)	2016 年/(%)
资产减值损失	0	0	0.00	0.00
加：公允价值变动净收益	0	0	0.00	0.00
投资净收益	10 800	12 000	13.72	18.46
二、营业利润	23 360	22 720	29.68	34.95
加：营业外收入	2 200	1 820	2.80	2.80
减：营业外支出	1 820	2 560	2.31	3.94
三、利润总额	23 740	21 980	30.17	33.82
减：所得税	5 935	5 120	7.54	7.88
四、净利润	17 805	16 860	22.62	25.94

要求：请说明上述分析表中数据的计算方法，复核数据计算的正确性，并结合数据对A公司利润情况作简要分析。

（二）比率分析法

比率分析法是通过计算性质不同但又相关的指标的比率，并同标准相比较，揭示企业财力状况的一种方法。由于它以相对数表示，可以揭示能力和水平，因而成为财务评价的重要依据。

比率指标主要有以下 3 类。

1. 构成比率

构成比率又称结构比率，是某项经济指标的各个组成部分与总体的比率，反映了部分与总体的关系。其计算公式为：

$$构成比率=\frac{某个组成部分数值}{总体数值}$$

利用构成比率，可以考查总体中某个部分的形成和安排是否合理，以便协调各项财务活动。

2. 效率比率

效率比率是某项经济活动中投入与产出的比率，反映了投入与产出的关系。利用效率比率，可以进行得失比较，考查经营成果，评价经济效益。例如，将利润项目与销售成本、销售收入、资本等项目加以对比，可以计算出成本利润率、销售利润率、资本利润率等利润率指标，以便从不同角度观察、比较企业获利能力的高低及其增减变化情况。

3. 相关比率

相关比率是根据经济活动客观存在的相互依存、相互联系的关系，以某个项目同与其有关但又不同的项目加以对比所得的比率，反映了有关经济活动的相互关系。利用相关比率指标，可以考虑有联系的相关业务安排得是否合理，以保障企业运营活动的顺利进行。例如，将流动资产与流动负债相比，计算出流动比率，据此判断企业的短期偿债能力。

比率分析法的优点是计算简便，计算结果容易判断，而且可以使某些指标在不同规模的企业之间进行比较，甚至也能在一定程度上超越行业间的差异进行比较。但应注意以下几点。

① 对比项目的相关性。计算比率的分子和分母必须具有相关性。在构成比率指标中，

部分指标必须是总体指标大系统中的一个小系统；在效率比率指标中，投入与产出必须有因果关系；在相关比率指标中，两个对比指标也要有内在联系，才能评价有关经济活动之间是否协调均衡，安排是否合理。

② 对比口径的一致性。计算比率的分子和分母必须在计算时间、范围等方面保持口径一致。

③ 衡量标准的科学性。需要选用一定的标准与之对比，以便对企业的财务状况作出评价。通常而言，科学合理的对比标准有4类：第一，预定目标，如预算指标、设计指标、定额指标和理论指标等；第二，历史标准，如上期实际、上年同期实际、历史先进水平等；第三，行业标准，如主管部门或行业协会颁布的技术标准和国内外同类企业的先进水平、国内外同类企业的平均水平等；第四，公认标准。

（三）因素分析法

因素分析法是依据分析指标与其影响因素之间的关系，按照一定的程序和方法，确定各因素对分析指标差异影响程度的一种分析方法。根据其分析特点，可分为连环替代法和差额计算法两种。

1. 连环替代法

连环替代法是指确定影响因素，并按照一定顺序逐个进行因素替换，计算出各个因素对分析指标变动影响程度的一种计算方法。

（1）连环替代法的计算程序

第一，确定分析指标与其影响因素之间的关系。确定分析指标与其影响因素之间关系的方法，通常是用指标分解法，即将经济指标在计算公式的基础上进行分解或扩展，从而得出各影响因素与分析指标之间的关系式。

第二，确定各个因素与分析指标的关系。根据分析指标的报告期数值与基期数值列出两个关系式或指标体系，确定分析对象。

第三，连环顺序替代，计算替代结果。所谓连环顺序替代就是以基期指标体系为计算基础，用实际指标体系中的每一因素的实际数顺序地替代其相应的基期数，每次替代一个因素，替代后的因素被保留下来。计算替代结果，就是在每次替代后，按关系式计算其结果，有几个因素就替代几个，并相应确定计算结果。

第四，比较各因素的替代结果，确定各因素对分析指标的影响程度。比较替代结果是连环进行的，即将每次替代所计算的结果与这一因素被替代前的结果进行对比，二者的差额就是替代因素对分析对象的影响程度。

例 A公司某产品年销售收入与商品销售量、商品销售单价的资料如表1.4所示。

表1.4 A公司2016年和2017年某产品销售情况资料

项　目	2017年	2016年	差　异
销售收入/万元	3 900	3 500	＋400
销售数量/台	300	250	＋50
销售单价/万元	13	14	－1

要求：分析各因素变动对销售收入的影响程度。

销售收入的因素分解式如下：

销售收入＝销售数量×销售单价

根据连环替代法的程序和对上述销售收入的因素分解式，可以得出以下结果。

实际指标体系（2017年销售收入）：300×13＝3 900（万元）

基期指标体系（2016年销售收入）：250×14＝3 500（万元）

分析对象：3 900-3 500＝＋400（万元）

在此基础上，按照第 3 步的做法进行连环顺序替代，并计算每次替代后的结果。

基期指标体系（2016年销售收入）：250×14＝3 500（万元）　　①

替代第一因素：以 2017 年销售数量替代。

销售收入＝300×14＝4 200（万元）　　②

替代第二因素：以 2017 年销售单价替代。

销售收入＝300×13＝3 900（万元）　　③

根据第 4 步，确定销售数量和销售单价两个因素的变动对销售收入的影响程度。

销售数量变动对销售收入的影响数＝②－①＝4 200－3 500＝700（万元）

销售单价变动对销售收入的影响数＝③－②＝3 900－4 200＝－300（万元）

汇总各因素对销售收入的影响数＝销售数量影响数＋销售单价影响数

＝700＋（－300）＝400（万元）

根据上述计算分析如下。

2017 年销售收入额比 2016 年销售收入额增加 400 万元，主要是销售数量 2017 年比上一年多 50 台，从而使销售收入额增加 700 万元；由于销售单价 2017 年比上一年降低 1 万元，从而使销售收入减少 300 万元。因此，增加市场销售数量为今后的努力方向。

（2）使用连环替代法应注意的问题

① 因素分解的关联性。确定构成分析的经济指标的因素，必须是客观上存在因果关系，要能够反映形成该项指标差异的内在构成原因，否则就失去了分析的价值。例如，将影响材料费用的因素分解为下面两个等式从数学上来说都是成立的。

材料费用＝产品产量×单位产品材料费用

材料费用＝工人人数×每人消耗材料费用

但是从经济意义上说，只有前一个因素分解式是正确的，后一个因素分解式在经济上没有任何意义。

② 因素替代的顺序。替代因素时，必须按照各因素的依存关系排列成一定的顺序并依次替代，不可随意加以颠倒，否则就会得出不同的计算结果。传统的方法是先数量指标，后质量指标；先实物量指标，后价值量指标；先主要因素，后次要因素；先绝对指标，后相对指标；先分子，后分母。一般而言，确定正确排列因素替代程序的原则是：按分析对象的性质，从各因素的相互依存关系出发，将对分析指标影响较大的并能明确责任的因素放在前面，这样的分析结果有助于分清责任。

③ 顺序替代的连环性。在计算每一个因素变动影响时，都是在前一次计算的基础上进行，并采用连环比较的方法确定因素变动影响结果。因为只有保持计算程序上的连环性，才能使各个因素影响之和等于分析指标变动的差异，以全面说明分析指标变动的原因。

④ 计算结果的假定性。连环替代法计算的各因素变动影响数，会因替代顺序的不同而有差别，因而计算结果不免带有假定性，也就是说它不可能使每个因素计算的结果都达到绝对准确。它只是在某种假定前提下的影响结果，离开了这种假定条件，也就不会是这种影响结果。因此，在进行财务分析时，财务人员应力求这种假定合乎逻辑，这样，计算结果的假定性才不至于影响分析的有效性。

2. 差额计算法

差额计算法是因素分析法在实际应用中的一种简化形式。它可直接利用各影响因素的实际数与基期数的差额，在其他因素不变的假定条件下，计算该因素对分析指标的影响程度。仍以例 1 来说明。

第 1 步：计算各因素的差额。

销售数量差额＝2017 年销售数量－2016 年销售数量＝300－250＝50（台）

销售单价差额＝2017 年销售单价－2016 年销售单价＝13－14＝－1（万元）

第 2 步：测算各因素变动对销售收入额差异数的影响额。

销售数量变动的影响额＝销售数量差额×上年销售单价＝50×14＝700（万元）

销售单价变动的影响额＝本年销售数量×销售单价差额＝300×（－1）＝－300（万元）

第 3 步：汇总各个因素的影响数。

销售收入额差异数＝销售数量变动影响额＋销售单价变动影响额＝700＋（－300）＝400（万元）

实务演练

案例资料：B 公司生产甲产品，产品产量、单位产品材料消耗量、材料单价及材料费用总额的有关资料如表 1.5 所示。

表 1.5　甲产品材料消耗的有关资料

项　目	上月数	本月数
产品产量/件	100	120
单位产品材料消耗量/千克	30	25
材料单价/元	20	22
材料费用总额/元	60 000	66 000

要求：分别运用连环替代法和差额分析法计算各因素对材料费用总额的影响方向和影响程度，并进行分析评价。

（四）趋势分析法

趋势分析法是根据企业连续几年或几个时期的分析资料，运用指数或完成率的计算，确定分析期各有关项目的变动情况和趋势的一种财务分析方法。它的一般步骤如下。

第一，计算趋势比率或指数。通常情况下，指数的计算有两种方法：一是定基指数，二是环比指数。定基指数是各个时期的指数都以某一固定时期为基期来计算；环比指数是各个时期的指数以前一期为基期来计算。

第二，根据指数计算结果，评价与判断企业各项变动趋势及其合理性。

第三，预测未来的发展趋势。根据企业以前各期的变动情况，研究其变动趋势或规律，从而预测出企业未来发展变动情况。

实务演练

案例资料：B公司2013—2017年的收益状况资料如表1.6所示。

表1.6　B公司收益状况资料

万元

项　目	2013年	2014年	2015年	2016年	2017年
营业收入	1 000	1 121	1 224	1 310	1 374
营业成本	784	859	872	913	930
营业税费	15	18	22	25	31
营业利润	201	244	330	372	413

以表1.6为基础，编制B公司的收益状况定基分析表，如表1.7所示。

表1.7　B公司收益状况定基分析

%

项　目	2013年	2014年	2015年	2016年	2017年
营业收入	100	112	122	131	137
营业成本	100	110	111	116	119
营业税费	100	120	147	167	207
营业利润	100	121	164	185	205

从表1.7中可以看出，从2013—2017年，B公司营业收入增长了37%，营业利润的增幅更大，高达105%。究其原因，虽然营业成本、营业税费呈逐年上升趋势，但各年的营业成本增幅均低于营业收入的增幅；营业税费的增幅虽然较大，但其绝对值较小，对营业利润的影响甚微。因此，营业收入在抵消营业成本、营业税费增长的影响后，仍推动了营业利润的高速增长。

再以表1.6为基础，编制B公司收益状况的环比分析表，如表1.8所示。

表1.8　B公司收益状况环比分析

%

项　目	2013年	2014年	2015年	2016年	2017年
营业收入	100	112	109	107	105
营业成本	100	110	102	105	102
营业税费	100	120	122	114	124
营业利润	100	121	135	113	111

从表1.8可以看出，从2013—2017年的环比指标均大于100%，但各年的环比指标不尽相同。其中，营业收入的增幅在逐年下降；营业成本虽呈逐年下降趋势，但各年降幅较小，下降的速度平缓；营业税费的增幅在逐年上升。因此，导致该公司的营业利润虽然逐年增加，但增长速度正逐渐放慢。

要求：请说明上述分析表中的数据计算方法并复核其正确性，结合数据对B公司利润情况作简要分析。

任务检测 1-3

选择题

1．对于连环替代法中各因素的替代顺序，传统的排列方法是(　　)。

A．不能明确责任的在前，可以明确责任的在后

B．价值数量因素在前，实物数量因素在后

C．数量指标在前，质量指标在后

D．质量指标在前，数量指标在后

在线自测

2．下列指标中，属于效率比率的是（　　）。

A．流动比率

B．资本利润率

C．资产负债率

D．流动资产占全部资产的比重

项目习题

一、单项选择题

1. 在进行财务报表分析工作时，分析工作的开始点和关键点是（　　）。

A. 明确分析目的　　B. 搜集分析资料

C. 进行具体分析　　D. 编写分析报告

在线自测

2. 在进行财务报表分析工作时，(　　)是财务报表分析的核心阶段。

A. 明确分析目的　　B. 搜集分析资料

C. 进行具体分析　　D. 编写分析报告

3. 在财务报表分析的基本方法中，(　　) 是最基础的方法。

A. 趋势分析法　　B. 因素分析法

C. 比较分析法　　D. 比率分析法

4. 通过（　　）可以对企业的财务状况、经营业绩等方面进行全面了解。

A. 外部分析　B. 内部分析　C. 综合分析　D. 流动性分析

5. 注册会计师对所审计的财务报告提出的意见类型中，属于有利意见的是（　　）。

A. 无保留意见　B. 有保留意见　C. 否定意见　D. 无法表示意见

6. 应用水平分析法进行分析评价时关键应注意分析资料的（　　）。

A. 全面性　B. 系统性　C. 可靠性　D. 可比性

7. 利用共同比资产负债表评价企业的财务状况属于（　　）。

A. 水平分析　B. 垂直分析　C. 趋势分析　D. 比率分析

8. 根据企业连续若干会计期间（至少3期）的分析资料，运用指数或动态比率的计算，比较与研究不同会计期间相关项目的变动情况和发展趋势的财务分析方法是（　　）。

A. 水平分析法　B. 垂直分析法　C. 趋势分析法　D. 比率分析法

9. 为了评价判断企业所处的地位与水平，在分析时通常采用的标准是（　　）。

A. 经验标准　B. 历史标准　C. 行业标准　D. 预算标准

10. 下列属于综合财务报表分析方法的是（　　）。

A. 比率分析法　B. 比较分析法　C. 杜邦分析法　D. 趋势分析法

二、多项选择题

1. 以上市公司为例，财务报告体系一般包括（　　）。

A. 财务报表　B. 审计报告　C. 财务状况说明书

D. 财务比率　E. 财务报表附注

2. 审计意见可划分的类型有（　　）。

A. 标准审计报告　B. 带强调事项段的无保留意见

C. 保留意见　D. 否定意见

E. 无法表示意见

3. 下列属于会计报表附注的内容有（　　）。

A. 重大投资融资活动

B. 会计报表中重要的明细资料

C. 企业的主要会计政策、会计估计及其变更

D. 关联方关系及其交易

E. 或有事项和资产负债表日后事宜

4. 财务报表分析的目的是（　　）。

A. 评价企业过去　B. 衡量企业现状

C. 预测企业未来　D. 进行全面分析

E. 进行专题分析

5. 财务报表分析的内容主要包括（　　）。

A. 财务报告分析　B. 财务效率分析

C. 财务综合分析　D. 可行性分析

6. 在比率分析中常用的财务比率有（　　）。

A. 相关比率　B. 效率比率

C. 构成比率　D. 动态比率

7. 在比较分析中常用的指标评价标准有（　　）。

A. 公认标准　B. 历史标准

C. 目标标准　D. 行业标准

8. 财务报表分析的主体是（　　）。

A. 职工和工会　B. 投资人

C. 债权人　D. 经理人员

E. 审计师

9. 作为财务报表分析主体的政府机构，包括（　　　　）。

A. 社会保障部门　　B. 国有企业的管理部门

C. 会计监管机构　　D. 证券管理机构

E. 税务部门

10. 财务报表分析实施阶段的主要内容是（　　　　）。

A. 制订财务分析计划　　B. 搜集财务分析信息

C. 进行财务报告的会计分析　　D. 财务比率指标分析

E. 综合分析

三、判断题

1. 财务分析的第 1 个步骤是搜集与整理分析信息。（　　）

2. 在采用因素分析法时，既可以按照各因素的依存关系排列成一定的顺序并依次替代，也可以任意颠倒顺序，其结果是相同的。（　　）

3. 财务指标分析就是指财务比率分析。（　　）

4. 行业间企业要避免正面价格竞争，关键在于其产品或服务的差异程度，差异程度越大，竞争程度越低。（　　）

5. 水平分析法在不同企业中应用，一定要注意其可比性问题，即使在同一企业中应用，对于差异的评价也应考虑其对比基础。（　　）

6. 债权人通常不仅关心企业偿债能力比率，而且关心企业盈利能力比率。（　　）

7. 比率分析法能综合反映比率与计算它的会计报表之间的联系。（　　）

8. 差额计算法只是连环替代法的一种简化形式，二者实质上是相同的。（　　）

9. 运用差额计算法进行因素分析不需要考虑因素的替代顺序问题。（　　）

10. 财务分析报告就是对财务报告进行的分析。（　　）

四、思考题

1. 简述财务报表分析的主体及内容。

2. 简述财务报表的内涵。

3. 财务报表分析的方法有哪些？

五、计算分析题

1. 某公司连续 5 年的销售收入与净利润如表 1.9 所示。

表 1.9　销售收入与净利润资料

万元

项　目	2013 年	2014 年	2015 年	2016 年	2017 年
销售收入	4 500	5 000	5 000	5 833	7 200
净利润	450	500	400	700	900

要求：

（1）计算各年销售收入和净利润的定基指数，编制该公司的销售收入和净利润趋势表。

（2）进行该公司经营情况及趋势分析。

2. 假定 A 产品的直接材料费用等有关资料如表 1.10 所示。

表 1.10　A 产品直接材料费用分析

项　目	产品产量/件	单位产品消耗量/千克	材料价格/元	材料费用总额/元
计划费用	100	20	15	30 000
实际费用	120	18	20	43 200
差异				＋13 200

要求：采用因素分析法计算各因素对产品直接材料费用的影响程度。

3. 某企业 2016 年和 2017 年有关总资产产值率、产品销售率、销售利润率和总资产报酬率的资料如表 1.11 所示。

表 1.11　某企业 2016—2017 年的有关资料　　　　%

指　标	2017 年	2016 年
总资产产值率	80.00	82.00
产品销售率	98.00	94.00
销售利润率	30.00	22.00
总资产报酬率	23.52	16.96

提示：

$$总资产报酬率＝总资产产值率×产品销售率×销售利润率$$

要求：分析各因素变动对总资产报酬率的影响程度。

项目二

主要财务报表分析

知识目标

1. 熟悉资产负债表、利润表、现金流量表、所有者权益变动表的格式。
2. 理解四大报表的内涵与作用。
3. 明确财务报告的分析目的。
4. 掌握财务报告的分析、评价方法。

能力目标

1. 能够开展资产负债表的结构分析、项目分析、质量分析。
2. 能够评价企业的财务状况。
3. 能够开展利润表的趋势分析、结构分析、质量分析。
4. 能够开展利润分配表的分析。
5. 能够对企业的经营成果、利润分配情况作出客观的分析和评价。
6. 能够开展现金流量表的趋势分析、结构分析、比率分析。
7. 能够对企业的现金流量变动情况作出分析和评价。

任务一　资产负债表阅读与分析

理论讲解

一、资产负债表的格式

资产负债表是反映企业在某一特定日期的财务状况的会计报表。资产负债表的格式一般有两种：报告式资产负债表和账户式资产负债表。报告式资产负债表是上下结构，上半部列示资产，下半部列示负债和所有者权益。它的具体排列形式又有两种：一是按“资产＝负债＋所有者权益”的原则排列；二是按“资产－负债＝所有者权益”的原则排列。账户式资产负债表是左右结构，左边列示资产，右边列示负债和所有者权益。

在我国，资产负债表采用账户式结构，左方列示资产各项目，反映全部资产的分布及存在形态；右方列示负债和所有者权益各项目，反映全部负债和所有者权益的内容及构成情况。资产负债表的基本格式如表 2.1 所示。

表 2.1 资产负债表的基本格式

资　产	期末余额	年初余额	负债和所有者权益	期末余额	年初余额
流动资产			流动负债		
非流动资产			非流动负债		
			所有者权益		
资产合计			负债和所有者权益合计		

资产负债表根据资产、负债、所有者权益（或股东权益，下同）之间的勾稽关系，按照一定的分类标准和顺序，把企业一定日期的资产、负债和所有者权益各项目予以适当排列。它反映的是企业资产、负债、所有者权益的总体规模和结构。其中，资产按流动性大小进行列示，分为流动资产和非流动资产；负债也按流动性大小进行列示，具体分为流动负债、非流动负债；所有者权益按实收资本、资本公积、盈余公积、未分配利润等项目分项列示。

资产负债表由表头、主表和补充资料三部分组成。

1. 表头

表头是报表的标志，包括报表名称、编制单位、编制日期、报表编号和金额单位。资产负债表是静态报表，编制日期应填写报告期末的最后一天日期。

2. 主表

主表是资产负债表的主体，以“资产＝负债＋所有者权益”这一会计等式为基础，包括资产负债表中各项目的名称、期初数、期末数等内容，分别按资产类、负债类和所有者权益类 3 类列示。

3. 补充资料

在资产负债表的下端，可以根据行业特点和报表充分揭示的需要，列示补充资料。补充资料是报表附注的重要内容，主要反映使用者需要了解，但在报表基本部分无法反映或无法单独反映的资料。

小知识

资产负债表的编制原则

资产负债表中的各项目均须填列“年初数”和“期末数”两栏。“年初数”栏内各数字，应根据上年末资产负债表“期末数”栏内各项数字填列。如果本年度资产负债表规定的各个项目的名称和内容与上年度不一致，应对上年年末资产负债表各项目的名称和数字按本年度的规定进行调整，然后填入。“期末数”栏主要有以下几种填列方式。

第一，根据总账科目余额直接填列。例如，“应付票据”“应收股利”和“短期借款”等。

第二，根据总账科目余额计算填列。例如，“货币资金”项目，需要根据“库存现金”、“银行存款”和“其他货币资金”3 个科目的余额相加填列。

第三，根据明细科目余额分析填列。例如，“应付账款”“预付账款”“应收账款”和“预收账款”4 个项目需要根据有关科目的明细科目分析填列。

第四，根据总账科目和明细科目余额分析填列。例如，“长期借款”项目，要根据“长期借款”的期末余额减去“长期借款——一年内到期的长期借款”明细科目的余额填列。

第五，根据有关科目余额减去备抵科目后的净额填列。例如，“固定资产”和“无形资产”等项目，需要根据其科目期末余额减去“累计折旧”“固定资产减值准备”“累计摊销”和“无形资产减值准备”等备抵科目余额后的净额填列。

二、资产负债表分析的目的和内容

（一）资产负债表分析的目的

① 揭示资产负债表及其相关项目的内涵。

② 了解企业财务状况的变动情况及变动原因。

③ 揭示企业资产、负债总额及其结构。

④ 解释、评价和预测企业的财务弹性。

⑤ 评价企业的偿债能力。

（二）资产负债表分析的内容

进行资产负债表分析时，通常的阅读步骤是由粗到细，先了解总量情况，再了解大类项目，然后逐层分解，最后到具体项目。资产负债表分析主要包括以下内容。

1. 资产负债表增减变动情况分析

资产负债表增减变动情况分析主要是运用水平分析法，通过对企业各项资产、负债和所有者权益的对比分析，揭示企业筹资与投资过程的差异，从而分析与揭示企业生产经营活动、经营管理水平、会计政策及会计变更对筹资和投资的影响。

2. 资产负债表结构分析

资产负债表结构分析主要是运用垂直分析法，通过对资产负债表中各项目与总资产或总权益进行对比，分析企业的资产构成、负债构成和所有者权益构成，揭示企业资产结构和资本结构的合理程度，探索企业资产结构优化、资本结构优化及资产结构与资本结构适应程度优化的分析。

3. 资产负债表项目分析

资产负债表项目分析是在资产负债表全面分析的基础上，对资产负债表中资产、负债和所有者的主要项目进行深入分析。

（三）报表分析实例

HS 股份有限公司（以下简称公司或 HS 公司）经浙江省人民政府企业上市工作领导小

组浙上市〔2000〕48 号文批准，于 2000 年 12 月 13 日在浙江省工商行政管理局登记注册。公司现有注册资本 62 375.04 万元，股份总数 62 375.04 万股，每股面值 1 元。公司属计算机应用服务行业。公司经营范围是：计算机软件的技术开发、咨询、服务、成果转让；计算机系统集成；自动化控制工程设计、承包、安装；计算机及配件的销售；电子设备、通信设备、计算机硬件及外部设备的生产、销售。其主要产品或提供的劳务包括证券、金融、交通等行业计算机软件产品与系统集成的开发和销售，计算机及配件的销售等。

HS 公司 2017 年末资产负债表如表 2.2 所示。

表 2.2　资产负债表

编制单位：HS 公司　　　　2017 年 12 月 31 日　　　　万元

资　产	期末余额	年初余额	负债和所有者权益	期末余额	年初余额
流动资产：			流动负债：		
货币资金	52 876	41 145	短期借款	0	3 375
交易性金融资产	2 516	18 790	交易性金融负债		
应收票据	0	0	应付票据	0	615
应收账款	16 795	8 472	应付账款	4 380	4 218
预付款项	287	247	预收款项	10 020	13 931
应收利息	0	0	应付职工薪酬	6 401	4 931
应收股利	0	0	应交税费	5 113	4 088
其他应收款	1 068	1 158	应付利息	21	19
存货	15 537	19 197	应付股利	0	0
一年内到期的非流动资产	0	0	其他应付款	5 430	6 000
其他流动资产	0	0	一年内到期的非流动负债	4 525	0
流动资产合计	89 079	89 009	其他流动负债	402	150
非流动资产：			流动负债合计	36 292	37 327
可供出售金融资产	18 911	13 393	非流动负债：		
持有至到期投资	0	0	长期借款	7 150	13 825
长期应收款	0	0	应付债券	0	0
长期股权投资	48 114	39 001	长期应付款	0	0
投资性房地产	3 671	3 729	专项应付款	0	0
固定资产	8 889	8 760	预计负债	305	243
在建工程	7	0	递延所得税负债	543	168
工程物资	0	0	其他非流动负债		
固定资产清理			非流动负债合计	7 998	14 236
生产性生物资产			负债合计	44 290	51 563
油气资产			所有者权益：		
无形资产	4 892	5 367	实收资本	62 375	62 375
开发支出			资本公积	4 898	4 322
长期待摊费用	392	136	盈余公积	20 505	18 604
递延所得税资产	723	473	未分配利润	42 610	23 004
非流动资产合计	85 599	70 859	所有者权益合计	130 388	108 305
资产总计	174 678	159 868	负债和所有者权益总计	174 678	159 868

三、资产负债表增减变动情况分析

资产负债表的增减变动情况分析是运用水平分析法将分析期的资产负债表各项目数值与基期（上年或计划、预算）数进行比较，计算某项目的变动额和变动率。除此之外，还应计算该项目变动对总资产或负债和所有者权益总额的影响程度，以便确定影响总资产或负债和所有者权益总额的重点项目，为进一步分析指明方向。

某项目变动对总资产或负债和所有者权益总额的影响程度可按下式计算：

$$某项目变动对总资产的影响=\frac{某项目的变动额}{基期总资产或总权益}\times 100\%$$

（一）编制资产负债表水平分析表

根据表2.2，编制HS公司资产负债表水平分析表，如表2.3所示。

表2.3　HS公司资产负债表水平分析　　万元

资　产	期末余额	年初余额	变动额	变动/（%）	对总资产的影响/（%）
流动资产：					
货币资金	52 876	41 145	11 731	28.51	7.34
交易性金融资产	2 516	18 790	−16 274	−86.61	−10.18
应收票据	0	0	0	0	0
应收账款	16 795	8 472	8 323	98.24	5.21
预付款项	287	247	40	16.19	0.03
应收利息	0	0	0	0	0
应收股利	0	0	0	0	0
其他应收款	1 068	1 158	−90	−7.77	−0.06
存货	15 537	19 197	−3 660	−19.07	−2.29
一年内到期的非流动资产	0	0	0	0	0
其他流动资产	0	0	0	0	0
流动资产合计	89 079	89 009	70	0.08	0.04
非流动资产：					
可供出售金融资产	18 911	13 393	5 518	41.20	3.45
持有至到期投资	0	0	0	0	0
长期应收款	0	0	0	0	0
长期股权投资	48 114	39 001	9 113	23.37	5.70
投资性房地产	3 671	3 729	−58	−1.56	−0.04
固定资产	8 889	8 760	129	1.47	0.08
在建工程	7	0	7	0	0
工程物资	0	0	0	0	0
固定资产清理			0	0	0
生产性生物资产			0	0	0
油气资产			0	0	0

（续表）

资 产	期末余额	年初余额	变动额	变动/（%）	对总资产的影响/（%）
无形资产	4 892	5 367	−475	−8.85	−0.30
开发支出			0	0	0
长期待摊费用	392	136	256	188.24	0.16
递延所得税资产	723	473	250	52.85	0.16
非流动资产合计	85 599	70 859	14 740	20.80	9.22
资产总计	174 678	159 868	14 810	9.26	9.26
负债和所有者权益					
流动负债：					
短期借款	0	3 375	−3 375	−100.00	−2.11
交易性金融负债					
应付票据	0	615	−615	−100.00	−0.38
应付账款	4 380	4 218	162	3.84	0.10
预收款项	10 020	13 931	−3 911	−28.07	−2.45
应付职工薪酬	6 401	4 931	1 470	29.81	0.92
应交税费	5 113	4 088	1 025	25.07	0.64
应付利息	21	19	2	10.53	0
应付股利	0	0	0	0	0
其他应付款	5 430	6 000	−570	−9.50	−0.36
一年内到期的非流动负债	4 525	0	4 525	0	2.83
其他流动负债	402	150	252	168.00	0.16
流动负债合计	36 292	37 327	−1 035	−2.77	−0.65
非流动负债：					
长期借款	7 150	13 825	−6 675	−48.28	−4.18
应付债券	0	0	0	0	0
长期应付款	0	0	0	0	0
专项应付款	0	0	0	0	0
预计负债	305	243	62	25.51	0.04
递延所得税负债	543	168	375	223.21	0.23
其他非流动负债			0	0	0
非流动负债合计	7 998	14 236	−6 238	−43.82	−3.90
负债合计	44 290	51 563	−7 273	−14.11	−4.55
所有者权益：					
实收资本	62 375	62 375	0	0	0
资本公积	4 898	4 322	576	13.33	0.36
盈余公积	20 505	18 604	1 901	10.22	1.19
未分配利润	42 610	23 004	19 606	85.23	12.26
所有者权益合计	130 388	108 305	22 083	20.39	13.81
负债和所有者权益总计	174 678	159 868	14 810	9.26	9.26

（二）资产负债表变动情况分析

1. 从投资或资产角度进行分析评价

第一，分析总资产规模的变动状况及各类、各项资产的变动状况，揭示资产变动的主要方面，从总体上了解企业经过一定时期经营后资产的变动情况。

第二，发现变动幅度较大或对总资产影响较大的重点类别和重点项目。分析时首先要注意发现变动幅度较大的资产类别或资产项目，特别是发生异常变动的项目；其次，要把对总资产变动影响较大的资产项目作为分析的重点。各项目变动对总资产的影响，不仅取决于该项目本身的变动程度，还取决于该项目在总资产中所占的比重。当某项目本身变动幅度较大时，如果该项目在总资产中所占比重较小，则该项目变动对总资产的变动就不会有太大影响；反之，即使某个项目本身变动幅度较小，如果其所占比重较大，则其对总资产变动的影响程度也很大。

第三，考察资产规模变动与所有者权益总额变动的适应程度，进而评价企业财务结构的稳定性和安全性。在资产负债表上，资产总额等于负债和所有者权益总额之和。如果资产总额的增长幅度大于所有者权益总额的增长幅度，表明企业债务负担加重。这可能是由于企业筹资政策变动引起的，但却会引起企业偿债保证程度下降，偿债压力增加。一般来说，为了保证企业财务结构的稳定性和安全性，资产规模变动应与所有者权益总额变动相适应。

根据表2.3，对HS公司总资产变动情况分析如下。

HS公司2017年较2016年总资产增加了14 810万元，增长幅度为9.26%，表明该公司2017年资产规模有一定的增长。进一步分析如下。

① 企业流动资产规模稳定，基本上与上年持平，但其内部构成存在增减变化。其中，货币资金增长了11 731万元，增幅高达28.51%，表明企业资产流动性增强，增加了即期支付能力；另外，应收账款增加了8 323万元，增幅达到98.24%，对此应进一步考察企业经营业务开展情况，结合该公司销售规模变动、信用政策和收账政策等进行评价。其他流动资产中，交易性金融资产、存货均有不同程度的下降。

② 非流动资产增长较快。本年度增长额为14 740万元，增幅达20.80%。其主要原因是长期股权投资增长迅速，增长额为9 113万元，增幅为23.37%。它是非流动资产中对总资产变动影响较大的项目之一，说明该公司对外扩张意图明显。同时，固定资产也有所提高，增加额为129万元，增幅为1.47%，表明该公司的未来生产能力将有一定提高。但无形资产的减少应引起关注，需要分析企业对无形资产的重视程度及减少的主要原因。

2. 从筹资或权益角度进行分析评价

第一，分析权益总额的变动状况及各类、各项筹资的变动状况，揭示权益总额变动的主要方面，从总体上了解企业经营一定时期后权益总额的变动情况。

第二，发现变动幅度较大或对权益影响较大的重点类别和重点项目，为进一步分析指明方向。

根据表2.3，对HS公司权益总额变动情况分析如下。

HS公司权益总额较上年增加14 810万元，增长幅度为9.26%，进一步分析可发现如下两点。

① 本年度负债下降了 7 273 万元，降幅为 14.11%。其中，流动负债下降 1 035 万元，降幅为 2.77%，主要表现为短期借款、预收款项的下降，有利于减轻企业的偿债压力；非流动负债下降了 6 238 万元，降幅高达 4.82%，主要表现为长期借款的减少，降幅达到 48.28%。企业的偿债负担进一步减轻。

② 本年度股东权益增加了 22 083 万元，增幅达 20.39%，使权益总额增加了 13.81%。这主要是由未分配利润、盈余公积及资本公积的较大幅度增长引起的。

总体来看，企业资产与所有者权益的适应程度较好，资产扩张的同时，企业资金实力较强，偿债风险逐步降低，企业积累增加，财务状况稳定。

四、资产负债表结构分析

资产负债表结构分析主要是运用垂直分析法，通过计算资产负债表中各项目占总资产或权益总额的比重，分析评价企业资产结构和权益结构变动的合理程度，具体分析企业资产结构、资本结构的变动情况及合理性，分析企业资产结构与资本结构的适应程度等。

根据表 2.2，编制 HS 公司资产负债表垂直分析表，如表 2.4 所示。

表 2.4　HS 公司资产负债表垂直分析　　万元

资　产	期末余额	年初余额	期末/（%）	期初/（%）	变动情况/（%）
流动资产：					
货币资金	52 876	41 145	30.27	25.74	4.53
交易性金融资产	2 516	18 790	1.44	11.75	－10.31
应收票据	0	0	0	0	0
应收账款	16 795	8 472	9.61	5.30	4.32
预付款项	287	247	0.16	0.15	0.01
应收利息	0	0	0	0	0
应收股利	0	0	0	0	0
其他应收款	1 068	1 158	0.61	0.72	－0.11
存货	15 537	19 197	8.89	12.01	－3.11
一年内到期的非流动资产	0	0	0	0	0
其他流动资产	0	0	0	0	0
流动资产合计	89 079	89 009	51.00	55.68	－4.68
非流动资产：					
可供出售金融资产	18 911	13 393	10.83	8.38	2.45
持有至到期投资	0	0	0	0	0
长期应收款	0	0	0	0	0
长期股权投资	48 114	39 001	27.54	24.40	3.15
投资性房地产	3 671	3 729	2.10	2.33	－0.23
固定资产	8 889	8 760	5.09	5.48	－0.39
在建工程	7	0	0	0	0
工程物资	0	0	0	0	0

（续表）

资　产	期末余额	年初余额	期末/（%）	期初/（%）	变动情况/（%）
固定资产清理			0	0	0
生产性生物资产			0	0	0
油气资产			0	0	0
无形资产	4 892	5 367	2.80	3.36	−0.56
开发支出			0	0	0
长期待摊费用	392	136	0.22	0.09	0.14
递延所得税资产	723	473	0.41	0.30	0.12
非流动资产合计	85 599	70 859	49.00	44.32	4.68
资产总计	174 678	159 868	100.00	100.00	0
负债和所有者权益					
流动负债：					
短期借款	0	3 375	0	2.11	−2.11
交易性金融负债			0	0	0
应付票据	0	615	0	0.38	−0.38
应付账款	4 380	4 218	2.51	2.64	−0.13
预收款项	10 020	13 931	5.74	8.71	−2.98
应付职工薪酬	6 401	4 931	3.66	3.08	0.58
应交税费	5 113	4 088	2.93	2.56	0.37
应付利息	21	19	0.01	0.01	0
应付股利	0	0	0	0	0
其他应付款	5 430	6 000	3.11	3.75	−0.64
一年内到期的非流动负债	4 525	0	2.59	0	2.59
其他流动负债	402	150	0.23	0.09	0.14
流动负债合计	36 292	37 327	20.78	23.35	−2.57
非流动负债：					
长期借款	7 150	13 825	4.09	8.65	−4.55
应付债券	0	0	0	0	0
长期应付款	0	0	0	0	0
专项应付款	0	0	0	0	0
预计负债	305	243	0.17	0.15	0.02
递延所得税负债	543	168	0.31	0.11	0.21
其他非流动负债					
非流动负债合计	7 998	14 236	4.58	8.90	−4.33
负债合计	44 290	51 563	25.36	32.25	−6.90
所有者权益：					
实收资本	62 375	62 375	35.71	39.02	−3.31
资本公积	4 898	4 322	2.80	2.70	0.10
盈余公积	20 505	18 604	11.74	11.64	0.10
未分配利润	42 610	23 004	24.39	14.39	10.00
所有者权益合计	130 388	108 305	74.64	67.75	6.90
负债和所有者权益总计	174 678	159 868	100.00	100.00	0

（一）资产结构的分析评价

① 从静态角度观察企业资产的配置情况，关注流动资产、非流动资产占总资产的比重。一般而言，流动资产变现能力强，资产风险较小。因此，当流动资产比重较大时，企业资产的流动性强而风险小；非流动资产比重较大时，企业资产弹性较差，不利于企业灵活调动资金，风险较大。

② 从动态角度分析资产结构的变动情况，对资产的稳定性作出评价。

在企业实际经营中，资产的基本构成会受到企业所处行业、企业的经营规模、经营策略、盈利模式等众多因素的影响，这需要分析者结合具体情况来分析。

从表 2.4 可以看出，从静态角度分析，HS 公司本期流动资产的比重为 51%，非流动资产的比重为 49%。根据公司的资产结构数据，该公司的资产流动性较强，资产风险不大。但同时要注意，过多的流动资产会降低企业的盈利能力。从动态角度分析，HS 公司本期流动资产的比重为 51.00%，较上期 55.68% 下降了 4.68%，变动幅度不大。虽然流动资产的比重呈下降趋势，但由于仍保持了超过 50% 的比例，显示出该企业资产较强的流动性。

（二）资本结构的分析评价

观察资本的构成及资本结构的变动情况，结合企业盈利能力和经营风险，评价资本结构的合理性。

从表 2.4 可以看出，HS 公司负债比重为 25.36%，所有者权益比重为 74.64%，资产负债率较低，财务风险较低。比较上年，负债比重下降了 6.9%，所有者权益比重上升了 6.9%，表明该公司资本结构较为稳健，财务实力有所增加。

（三）资产结构与资本结构适应程度的分析评价

小知识

资产结构、资本结构与资本成本

资产结构是指各种资产占企业总资产的比重，包括长、短期资产构成和比例，以及长、短期资产内部的构成比例。例如，流动资产和固定资产、有形资产和无形资产、短期资产和长期资产、临时波动的资产和永久固定的资产等的构成比例。

资本结构是指企业各种资金的来源构成及其比例关系。资本结构有广义和狭义之分：广义的资本结构是指企业全部资金的来源构成及其比例关系，不仅包括权益资本（指企业依法筹集，如通过吸收直接投资、发行普通股票获得并长期拥有、可自主支配的资本）、长期债务资金，还包括短期债务资金。狭义的资本结构仅指权益资本及长期债务资金的来源构成及其比例关系，不包括短期债务资金。

资本成本是指企业筹集和使用资本而付出的代价，通常包括筹资费用和用资费用。筹资费用，指企业在筹集资本过程中为取得资金而发生的各项费用，如银行借款的手续费，发行股票、债券等证券的印刷费、评估费、公证费、宣传费及承销费等。用资费用，指在使用所筹资本的过程中向出资者支付的有关报酬，如银行借款和债券的利息、股票的股利等。

资本成本是选择筹资方式、进行资本结构决策和选择追加筹资方案的依据，是评价投资方案、进行投资决策的重要标准，也是评价企业经营业绩的重要依据。

最优资本结构是指企业在一定时期内，筹措的资本的加权平均资本成本最低，使企业的价值达到最大化的资本结构。常用的确定最佳资本结构的方法是比较资本成本法，即通过比较不同的资本结构的加权平均资本成本，选择其中加权平均资本成本最低资本结构的方法。

资产结构与资本结构的适应性是指企业资本结构与企业当前及未来经营和发展活动相适应的情况。虽然不同企业资产结构与资本结构的适应形式多种多样，但归纳起来，可以分为保守结构、稳健结构、平衡结构和风险结构 4 种类型。

1. 保守结构分析

保守结构的资产负债表如表 2.5 所示。

表 2.5　资产负债表（保守结构）

流动资产	临时性占用流动资产	非流动负债
	永久性占用流动资产	所有者权益
非流动资产		

保守结构指企业全部资产的资金来源都是长期资本，即所有者权益和非流动负债。

优点：风险较低。

缺点：资本成本较高；筹资结构弹性较弱。

适用范围：很少被企业采用。

2. 稳健结构分析

稳健结构的资产负债表如表 2.6 所示。

表 2.6　资产负债表（稳健结构）

流动资产	临时性占用流动资产	流动负债
	永久性占用流动资产	非流动负债
非流动资产		所有者权益

稳健结构表现为企业非流动资产依靠长期资金解决，流动资产需要长期资金和短期资金共同解决。

优点：风险较小，负债资本相对较低，并具有一定的弹性。

适用范围：大部分企业。

3. 平衡结构分析

平衡结构的资产负债表如表 2.7 所示。

表 2.7　资产负债表（平衡结构）

流动资产	流动负债
非流动资产	非流动负债 所有者权益

平衡结构表现为企业的非流动资产用长期资金满足，流动资产用流动负债满足。

优点：当二者适应时，企业风险较小，且资本成本较低。

缺点：当二者不适应时，可能使企业陷入财务危机。

适用范围：经营状况良好，流动资产与流动负债内部结构相互适应的企业。

4. 风险结构分析

风险结构的资产负债表如表 2.8 所示。

表 2.8　资产负债表（风险结构）

<table>
<tr><td>流动资产</td><td rowspan="2">流动负债</td></tr>
<tr><td rowspan="2">非流动资产</td></tr>
<tr><td>非流动负债
所有者权益</td></tr>
</table>

风险结构表现为企业的流动负债不仅用于满足流动资产的资金需要，而且用于满足部分非流动资产的资金需要。

优点：资本成本最低。

缺点：财务风险较大。

适用范围：企业资产流动性很好且经营现金流量较充足，处在发展壮大时期的企业短期内采用。

根据 HS 公司的资产负债表资料，该公司本年的流动资产比重为 51%，流动负债比重为 20.78%，非流动负债比重为 4.58%，负债比重为 25.36%。企业流动资产需要短期资金和长期资金共同解决，属稳健结构。该公司上年的流动资产比重为 55.68%，流动负债比重为 23.35%。虽然本年的资产结构和资本结构有所改变，但资产结构与资本结构适应程度的性质并未改变，只是趋于保守。

实务演练

案例资料：M 公司资产负债表如表 2.9 所示。

表 2.9　M 公司资产负债表

2017 年 12 月 31 日　　万元

项　目	2016 年 12 月 31 日	2017 年 12 月 31 日
货币资金	85 732	93 290
交易性金融资产	7 600	8 200
应收票据	6 590	5 900
应收账款	16 800	16 500
预付账款	17 000	13 400
存货	122 381	130 550
其他流动资产	25 202	32 179
流动资产合计	281 305	300 019
长期投资	3 437	5 000
固定资产净额	541 900	533 950
无形资产及其他	67 220	68 600
非流动资产合计	612 557	607 550
资产总额	893 862	907 569

（续表）

项　目	2016 年 12 月 31 日	2017 年 12 月 31 日
短期借款	86 000	70 000
应付账款	46 500	36 400
应付职工薪酬	15 400	12 600
应交税费	8 462	4 600
流动负债合计	156 362	123 600
长期借款	100 000	150 000
实收资本	500 000	500 000
资本公积	26 481	28 963
盈余公积	15 874	16 894
未分配利润	95 145	88 112
负债及所有者权益合计	893 862	907 569

要求：

（1）编制 M 公司 2017 年资产负债表水平分析表（见表 2.10）。

表 2.10　M 公司 2017 年资产负债表水平分析

万元

项　目	年末数	年初数	增减额	增减/（%）	对总资产的影响/（%）
货币资金	93 290	85 732			
交易性金融资产	8 200	7 600			
应收票据	5 900	6 590			
应收账款	16 500	16 800			
预付账款	13 400	17 000			
存货	130 550	122 381			
其他流动资产	32 179	25 202			
流动资产合计	300 019	281 305			
长期投资	5 000	3 437			
固定资产净额	533 950	541 900			
无形资产及其他	68 600	67 220			
非流动资产合计	607 550	612 557			
资产总额	907 569	893 862			
短期借款	70 000	86 000			
应付账款	36 400	46 500			
应付职工薪酬	12 600	15 400			
应交税费	4 600	8 462			
流动负债合计	123 600	156 362			
长期借款	150 000	100 000			
实收资本	500 000	500 000			
资本公积	28 963	26 481			
盈余公积	16 894	15 874			
未分配利润	88 112	95 145			
负债及所有者权益合计	907 569	893 862			

（2）编制M公司2017年资产负债表垂直分析表（见表2.11）。

表2.11　M公司2017年资产负债表垂直分析　　万元

项　目	年末数	年初数	期末/（%）	期初/（%）	变动情况/（%）
货币资金	93 290	85 732			
交易性金融资产	8 200	7 600			
应收票据	5 900	6 590			
应收账款	16 500	16 800			
预付账款	13 400	17 000			
存货	130 550	122 381			
其他流动资产	32 179	25 202			
流动资产合计	300 019	281 305			
长期投资	5 000	3 437			
固定资产净额	533 950	541 900			
无形资产及其他	68 600	67 220			
非流动资产合计	607 550	612 557			
资产总额	907 569	893 862			
短期借款	70 000	86 000			
应付账款	36 400	46 500			
应付职工薪酬	12 600	15 400			
应交税费	4 600	8 462			
流动负债合计	123 600	156 362			
长期借款	150 000	100 000			
实收资本	500 000	500 000			
资本公积	28 963	26 481			
盈余公积	16 894	15 874			
未分配利润	88 112	95 145			
负债及所有者权益合计	907 569	893 862			

（3）分析评价企业资产结构与资本结构的适应程度。

提示：M公司2017年与2016年相比，资产总额增加了13 707万元，增长幅度达1.53%。其中，流动资产增加18 714万元，增长幅度为6.65%；非流动资产减少了5 007万元，变动幅度为－0.82%。

M公司的资金来源，2017年与2016年相比发生了较大的变化，主要是长期借款增加，短期借款减少，说明公司财务风险降低。

总的来说，M公司的非流动资产占资产总额的66%左右，而提供长期资金的长期借款和所有者权益资金占资金来源总额的80%左右，公司的资金结构与资产结构搭配合理，稍显保守。

五、资产负债表项目分析

（一）资产项目

对资产项目进行分析主要是针对货币资金、交易性金融资产、应收票据、应收账款、其他应收款、存货、固定资产、无形资产等项目作深入分析。

1. 货币资金

货币资金反映企业库存现金、银行结算户存款、外埠存款、银行汇票存款、银行本票存款、信用卡存款、信用保证金存款等的合计数。这些货币资金构成企业的“血液”，也是现金流量表中所谓的“现金”的主体。货币资金并不是多多益善，相反，货币资金占压过多，则意味着企业资金运作效率和水平较低。实务中，人们常常把那些因为不善于理财和找不到很好的投资机会而拿着很多钱不知道该怎么花的企业称为“现金牛”。货币资金本身意味着机会成本，企业应当根据自身需求，确定一个最佳货币资金持有量，以合理调度货币资金余缺，避免货币资金过多或过少给企业造成的不良后果。货币资金项目分析的重点是货币资金规模的合理性。决定企业货币资金规模的因素主要包括以下几个方面。

① 企业的资产规模、业务规模。企业资产总额越大，相应的货币资金规模越大，业务越频繁，货币资产也会越多。

② 企业筹集资金能力。企业信誉好，从银行借款或发行股票、债券都会比较顺利，企业就可以适当减少持有的货币资金数量。

③ 企业对货币资金的运用能力。企业运用货币资金的能力越强，资金在企业内部周转越快，企业就没有必要保留过多的货币资金。

④ 企业财务战略。当企业具有较为明确的发展战略时，为战略方针的落实进行财务准备，这样，存量货币资金的规模会因为分析时点的不同而处于企业不同的财务战略阶段。这时，货币资金结构的差异反映的是融资行为的结果，而非经营活动的经济结果。

⑤ 企业的行业特点。对于不同行业的公司，合理的货币资金规模会有所差异。

在分析货币资金变动情况时，应判断发生变动的原因。归纳起来，企业货币资金规模变动的原因主要有：第一，销售规模变动，企业销售商品或提供劳务是取得货币资金的主要途径，当销售规模发生变动时，货币资金存量规模必然会发生相应的变动；第二，信用政策变动，如果企业执行宽松的信用政策，增加赊销，减少现销比例，货币资金的存量规模会减少，如果企业执行紧缩的信用政策，收账政策严格，收账力度大，货币资金的存量规模就会增大；第三，为大笔现金支出作准备，如企业准备派发高额现金股利，积累大量的货币资金以备所需，会使货币资金存量规模变大；第四，资金调度，当企业货币资金规模过小时，企业能通过资金调度筹措资金，反之，会通过证券投资的方法提高资金使用效率，降低其规模；第五，所筹资金尚未使用，企业通过发行新股等取得大量现金，尚未运用或未找到合适的投资机会时，会形成较大的货币资金余额。

根据表2.3和表2.4，可以对HS公司的货币资金项目作出分析：从存量规模及变动情况看，该公司本年货币资金比上年增长了11 731万元，增幅28.51%，变动幅度较大；但结合营业收入增长20.87%进行综合判断，其货币资金存量规模和增长幅度较为适宜；从比重及变动情况看，该公司期末货币资金比重为30.27%，期初比重为25.74%，比重上升了4.53%，结合公司附注说明来看，主要是公司期末赎回理财产品收回的货币资金增加所致，因此，货币资金比重较为合理。

实务演练

案例资料：万科的货币资金。

账面上有718亿元的货币资金，在万科（000002.SZ）2016年半年报中，这个数字吓到了不少投资者，一年之间货币资金增加近7成，除了销售额大幅增加以外，大量合作项目受阻或许也使得万科手里的钱“花不出去”。

2016年半年报显示:“公司坚持稳健经营原则，财务、资金状况良好。截至报告期末，公司持有货币资金718.7亿元，远高于短期借款和一年内到期长期借款的总和292.9亿元。”“报告期末，公司净负债率（有息负债减去货币资金，除以净资产）为14.18%，继续保持在行业较低水平。”

2015年半年报显示：“公司始终坚持稳健经营的风格，财务、资金状况保持在良好水平。截至报告期末，公司持有货币资金人民币427.3亿元。剔除并不构成实际偿债压力的预收账款后，公司其他负债占总资产的比例为38.3%，与中期时接近；净负债率（有息负债减去货币资金，除以净资产）为23.4%，持续保持在行业较低水平。”

经营活动产生的现金流量金额，就从2015年上半年的−68亿元，暴涨到2016年上半年的近258亿元，主要因为是销售收到的现金从757亿元增加到1 273亿元；2016年上半年，万科营业收入为748亿元，同比2015年同期的502.7亿元增加48.8%。

由此可见，短短的一年时间，万科的货币资金暴增近7成，净负债率大幅下降近10个百分点，经营现金流暴增；如此重大的数据变动，万科并没有在刚刚公布的半年报中作出更详细的解释。不过或许万科现金暴增，跟股权事件的确有关系，这导致了万科的钱“花不出去”。

2016年半年报显示:“新的土地项目获取受阻。鉴于土地招拍挂溢价率持续上涨，公司近年来约7成项目通过合作方式获取。6月底以来，部分合作方担心公司品牌、管理、融资优势不能持续，提出改变合作条件，甚至解约，潜在项目拓展面临更大的不确定性，部分金额较大的招拍挂项目也难以邀请同行合作。6月底至8月初，公司已有31个合作项目因股权问题而被要求变更条款、暂缓推进或考虑终止合作。”

31个合作项目受阻，这也可以比较合理地解释为何万科账上的钱“花不出去”。万科高级副总裁谭华杰曾反复强调通过增发方式获得深圳地铁项目对万科未来发展很关键，只是目前看来似乎并不顺利。

8月22日的中期业绩发布会上，董事会秘书朱旭表示，关于引进深圳地铁的重组预案，目前还没有达成共识，但是万科会尊重各方意见，达到信披标准会披露；执行副总裁孙嘉称，员工对公司前景感到迷茫和困惑。今年上半年，万科总部离职率达到去年全年的水平。而离职率暴增的同时，公司在招聘方面也遇到难处，因为担忧万科发展，不少招聘对象放弃加盟。

“2016年上半年，是万科32年发展史中极为特殊的半年。始于2015年7月的股权事件延续至今，尚未妥善解决。发行股份购买资产预案尚未达成共识，部分股东一度提议罢免全体董事、非职工代表监事，国际国内评级机构表示公司现有信用评级及展望将面临调整压力。6月底以来，公司合作伙伴、客户、员工、其他中小股东对公司前景的疑惑和担忧进一步加剧，公司的正常运营也因此受到影响。”万科2016年半年报中“管理层讨论与分析”作出如此的陈述。

资料来源：第一财经日报，2016-08-22.

要求：

（1）阅读上述资料，结合万科的情况，分析企业货币资金存量水平高低的利弊。

（2）利用互联网，搜集下列上市公司上年度对外公布的年报中货币资金等数据，并将表2.12填列完整。

表2.12 上市公司货币资金占比情况分析

元

公司名称	所属行业	资产总计	货币资金	占总资产比重/（%）
美的电器（000527）	电器机械及器材制造业			
万科A（000002）	房地产开发与经营业			
浦发银行（600000）	银行业			
南玻A（000012）	非金属矿物制品业			
格力电器（000651）	电器机械及器材制造业			
中捷股份（002021）	专用设备制造业			
上海机场（600009）	交通运输辅助业			
一汽轿车（000800）	交通运输设备制造业			
中兴商业（000715）	零售业			
苏宁电器（002024）	零售业			

（3）观察表2.12中上市公司货币资金比重的最高、最低值，结合企业所处的行业特点进行货币资金存量的差异分析。

提示：货币资金占总资产的比重在不同公司之间差异较大，专用设备制造业的中捷股份货币资金占总资产的比重特别高，从公司的年报中可知，货币资金规模增加是销售规模增加、资金回笼增加及短期借款增加所致；银行业的浦发银行货币资金占总资产的比重是最小的，查看其他几家上市的银行业公司基本也是这种情况。因为银行业的资产总额特别大，从表中的情况来看，一般制造业的货币资金占比相对高些。

2. 交易性金融资产

交易性金融资产是指企业在公开证券市场中购买的，以公允价值计量且其变动计入当期损益的，主要为交易目的而持有的股票、债券、基金等。对于非金融机构而言，交易性金融资产只能是微不足道的“副业”，而且最好是“辅业”，即辅助现金资产，用于调剂货币资金余缺，在保持流动性的前提下，获取一定的收益，避免资金闲置而给企业带来机会损失。因此，对持有交易性金融资产的企业来说，应当注意防范风险，以增加投资的变现能力。此外，交易性金融资产是企业利用暂时闲置的资金进行的短期投资，主要目的是获利，因此，企业还应结合投资的效益情况进行分析。

根据HS公司年报数据及报表附注信息，2017年年末交易性金融资产为25 164 531.77元，比上年末187 904 667.10元下降了86.61%，主要是公司期末赎回理财产品所致，交易性金融资产变动较为合理。

3. 应收票据

应收票据是指企业因销售商品、产品和提供劳务等收到的商业汇票。它包括银行承兑汇票和商业承兑汇票两种形式。商业汇票是一种载有一定付款日期、付款地点、付款金额和付款人的无条件支付的流通证券，也是一种可以由持票人自由转让给他人的债权凭证。应收票据与一般的应收款项相比，流动性和安全性更强，更容易在市场上流通转让，供货方比较容易接受。鉴于此，在过去，应收票据一般不考虑坏账风险而是按照其原值反映，但它毕竟也是一种商业信用，依然存在风险，所以根据新准则规定，应收票据也要根据实际情况计提坏账准备，并按照扣除坏账准备后的净额列示。

4. 应收账款

应收账款是指企业因销售商品、产品和提供劳务等而应向购买单位收取的各种款项，如应收的价款、增值税税款及代垫的运杂费等。在正常情况下，这种账款在一年内应该能够收回，所以一般归属于流动资产。但在现实经济生活中，企业可能因为信用危机导致应收账款长期被占压而迟迟收不回来。为了体现应收账款的真实价值，应收账款应估计其坏账损失，按照商业信用金额扣除所计提的坏账准备的净额列示。应收账款分析应与销售额分析、现金流分析联系起来。应收账款的起点是销售，终点是现金。正常的情况是销售增加引起应收账款增加，现金的存量和经营现金流量也会随之增加。如果一个企业应收账款日益增加，而销售和现金日益减少，那么企业的营销政策可能已出现问题，甚至变得比较可疑，有隐匿收入操纵利润的嫌疑。

根据 HS 公司 2017 年年报，应收账款的账面价值为 167 954 594.96 元，坏账准备为 30 493 251.55 元，应收账款账面余额为 198 447 846.51 元；2016 年应收账款的账面价值为 84 712 262.96 元，坏账准备为 25 415 808.87 元，应收账款账面余额为 110 128 071.83 元；2017 年应收账款占流动资产的比重为 18.85%（16 795 万元/89 079 万元）；2016 年应收账款占流动资产的比重为 9.52%（8 472 万元/89 009 万元）。上述数据表明，该公司应收账款占流动资产比重较大，报告年度公司没有采取积极的收账措施，对公司的资金周转有一定的影响。根据附注了解到，公司应收账款账面价值当年增加了 8 324 万元，比上年增加了 98.26%，主要是公司本期销售增长使得相应的应收款增长。但结合营业收入增长 20.87% 进行综合判断，应收账款的增长大大超过当年营业收入的增长幅度，说明企业的营销政策存在问题，企业可能存在隐匿收入操纵利润的问题。

5. 其他应收款

其他应收款是指除应收票据、应收账款、预付账款、应收利息、应收股利等之外的其他应收或暂付款项。例如，企业与下属部门、职工之间的内部往来项目，以及应收的赔款等。可以从以下几方面展开分析。

① 其他应收款的规模及变动情况。

② 其他应收款包括的内容。

③ 关联方其他应收款余额及账龄情况。

④ 是否存在违规拆借资金等问题。

本项目按照实际可能收到的相关价值金额反映，也要扣除相应的坏账准备，在报表中用净额反映。由于其他应收款与企业主要业务无关，表中余额应明显小于应收账款的余额，且各期变动幅度不应过大。另外，该项目因种类繁多、规律性不强，极易成为造假者转移销售收入、偷逃税款的“集散地”或“垃圾桶”。在分析时，其他应收款金额如果过大，多属不正常现象，需要警惕企业变相的资金拆借行为，这时应深入了解相应资金的安全性。

根据HS公司资产负债表水平分析表和垂直分析表的数据分析，该公司2017年末其他应收款为1 068万元，上年末为1 158万元，本年末其他应收款规模变化不大，比较合理。

6. 存货

小知识

存货管理的适时制

适时制（JIT），又称适时生产方式，是20世纪70年代初首先由日本的丰田汽车制造公司提出来的，目的是克服大量流水线生产的局限性，以便能够实行多品种、小批量生产，满足顾客对产品种类、型号和颜色的多种多样的需求，并保证及时交货。20世纪70年代后期，JIT在日本企业迅速推广。80年代初以来，西方许多国家的企业及亚洲国家的企业也越来越多地采用这种先进的生产运作管理方式。因此，JIT的创立和普遍推行，对丰富和发展现代生产运作管理论与方法作出了重要贡献。

JIT是以只在需要的时候、按照所需要的数量、为顾客生产提供所需要的完美质量的产品为基本原则，依靠计算机管理手段，建立起来的包括从企业经营理念、管理原则到生产组织、计划与控制及作业管理、人力资源管理等在内的一整套较完整的管理理论和管理方法体系。这一管理方式所追求的目标，总的来说是通过不断完善生产经营体系而降低成本，满足顾客需求，提高企业经济效益。

具体目标有：消除一切无效劳动和浪费；库存最少，追求零库存；质量完美，追求零缺陷；多品种、小批量，直至生产批量为一个产品；百分百地准时供货服务。

存货是指企业在生产经营过程中为销售或耗用而储存的各种有形资产，包括各种原材料、包装物、低值易耗品、委托加工材料、产成品、库存商品及委托代销商品等。在资产负债表上，存货按照成本与可变现净值孰低计价。成本指的是取得存货的历史成本；可变现净值是指在日常活动中，存货估计售价减去至完工（主要是指原材料存货）时估计将要发生的成本、估计的销售费用及相关税费后的金额。存货的这种计价方式主要是为了避免存货价值虚增，体现了稳健性原则。存货金额的大小应采用辩证的观点来看。通常而言，在“适时制”及“零存货”等新的管理理念下，存货意味着较大的成本负担，而且给人造成“积压滞销”之嫌，但也不排除企业在特殊情况下，为了“囤积居奇”或战略性目的而把持着大量存货。

根据HS公司提供的2017年年报，2017年存货的年末数为15 537万元，年初数为19 197万元，存货减少了3 660万元；2017年年末存货占流动资产的比重为17.44%，年初存货占流动资产的比重为21.57%。该公司存货比重下降幅度较大，可能是因为生产规模缩小或者生产周期缩短。如果不属于上述原因，那么这种变化可能对公司下期生产经营产生不利影响，对此应引起公司经营者的注意。这时应通过报表附注中的信息洞察存货构成的变化，针对变化较大的存货项目，进一步分析变动的主要原因，并进行合理性分析。

7. 固定资产

固定资产是指企业为生产商品、提供劳务、出租或经营管理而持有的，使用寿命超过一个会计年度的有形资产。固定资产是企业经营规模大小的标志，是企业较重要的生产力要素之一，是企业经济效益和竞争力的源泉。

进行分析时，应注意以下几个方面。

① 应当关注固定资产规模与变动情况。固定资产作为企业赖以生存的物质基础，是企业产生效益的源泉，关系到企业的运营与发展。但是在企业的经营中，一旦企业达到一定规模，固定资产就不是一个频繁大幅度变动的项目。如果固定资产项目有大额变动，就需要充分关注。企业投资新项目、翻新厂房、扩大生产线等才有可能导致固定资产大幅增加，而且投资新项目和扩大生产线引起的直接效应是企业的产能增加，所以发现固定资产增加后，应相应地核对它的“互动效果”如何。例如，企业销售收入是否增加，生产效率是否提高等。

② 应当关注固定资产的结构。企业持有的固定资产并非完全为生产所需，还有相当数量的非生产用固定资产，以及生产中不需用的固定资产，据此可以评价企业固定资产的利用率及生产用固定资产的比率。如果这两个比率较低，应当降低对固定资产总体质量的评价。

③ 应当关注固定资产的折旧政策。在资产负债表上，固定资产按照固定资产原值减去累计折旧和固定资产减值准备后的净额列示。累计折旧计提存在不同方法，企业通常基于税收方面的考虑而选用不同的折旧方法。由此导致的固定资产账面价值的变化，财务报告使用者需要结合附注信息予以分析，在必要时可以还原固定资产的原始价值，以便考核企业的经营实力，正确评估固定资产的整体运行情况，对其使用效率和综合竞争力水平予以全面而公允的评价。

HS 公司 2017 年年末固定资产原值为 147 411 352.47 元，累计折旧为 58 520 516.35 元，固定资产净值为 88 890 836.12 元，固定资产减值准备为 3 283.83 元，固定资产的账面价值为 88 887 552.29 元。固定资产占总资产的比重为 5.09%，比上年末比重 5.48% 有所下降，该年末固定资产与流动资产的比例仅为 9.98%。从固定资产的数据分析，该公司固定资产比重下降，固流比例较低，虽然有助于提高资产的流动性和变现能力，具有行业特点，但该变化趋势对企业的提升营运能力不利，甚至会减弱企业的盈利能力。

8. 无形资产

无形资产尽管没有实物形态，但在知识经济时代，对企业生产经营活动的影响也是十分巨大的。企业控制的无形资产越多，其可持续发展能力和竞争能力就越强。资产负债表上列示的无形资产是指无形资产原值减去无形资产摊销后的摊余价值。因此，只根据资产负债表提供的资料，难以分析无形资产的增减变化。无形资产的减少除出售、对外投资等原因外，更主要的是因为其价值摊销造成的，分析时应注意企业是否有利用无形资产摊销而调整本期利润的行为。

根据 HS 公司的资产负债表数据，2017 年度该公司无形资产比上年减少了 475 万元，降低幅度为 8.85%，无形资产占总资产的比重只有 2.80%，开发支出为 0，这说明该公司控制的无形资产较少，没有发挥其在企业经营中的作用，企业应进一步重视无形资产的投资，提升发展能力。

小知识

经营杠杆、财务杠杆与总杠杆

企业财务管理中存在类似于物理学中的杠杆效应，表现为：由于特定固定支出或费用的存在，导致当某一财务变量以较小幅度变动时，另一相关变量会以较大幅度变动。杠杆效应包括经营杠杆（DOL）、财务杠杆（DFL）和总杠杆（DTL）3种效应形式。杠杆效应既可以产生杠杆利益，也可能带来杠杆风险。

1. 经营杠杆

由于固定成本的存在，当企业产销量在生产能力范围内时，产销量增加不会改变固定成本总额，但会降低单位固定成本，从而提高单位利润，使息税前利润的增长率大于产销量的增长率，这种作用称为经营杠杆。它是指由于固定成本的存在，而使得企业的资产报酬（息税前利润）变动率大于业务量变动率的现象。经营杠杆反映了资产报酬的波动性，用以评价企业的经营风险。

固定成本的存在使企业在产生经营杠杆作用的同时，也带来相应的经营风险。经营杠杆的作用并不都是积极的，只要企业销售量不能持续增长，经营杠杆所产生的作用就将是负面的。降低经营风险的措施有：降低固定成本比重，增加销售额，降低产品单位变动成本等。

2. 财务杠杆

无论企业营业利润多少，债务利息和优先股的股利都是固定不变的。当息税前利润增大时，每一元盈余所负担的固定财务费用就会相对减少，这能给普通股股东带来更多的盈余。这种债务对投资者收益的影响，称为财务杠杆。

财务杠杆利益的实质是由于企业投资收益率大于负债利率，由负债所取得的一部分利润转换给了权益资本，从而使得权益资本收益率上升。而若是企业投资收益率等于或小于负债利率，那么负债所产生的利润只能或者不足以弥补负债所需的利息，甚至利用权益资本所取得的利润都不足以弥补利息，而不得不以减少权益资本来偿债，这便是财务杠杆损失的本质所在。

财务杠杆利益和财务风险是企业资本结构决策的一个重要因素，资本结构决策需要在杠杆利益与其相关的风险之间进行合理的权衡。任何只顾获取财务杠杆利益，无视财务风险而不恰当地使用财务杠杆的做法都是企业财务决策的重大失误，最终将损害投资人的利益。

3. 总杠杆

总杠杆是指由于固定经营成本和固定资本成本的存在，导致普通股每股收益变动率大于产销业务量的变动率的现象。它是生产经营的不确定性或举债而给企业经营成果带来影响，进而使每股收益产生波动而造成的风险。一般而言，在其他因素不变的情况下，总杠杆系数越大，总风险越大；总杠杆系数越小，总风险越小。

（二）负债和所有者权益项目

对负债和所有者权益项目进行分析主要是针对短期借款、应付账款、长期借款、股本、未分配利润等项目作深入分析。

1. 短期借款

企业在资金不足的情况下，可以从金融机构举借一定数量的短期借款。其对企业的影响表现在：一是要在一年内（含一年）偿还，企业的偿债压力较大；二是短期借款的利率较长期借款的利率低，企业的利息负担较轻。对企业而言，一定数量的短期借款是企业经营所必需的，但如果数量太大，超过企业的偿债能力，会增加财务风险。企业可以根据流动负债的总量、目前的现金流量情况和对未来一年内的现金流量预期来分析短期借款负债水平的合理性。

表 2.3 显示，HS 公司本年度短期借款为 0，表明公司本年度所有的短期借款均已归还，不存在借款的偿债压力；但另一方面，说明企业本年度资金较为充裕，没有充分利用低成本资金。

2. 应付账款及应付票据

应付账款及应付票据因商品交易产生，属于企业的短期资金来源。其变动原因主要有以下几个方面。

① 销售规模的变动。当销售规模扩大时，增加存货需求，使应付账款及应付票据等债务规模扩大；反之，会使其降低。

② 充分利用无成本资金。应付账款及应付票据是因商业信用产生的一种无资金成本或资金成本极低的资金来源，企业应在维护信用的条件下充分利用该方式。

③ 供货方商业信用政策的变动。如果供货方放宽信用政策和收账政策，企业的应付账款和应付票据规模就会大些；反之，会小些。

④ 企业资金的充裕程度。企业资金相对充裕，债务规模就小些；在企业资金相对比较紧张时，就会影响到应付账款和应付票据的清欠。

在市场经济条件下，企业之间进行相互商业信用往来是正常的。利用应付账款和应付票据进行资金融通，基本上可以说是无代价的融资方式，但企业应合理使用，以避免造成企业信誉损失。

表 2.3 显示，HS 公司 2017 年年末应付票据为 0，企业无未到承兑期的应付票据；应付账款比上年末增加了 162 万元，增长率仅为 3.84%，应付账款变动较小，偿付压力较小。

3. 应交税费和应付股利

应交税费反映企业应交未交的各种税金及附加，包括流转税、所得税和各种附加费。应交税费的变动与企业营业收入、利润的变动相关，分析时应注意查明企业有无拖欠税款现象。

2017 年度 HS 公司应交税费增加了 1 025 万元，增长率为 25.07%，应注意查明是否存在拖欠税款的现象。

应付股利反映企业应向投资者支付而未付的现金股利。支付股利需要有现金准备，HS 公司应付股利金额为 0，对公司的支付能力无影响。

4. 其他应付款

其他应付款分析的重点有以下几个方面。

① 其他应付款规模与变动是否正常。

② 是否存在企业长期占用关联方企业资金的现象。分析应结合报表附注提供的资料进行。

2017 年度 HS 公司其他应付款余额为 5 430 万元，比上年年末减少了 570 万元，企业处理了部分往来款项，余额减少，较为合理。

5. 长期借款

长期借款作为企业筹集资金的重要渠道之一，每个期间内发生业务的次数不多，但一旦发生变化，就会立刻改变企业的资本结构和财务风险水平。引起长期借款变动的因素主要有以下几个方面。

① 银行信贷政策及资金市场的资金供应状况。如果金融业调整了长期借款的利率，降低到企业愿意完全接受的水平，一直用短期借款“拆东墙补西墙”的企业，可能会考虑改变这种状况，转成借一笔长期借款。

② 为了满足企业对资金的长期需要。如果有新的盈利水平较好的项目，一段时间内又没有更好的资金来源，则通过担保、抵押等方式借入长期借款是很多企业常常选择的方式。

③ 保持企业权益结构的稳定性。当企业的收益率远远高于资本市场收益率时，企业的股东非常愿意“借鸡生蛋”，因为债权人需要的仅仅是固定的利息，高出利息的企业收益将全部由股东享有，借钱越多、赚得越多，股东分得的超出资本金利息部分的收益就越多。

④ 调整企业负债结构和财务风险。如果企业负债太多，企业的财务风险太大，管理者可能会考虑提前归还部分长期借款，从而出现长期借款项目余额的变化。

根据表 2.3、表 2.4 提供的资料，HS 公司 2017 年度长期借款减少了 6 675 万元，降低幅度为 48.28%。从报表附注中得知，减少的主要原因是公司及控股子公司本期归还长期借款和重分类至一年内到期的非流动负债。长期借款的下降，导致企业资本结构中，负债比重下降为 25.36%，企业资本结构趋于保守。

6. 股本

股本是所有者权益项目的主要构成部分，也是企业资金来源的根本。如果企业对外报表显示本期股本有变动，则其原因主要有以下几个方面。

① 公司增发新股或配股。从本质上说，这是由投资者追加投资引起的股本变化，如果企业减资则会相反。

② 资本公积或盈余公积转增股本。这虽然也会引起股本发生变化，但所有者权益总额并未改变。

③ 以送股方式进行利润分配。这会引起股本增加，同时未分配利润减少，但所有者权益总额也并未改变。

7. 未分配利润

未分配利润作为所有者权益的重要项目，来源于利润表历年的积累，每期都在变化。引起未分配利润项目发生变化的原因主要有以下几个方面。

① 企业生产经营活动的业绩。它包括本年度的经营活动和以前年度的经营活动，因为

未分配利润是历年生产经营业绩积累的结果。

② 企业利润分配政策的执行。如果企业确认本期分配利润，未分配利润就会减少，相应的股东权益也减少；如果企业暂时不分配利润，未分配利润就会积累下来。

因此，单独分析资产负债表的未分配利润项目数年的变化状态，也能了解企业的盈利状况和利润分配政策倾向。在本例中，HS 公司所有者权益总额年末比年初增加了 14 810 万元，增长率为 9.26%。由于本年度未发行新股，增长的 9.26% 均来自于经营方面的贡献，表明经营取得了一定的成绩。

实务演练

案例资料：报表分析心得。

有同学根据学习的知识，总结了分析资产负债表的心得。

浏览一下资产负债表主要内容，由此，就会对企业的资产、负债和股东权益的总额及其内部各项目的构成和增减变化有一个初步的认识。由于企业总资产在一定程度上反映了企业的经营规模，而它的增减变化与企业负债和股东权益的变化有极大的关系。因此，当企业股东权益的增长幅度高于资产总额的增长时，说明企业的资金实力有了相对提高；反之，则说明企业规模扩大的主要原因是来自于负债的大规模上升，进而说明企业的资金实力在相对降低，偿还债务的安全性也在下降。

对资产负债表的一些重要项目，尤其是期初与期末数据变化很大，或者出现大额红字的项目进行进一步分析，如流动资产、流动负债、固定资产、有代价或有息的负债（短期银行借款、长期银行借款、应付票据等）、应收账款、货币资金及股东权益中的具体项目等。例如，企业应收账款过多，占总资产的比重过高，说明该企业资金被占用的情况较为严重；而其增长速度过快，说明该企业可能因产品的市场竞争能力较弱或受经济环境的影响，企业结算工作的质量有所降低。此外，还应对报表附注说明中的应收账款账龄进行分析，应收账款的账龄越长，其收回的可能性就越小。又如，企业年初及年末的负债较多，说明企业每股的利息负担较重。但如果企业在这种情况下仍然有较好的盈利水平，说明企业产品的获利能力较佳、经营能力较强，管理者经营的风险意识较强，魄力较大。再如，在企业股东权益中，如果法定的资本公积金大大超过企业的股本总额，这预示着企业将有良好的股利分配政策。但与此同时，如果企业没有充足的货币资金作保证，预计该企业将会选择送配股增资的分配方案而非采用发放现金股利的分配方案。另外，在对一些项目进行分析评价时，还要结合行业的特点进行。就房地产企业而言，如果该企业拥有较多的存货，那么意味着企业有可能存在着较多的、正在开发的商品房基地和项目，一旦这些项目完工，将会给企业带来很高的经济效益。

要求：阅读案例资料，分享在分析资产负债表时的经验或心得。

任务检测 2-1

在线自测

一、选择题

1．企业资本结构发生变动的原因是（　　）。

A．发行新股　　　　B．资本公积转股

C．盈余公积转股　　　　D．以未分配利润送股

2．对资产负债表进行综合分析，一般采用的方法首先是（　　）。

A．计算财务比率　　　　B．理解项目内涵

C．编制比较报表　　　　D．进行综合分析

二、判断题

1．资产负债表中某项目的变动幅度越大，对资产或权益的影响就越大。（　　）

2．如果本期总资产比上期有较大幅度增加，表明企业本期经营卓有成效。（　　）

3．资产负债表结构分析通常采用水平分析法。（　　）

配套实训

实训2-1　资产负债表水平分析

实训目标

通过实训，使学生熟悉资产负债表的结构和内容，从总体上概括了解企业资产、权益的变动情况，揭示资产、负债和所有者权益变动的差异，分析其差异产生的原因，从总体上了解企业经过一定时期经营后资产、权益总额的变动情况。

实训资料

1．鸿达百货有限公司简介

鸿达百货有限公司主营业务涉及百货、家电、针棉织品等的批发与调拨。其销售收入是公司收入的主要来源，其中，营业收入占总收入的96%，投资收益占4%。

2．公司2017年度资产负债表（见表2.13）

表2.13　资产负债表

编制单位：鸿达百货有限公司　　2017年12月31日　　万元

资　产	年末数	年初数	负债及所有者权益	年末数	年初数
货币资金	2 216 072	1 689 984	短期借款	100 000	100 000
应收票据	570 000	512 000	应付票据	517 000	350 000
应收账款	429 660	398 000	应付账款	129 800	286 400
存货	520 000	480 000	预收账款	40 000	
流动资产	3 735 732	3 079 984	应交税费	211 000	220 068
长期股权投资	1 480 000	1 300 000	应付利息	24 000	20 000
固定资产	2 100 000	2 100 000	应付股利	794 400	413 584
在建工程	342 000		长期借款	1 190 000	880 000
			实收资本	2 000 000	2 000 000
			资本公积	900 000	900 000
			盈余公积	577 428	453 828
			未分配利润	1 174 104	856 104
资产总计	7 657 732	6 479 984	权益总计	7 657 732	6 479 984

实训程序与要求

（1）编制资产负债表水平分析表，如表 2.14 所示。

表 2.14　资产负债表水平分析

万元

项　目	年末数	年初数	变动情况		对总资产的影响/（%）
			变动额	变动/（%）	
货币资金	2 216 072	1 689 984			
应收票据	570 000	512 000			
应收账款	429 660	398 000			
存货	520 000	480 000			
流动资产	3 735 732	3 079 984			
长期股权投资	1 480 000	1 300 000			
固定资产	2 100 000	2 100 000			
在建工程	342 000				
资产总计	7 657 732	6 479 984			
短期借款	100 000	100 000			
应付票据	517 000	350 000			
应付账款	129 800	286 400			
预收账款	40 000				
应交税费	211 000	220 068			
应付利息	24 000	20 000			
应付股利	794 400	413 584			
长期借款	1 190 000	880 000			
实收资本	2 000 000	2 000 000			
资本公积	900 000	900 000			
盈余公积	577 428	453 828			
未分配利润	1 174 104	856 104			
负债和所有者权益合计	7 657 732	6 479 984			

提示：资产负债表水平分析除了要计算某项目的变动额和变动率外，还应计算出该项目变动对总资产或负债和所有者权益总额的影响程度，以便确定影响总资产或负债和所有者权益总额的重点项目，为进一步分析指明方向。某项目变动对总资产或负债和所有者权益总额的影响程度可按下式计算。

$$\text{某项目变动对总资产的影响}=\frac{\text{某项目的变动额}}{\text{基期总资产或总权益}}\times 100\%$$

（2）根据表 2.14，进行企业资产负债表变动情况的分析评价。

实训 2-2　资产负债表垂直分析

实训目标

通过实训，使学生进一步熟悉资产负债表的结构和内容，能通过计算资产负债表中各项目占总资产或权益总额的比重，分析评价企业资产结构的变动情况及变动的合理性；分析评价企业资本结构的变动情况及变动的合理性。

实训资料

某企业资产负债表简表如表 2.15 所示。

表 2.15 资产负债表

2017 年 12 月 31 日

万元

资　产	年末数	年初数	负债及所有者权益	年末数	年初数
流动资产：			流动负债：		
货币资金	50 000	40 000	短期借款	55 000	37 600
交易性金融资产	20 000	28 000	应付账款	15 500	13 600
应收账款	25 000	15 500	应交税费	9 530	7 400
存货	85 000	97 000	其他流动负债	3 300	4 487
其他流动资产	48 510	37 910	流动负债合计	83 330	63 087
流动资产合计	228 510	218 410	非流动负债：		
非流动资产：			长期借款	42 000	38 400
长期股权投资	51 000	42 200	应付债券	181 000	181 000
固定资产净值	658 500	631 000	非流动负债合计	223 000	219 400
无形资产	94 000	91 000	负债合计	306 330	282 487
非流动资产合计	803 500	764 200	所有者权益：		
			实收资本	500 000	500 000
			资本公积	102 640	107 000
			盈余公积	85 320	82 423
			未分配利润	37 720	10 700
			所有者权益合计	725 680	700 123
资产合计	1 032 010	982 610	负债及所有者权益合计	1 032 010	982 610

实训程序与要求

（1）根据表 2.15，编制资产负债表垂直分析表，如表 2.16 所示。

表 2.16 资产负债表垂直分析

资　产	年末数/万元	年初数/万元	年末/（%）	年初/（%）	变动情况/（%）
流动资产：					
货币资金	50 000	40 000			
交易性金融资产	20 000	28 000			
应收账款	25 000	15 500			
存货	85 000	97 000			
其他流动资产	48 510	37 910			
流动资产合计	228 510	218 410			
非流动资产：					
长期股权投资	51 000	42 200			
固定资产净值	658 500	631 000			
无形资产	94 000	91 000			
非流动资产合计	803 500	764 200			
资产合计	1 032 010	982 610			

（续表）

资　产	年末数/万元	年初数/万元	年末/（%）	年初/（%）	变动情况/（%）
流动负债：					
短期借款	55 000	37 600			
应付账款	15 500	13 600			
应交税费	9 530	7 400			
其他流动负债	3 300	4 487			
流动负债合计	83 330	63 087			
非流动负债：					
长期借款	42 000	38 400			
应付债券	181 000	181 000			
非流动负债合计	223 000	219 400			
负债合计	306 330	282 487			
所有者权益：					
实收资本	500 000	500 000			
资本公积	102 640	107 000			
盈余公积	85 320	82 423			
未分配利润	37 720	10 700			
所有者权益合计	725 680	700 123			
负债及所有者权益合计	1 032 010	982 610			

（2）根据表 2.16，进行企业资产负债表结构变动情况的分析评价。

实训 2-3　资产结构与资本结构适应程度分析

实训目标

尽管总资产与总资本在总额上一定相等，但不同投资方式产生的资产结构与不同筹资方式产生的资本结构却不完全相同。通过实训，使学生学会利用资产负债表进行企业资产结构与资本结构适应类型的判断，并进行企业风险分析。

实训资料

某企业 2016 年、2017 年资产负债表垂直分析表如表 2.17 所示。

实训程序与要求

（1）根据表 2.17，编制资产负债表结构分析表，如表 2.18 所示。

（2）判断该企业资产结构与资本结构的适应程度，并作简要评价。

提示：企业的资产结构与资本结构的适应形式，归纳起来可以分为保守结构、稳健结构、平衡结构和风险结构 4 种类型。其中，保守结构的主要标志是企业全部资产的资金依靠长期资金来源来满足；稳健结构的主要标志是企业流动资产的一部分资金需要用流动负债来满足，另一部分资金需要用非流动负债来满足；平衡结构的主要标志是流动资产的资金需要全部依靠流动负债来满足；风险结构的主要标志是以短期资金来满足部分长期资产的资金需要。

表 2.17 比较资产负债表（垂直分析）

%

项　目	2017 年	2016 年	增减	项　目	2017 年	2016 年	增减
货币资金	10.28	9.59	0.69	短期借款	7.71	9.62	−1.91
交易性金融资产	0.90	0.85	0.05	应付账款	4.01	5.20	−1.19
应收票据	0.65	0.74	−0.09	应付职工薪酬	1.39	1.72	−0.33
应收账款	1.82	1.88	−0.06	应交税费	0.51	0.95	−0.44
预付账款	1.48	1.90	−0.43	流动负债合计	13.62	17.49	−3.87
存货	14.38	13.69	0.69	长期借款	16.53	11.19	5.34
其他流动资产	3.55	2.82	0.73	实收资本	55.09	55.94	−0.84
流动资产合计	33.06	31.47	1.59	资本公积	3.19	2.96	0.23
长期投资	0.55	0.38	0.17	盈余公积	1.86	1.78	0.09
固定资产净额	58.83	60.62	−1.79	未分配利润	9.71	10.64	−0.94
无形资产及其他	7.56	7.52	0.04				
非流动资产合计	66.94	68.53	−1.59				
资产合计	100.00	100.00	0	负债及所有者权益合计	100.00	100.00	0

表 2.18 资产负债表结构分析

%

资　产	2017 年	2016 年	负债及所有者权益	2017 年	2016 年
流动资产			流动负债		
非流动资产			非流动负债		
			所有者权益		
合　计	100	100	合　计	100	100

实训 2-4　应收账款分析

实训目标

通过实训，使学生明确应收账款在企业资产中的重要作用，能够进行应收账款合理性分析，为加强企业应收账款管理提出建议。

实训资料

1．赊销困境

企业界有种说法：不赊销是等死，赊销是找死。赊销是件很无奈很心酸的事，已成为国内众多企业心中永远的痛。尤其自 20 世纪 90 年代以来，在国内绝大多数市场竞争激烈的行业，如医药保健、纺织、机械等，以赊销方式完成的交易额已占 60%～90%。其中，赊销大多发生在中小企业及其不知名品牌上。这些企业及其品牌由于在规模、产品、技术、网络等方面与大型企业相比不具备优势，对经销商也难以形成足够的号召力，在市场中处于不利的、不平等的地位，生存压力越来越大。为了获得立足之地、攀结更多客商、将来“迎头赶上”，在“先市场后利润”的经营思想指导下，许多中小企业只好委曲求全、忍气吞声，不同程度地进行赊销活动。

然而遗憾的是，由于市场经济秩序的不完善及传统企业管理方式的落后，企业间的交易行为呈现出一种严重信用失控的混乱局面。在这种情况下，赊销犹如一具无形的枷锁，久拖不决，会把企业拉进泥淖而不能自拔，窒息而死。原因何在？许多企业不敢直面坏账、好大喜功、急功近利，对死账、呆账轻描淡写，对应收账款遮遮掩掩、讳莫如深，最后债权无法收回，资金沉淀，生产“没米下锅”，企业就如一个放血过多的人，无以聊生。

以坏账率为例，美国企业的坏账率是0.25%~0.5%，我国企业的坏账率是5%~10%，相差10倍到20倍，差距大得惊人。另外，美国企业的账款拖欠期平均是37天，我国平均是90多天。根据国家统计局的统计，我国企业平均无效成本是销售收入的14%，而美国只有2%～3%。无效成本就是指企业经营中的坏账、拖欠款损失和管理费用3项的总和。14%是什么概念？举一个例子，我国一个销售收入1亿元的企业，要支出1 400万元的费用，而美国企业只要200万～300万元。我们比西方企业高出1 000多万元费用！面对远远高于目前平均利润率的无效成本，我们的企业拿什么盈利？！

有一句商业格言说得好，客户既是企业最大的财富来源，也是最大的风险来源。因此，只有那些有偿付能力的客户才是重要的客户。在经营活动中，应该对客户进行有效的管理，使客户真正变成财富的来源，而不是灾难的来源。

2. 案例：银广夏公司的神奇客户之谜

银广夏公司全称为广夏（银川）实业股份有限公司，现证券简称为ST广夏（股票代码为000557）。1994年6月上市的银广夏公司，曾因骄人的业绩和诱人的前景而被称为“中国第一蓝筹股”。在2000年几乎贯穿全年的沪深股市大牛市中，银广夏以全年440%以上的涨幅高居所有上市A股涨幅第二，公司股价从1999年12月30日的13.97元启动，一路狂升，至2000年12月29日，创出了每股37.99元的历史高位。因公司股价于2000年4月19日涨至35.83元时，次日实施了10转增10股的分红方案后，即进入填权行情，折合为除权前的价格75.98元，全年上涨440%。公司也因此戴实了“跨世纪大牛股”的桂冠。

该公司主要经营高新技术产品的开发、生产，动植物养殖、种植等业务，其1999年、2000年的主要利润来源是超临界萃取产品，该类产品主要销售给了德国的诚信公司。在银广夏2000年的资产负债表上，一年以内的应收账款有4亿多元，其中德国诚信贸易公司的欠款为26 769万元，占应收账款总额的一半多。

2001年8月，《财经》杂志发表《银广夏陷阱》一文，银广夏虚构财务报表事件被曝光，银广夏事件被称为2001年中国证券市场最大的报表欺诈事件。文章描述了记者探询银广夏最大债务人的过程。事实证明，这个神奇的大客户系子虚乌有。为银广夏1999年、2000年利润作出巨大贡献的德国诚信公司，尽管按银广夏的说法有着巨额对华贸易，但在中国居然没有办事处，在互联网上也查不到丝毫信息。中国工商银行总行通过其海外分行对诚信公司进行了调查，在德国汉堡商会查到：德国诚信公司于1990年在该会注册，注册资本51 129.19欧元（约10万马克），负责人为Kiaus Landry，主要经营范围是机械产品和技术咨询。注册资金几万马克，对于贸易公司而言并不算离谱，但毕竟其与银广夏签下的是年度金额达20亿元人民币，总金额达60亿元的合同，对比过于悬殊。此次调查之后，中国工商银行总行没有恢复对银广夏的贷款。工商银行总行曾与银广夏于1999年12月29日签订流动资金贷款合同，借款金额为2亿元，期限定为自1999年12月29日起至2001年10月28日止。2001年四五月间，工商银行总行提前中止了贷款。

银广夏虚构财务报表事件曝光后，深圳交易所对其自2001年8月9日起紧急停牌1个月。自2002年9月10日复牌之日起，至10月8日收盘，银广夏连续15个跌停，股价仅有4.68元。相比停牌前，银广夏近68亿元的流通市值已经无形蒸发，持有银广夏股票的投资者损失惨重。

3．洞察应收账款与利润操纵的关系

目前，实务中较多利用应收账款操纵利润，主要有以下两种途径。

第1种方法是利用应计制的特点，在年底搞虚假出售，对方并不需要支付产品的款项，公司则将这些“售出”产品的收入计作当年收入，同时将其挂在应收账款名下。监管机构对虚假出售的现象有所防范，曾对出售后又退回的销售收入确认标准有过明确的规定，但企业往往绕过这些规定，提高账面收入。在虚假销售的情况中，比较良性的属于“提前销售”，即将下一年的销售收入早一些计入当年的收入。注册会计师在审计过程中往往会比较注意这些问题，如果仅仅只作账面处理，这些虚假销售都会被注册会计师识破。因此，目前舞弊企业往往是管理操纵，即从局外人来看，这些虚假销售与正常销售一样，同样有销售合同和产品转移，从会计处理上难以区分，所以从报表中也难以看出。投资者只能通过比较利润表中的“营业收入”、现金流量表中的“销售商品、提供劳务得到的现金”及资产负债表中的“应收账款”几项数字，来判断当年销售收入的质量。

第2种方法是通过坏账准备的计提，间接调控当年资产减值损失，从而调节当年的净利润。由于应收账款坏账的计提及其追溯调整法在操作上存在较大的灵活性，少数上市公司可能从中寻找新的利润操纵空间，因而投资者对此要特别注意辨别。

坏账准备采取怎样的计提方法和计提比例，选择权是留给上市公司的。那么，究竟提多了还是提少了？上市公司的实际情况，局外人似乎很难作出准确的判断。有人认为这一点由注册会计师来把关就够了，但把责任都交给注册会计师是不现实的，在很大程度上仍然要取决于上市公司自身的取向如何。我们不排除某些上市公司会出于利润调控的目的，定出偏低或偏高的计提比例。例如，有的公司为避免滑入亏损，可能会倾向于选择较低的提取比例；另一种情况是，有的公司可能会在头一年以较大比例计提，第2年通过某种方式收回部分应收账款，从而冲回坏账准备，以求利润在年度间转移。对应收账款坏账的计提政策变更要采取追溯调整，这样，应收账款坏账的计提对利润的影响，将分布在各个年度。在追溯调整的背景下，某些公司可能有意把利润在各个年度之间进行“按需分配”。特别要注意的是，投资者往往更关注当期业绩，而对以往已披露信息的调整，一般投资者未必有足够的关注。这样，公司可能会利用投资者这种“习惯”，在调整时倾向于将负面影响统统“追溯”进以前年度，而尽可能使当年的报表好看一些。而对坏账准备的“巧妙”追溯，除了可以借助前述计提比例的途径之外，操纵账龄分布也是途径之一。事实上，对以往应收款项账龄的划分，未必容易分得那么清楚，在账龄分布上做文章，也可以达到某一年多提而另一年少提的目的。

值得注意的是，财政部和证监会关于4项计提的规定中，已经提出了配套的规范措施，对有关4项计提的信息披露、上市公司建立有关的内控制度，都作出了严格的要求。这方面的监管将大大加强，并在一定程度上阻止公司通过计提准备来实现利润操纵的手法。但是，这并不是说公司没有在应收账款上做文章的余地了。例如，有的公司就可以运用应收账款与预付账款之间的某些联系，通过将部分应收账款转移到预付账款上来实现记录较少的应收账款，从而实现较少的坏账准备的提取，进而减少资产减值损失，增加净利润。不过对于这一点，投资者可以从应收账款与预付账款前后年的增长比率中“透视”公司是否存在这样一种利润操纵手法。

总之，投资者在分析应收账款时应注意辨别以下几点。

一是关注公司对会计政策运用的合理性。

二是注意对以前年度损益的调整，尤其是各年间利润波动的走势。

三是对年报的关注，不能仅仅局限于当期每股收益、净资产收益率几个指标，数字背后的隐情也不可不查。

四是对现金流加强认识。毕竟，多提准备不会减少现金，冲回准备也不会增加现金，有时候现金流量表更能说明问题。

例如，从某公司某年年报来看，公司当年营业收入达到25.07亿元，销售商品、提供劳务收到的现金有29.72亿元，应收账款下降2 290万元，坏账准备的计提也基本匹配，情况良好，就可以认为，该公司利用应收账款调节利润的空间不大。

实训程序和要求

阅读上述资料，讨论以下问题。

（1）既然坏账、拖欠款是赊销引起的，赊销风险这么大，那么企业销售就不应进行赊销。这种观点对吗？为什么？

（2）试述应收账款分析的内容。

（3）搜集银广夏会计信息造假案件相关信息，谈谈银广夏案例对你的警示。

实训2-5　存货分析

实训目标

存货是企业的一项重要资产，因而会计报表中的存货就成为企业信息造假的主要对象。通过实训，使学生掌握存货分析的主要内容，能够进行企业存货信息甄别，评价企业存货的规模和质量状况。

实训资料

美国法尔莫公司案例

从孩提时代开始，米奇·莫纳斯就几乎喜欢所有的运动，尤其是篮球。但是因天资及身高所限，他没有机会到职业球队打球。然而，莫纳斯确实拥有一个所有顶级球员共有的特征，那就是他有一种无法抑制的求胜欲望。

莫纳斯把他无穷的精力从球场上转移到他的董事长办公室里。他首先设法获得了位于俄亥俄州阳土敦市的一家药店，在随后的10年中又收购了另外299家药店，从而组建了全国连锁的法尔莫公司。不幸的是，这一切辉煌都是建立在资产造假——未检查出来的存货高估和虚假利润基础上的。这些舞弊行为最终导致了莫纳斯及其公司的破产，同时也使为其提供审计服务的“五大”事务所损失了数百万美元。下面是这起案件的经过。

自获得第1家药店开始，莫纳斯就梦想着把他的小店发展成一个庞大的药品帝国。其实施的策略就是他所谓的“强力购买”，即通过提供大比例折扣来销售商品。莫纳斯首先做的就是把实际上并不盈利且未经审计的药店报表拿来，用自己的笔为其加上并不存在的存货和利润。然后，凭着自己空谈的天份及一套夸大了的报表，在一年之内骗得了足够的投资用以收购了8家药店，奠定了他的小型药品帝国的基础。这个帝国后来发展到了拥有300家连锁店的规模。一时间，莫纳斯成为了金融领域的风云人物，他的公司则在阳土敦市赢得了令人崇拜的地位。

在一次偶然的机会导致这个精心设计的、至少引起5亿美元损失的财务舞弊事件浮出水面之时，莫纳斯和他的公司炮制虚假利润已达10年之久。这实在并非一件容易的事。当时法尔莫公司的财务总监认为，因公司以低于成本出售商品而导致了严重的损失，但是莫纳斯认为通过“强力购买”，公司完全可以发展得足够大以使得它能顺利地坚持它的销售方式。最终在莫纳斯的强大压力下，这位财务总监卷入了这起舞弊案件。在随后的数年之中，他和他的几位下属保持了两套账簿：一套用于应付注册会计师的审计，另一套反映糟糕的现实。

他们先将所有的损失归入一个所谓的“水桶账户”，然后再将该账户的金额通过虚增存货的方式重新分配到公司的数百家成员药店中。他们仿造购货发票，制造、增加存货并减少销售成本的虚假记账凭证，确认购货却不同时确认负债，多计或加倍计算存货的数量。财务部门之所以可以隐瞒存货短缺是因为注册会计师只对300家药店中的4家进行存货监盘，而且他们会提前数月通知法尔莫公司他们将检查哪些药店。管理人员随之将那4家药店堆满实物存货，而把那些虚增的部分分配到其余的296家药店。如果不考虑其会计造假，法尔莫公司实际已濒临破产。在最近一次审计中，其现金已紧缺到供应商因其未能及时支付购货款而威胁取消对其供货的地步。

注册会计师们一直未能发现这起舞弊，他们为此付出了昂贵的代价。这项审计失败使会计师事务所在民事诉讼中损失了3亿美元。那位财务总监被判33个月的监禁，莫纳斯本人则被判入狱5年。

为何注册会计师们一直未能发现法尔莫公司舞弊的迹象呢？或许，他们可能太信任他们的客户了——他们从报纸上阅读到关于它的文章，从电视中看到关于莫纳斯努力奋斗的报道，从而为这种欺骗性的宣传付出了代价；他们也可能是在错误的假设下执行审计的，即认为他们的客户没有进行会计报表舞弊的动机，因为它正在大把大把地赚钱。回顾整个事件，只要任何人问一下这样一个基本的问题，即“一个以低于成本出售商品的公司怎能赚钱”，注册会计师们或许就能够发现这起舞弊事件。

虚构资产会使公司的账户失去平衡。与以前的期间相比，销售成本会显得过低，而存货和利润将显得过高。当然，还可能会有其他的迹象。在评估存货高估风险的时候，注册会计师应回答以下问题，回答“是”越多，存货舞弊的风险就越高。

① 存货的增长是否快于销售收入的增长？

② 存货占总资产的百分比是否逐期增加？

③ 存货周转率是否逐期下降？

④ 运输成本所占存货成本的比重是否下降？

⑤ 存货的增长是否快于总资产的增长？

⑥ 销售成本所占销售收入的百分比是否逐期下降？

⑦ 销售成本的账簿记录是否与税收报告相抵触？

⑧ 是否存在用以增加存货余额的重大调整分录？

⑨ 在一个会计期间结束后，是否发现过入存货账户的重要转回分录？

实训程序与要求

阅读上述资料，讨论以下问题。

（1）对存货项目的分析，应关注哪些方面？

（2）谈谈管理当局存货舞弊的可能动机及对存货舞弊的洞察方法。

（3）谈谈本案例对你的启发。

实训 2-6　资产负债表综合分析

实训目标

通过实训，使学生在资产负债表全面分析的基础上，能对资产负债表中的资产、负债和所有者权益的主要项目进行深入分析，对企业资产和权益的变动情况及企业的财务状况作出恰当的评价。

实训资料

1. 公司简介

T公司是根据《中华人民共和国公司法》于 1997 年 7 月 17 日在中华人民共和国注册成立的有限责任公司。经广东省人民政府及广东省经济贸易委员会批准，该公司在原 T 公司基础上，整体变更为股份有限公司，注册资本人民币 1 591 935 200 元。该公司于 2004 年 1 月 7 日向社会公开发行 590 000 000 股及向 T 通讯设备股份有限公司全体流通股股东换股发行 404 395 944 股人民币普通股股票（A 股），并于 2004 年 1 月 30 日在深圳证券交易所挂牌上市。向社会公开发行部分每股面值 1 元，每股发行价为人民币 4.26 元，共募集资金人民币 2 513 400 000 元。此次发行结束后，该公司注册资本增加至人民币 2 586 331 144 元，并于 2004 年 7 月 16 日经广东省工商行政管理局核准换取注册号为企股粤总字第 003362 号的企业法人营业执照。截至 2007 年 6 月 30 日，该公司累计发行股本为 2 586 331 144 股。

2. 经营范围

公司的经营范围包括：研究、开发、生产、销售电子产品及通信设备，新型光电、液晶显示器件，五金、交电，VCD、DVD 影碟机，家庭影院系统，电子计算机及配件，电池，数字卫星电视接收机，建筑材料、普通机械，电子计算机技术服务，货运仓储，影视器材维修，废旧物资回收，在合法取得的土地上进行房地产开发，经营进出口贸易（国家禁止进出口的商品和技术除外）。

3．公司资产负债表有关分析资料（见表2.19）

表2.19　资产负债表水平分析

万元

项　目	2017年	2016年	变动情况		对总资产的影响
			变动额	变动比率	
流动资产：					
货币资金	2 594 640.00	964 199.00	1 630 441.00	169.10%	53.93%
交易性金融资产	41 016.60	3 075.37	37 941.23	1 233.71%	1.25%
应收票据	256 726.00	95 400.30	161 325.70	169.10%	5.34%
应收账款	554 162.00	574 103.00	－19 941.00	－3.47%	－0.66%
预付款项	66 993.10	62 889.20	4 103.90	6.53%	0.14%
应收利息	14 353.30	1 876.90	12 476.40	664.73%	0.41%
其他应收款	155 848.00	95 035.70	60 812.30	63.99%	2.01%
存货	768 876.00	663 608.00	105 268.00	15.86%	3.48%
流动资产合计	4 452 610.00	2 460 190.00	1 992 420.00	80.99%	65.90%
非流动资产：					
持有至到期投资	212.15		212.15		0.01%
长期股权投资	123 662.00	86 726.70	36 935.30	42.59%	1.22%
投资性房地产	73 330.80	24 820.50	48 510.30	195.44%	1.60%
固定资产原值	557 792.00	577 204.00	－19 412.00	－3.36%	－0.64%
累计折旧	254 509.00	259 537.00	－5 028.00	－1.94%	－0.17%
固定资产净值	303 283.00	317 667.00	－14 384.00	－4.53%	－0.48%
固定资产减值准备	15 232.00	10 762.00	4 470.00	41.54%	0.15%
固定资产净额	288 051.00	306 905.00	－18 854.00	－6.14%	－0.62%
在建工程	204 036.00	43 665.20	160 370.80	367.27%	5.30%
无形资产	89 372.40	41 903.30	47 469.10	113.28%	1.57%
开发支出	5 532.60	3 888.33	1 644.27	42.29%	0.05%
商誉	56 204.60	44 012.70	12 191.90	27.70%	0.40%
长期待摊费用	5 058.78	4 074.12	984.66	24.17%	0.03%
递延所得税资产	5 766.30	3 724.46	2 041.84	54.82%	0.07%
其他非流动资产	43 968.00	3 537.55	40 430.45	1 142.89%	1.34%
非流动资产合计	895 194.00	563 258.00	331 936.00	58.93%	10.98%
资产总计	5 347 810.00	3 023 440.00	2 324 370.00	76.88%	76.88%
流动负债：					
短期借款	1 345 780.00	501 367.00	844 413.00	168.42%	27.93%
吸收存款及同业存放	10 882.40	11 685.80	－803.40	－6.88%	－0.03%
拆入资金	48 000.00	15 000.00	33 000.00	220.00%	1.09%
交易性金融负债	17 506.40	679.84	16 826.57	2 475.10%	0.56%
应付票据	169 821.00	133 615.00	36 206.00	27.10%	1.20%
应付账款	665 310.00	680 533.00	－15 223.00	－2.24%	－0.50%
预收款项	123 864.00	75 775.10	48 088.90	63.46%	1.59%
应付职工薪酬	61 314.50	49 556.00	11 758.50	23.73%	0.39%

（续表）

项 目	2017 年	2016 年	变动情况		对总资产的影响
			变动额	变动比率	
应交税费	−2 879.35	−3 768.03	888.68	−23.58%	0.03%
应付利息	7 143.56	1 552.17	5 591.39	360.23%	0.18%
应付股利	111.66	111.61	0.04	0.04%	0.00%
其他应付款	361 348.00	380 079.00	−18 731.00	−4.93%	−0.62%
一年内到期的非流动负债	149 200.00	19 268.00	129 932.00	674.34%	4.30%
其他流动负债	94 305.80	76 464.30	17 841.50	23.33%	0.59%
流动负债合计	3 051 710.00	1 941 920.00	1 109 790.00	57.15%	36.71%
非流动负债：					
长期借款	192 929.00	207 442.00	−14 513.00	−7.00%	−0.48%
应付债券	197 550.00		197 550.00		6.53%
长期应付款	1 668.10	1 958.88	−290.78	−14.84%	−0.01%
递延所得税负债	2 294.59	1 040.31	1 254.28	120.57%	0.04%
其他非流动负债	92 411.30	28 242.40	64 168.90	227.21%	2.12%
非流动负债合计	486 853.00	238 683.00	248 170.00	103.97%	8.21%
负债合计	3 538 560.00	2 180 600.00	1 357 960.00	62.27%	44.91%
所有者权益：					
实收资本（或股本）	423 811.00	293 693.00	130 118.00	44.30%	4.30%
资本公积	569 430.00	245 117.00	324 313.00	132.31%	10.73%
盈余公积	56 705.30	56 705.30		0.00%	0.00%
一般风险准备	36.08	36.08		0.00%	0.00%
未分配利润	−24 169.90	−67 423.70	43 253.80	−64.15%	1.43%
外币报表折算差额	1 621.76	1 134.24	487.52	42.98%	0.02%
归属于母公司股东权益合计	1 027 430.00	529 262.00	498 168.00	94.13%	16.48%
少数股东权益	781 809.00	313 581.00	468 228.00	149.32%	15.49%
所有者权益（或股东权益）合计	1 809 240.00	842 843.00	966 397.00	114.66%	31.96%
负债和所有者权益（或股东权益）总计	5 347 810.00	3 023 440.00	2 324 370.00	76.88%	76.88%

实训程序与要求

（1）进行学生分组（7 或 8 人）。

（2）分组讨论，进行 T 公司资产负债表的分析评价，确定小组发言人。

（3）分组汇报（要求：制作 PPT，展示分析评价内容）。

任务二　利润表阅读与分析

理论讲解

一、利润表的格式

利润表是反映企业在一定期间生产经营成果的会计报表。利润表的格式有两种：单步式利润表和多步式利润表。单步式利润表是将当期所有的收入列在一起，然后将所有的费用列在一起，两者相减得出当期净损益；多步式利润表是通过对当期的收入、费用、支出项目按性质加以归类，按利润形成的主要环节列示一些中间性利润指标，如营业利润、利润总额、净利润，分步计算当期净损益。

在我国，利润表采用多步式，每个项目通常又分为“本月数”和“本年累计数”两栏分别填列。“本月数”栏反映各项目的本月实际发生数，在编报中期财务会计报告和年度财务会计报告时，将“本月数”栏改成“上年数”栏；“本年累计数”栏反映各项目自年初起至报告期末止的累计实际发生数。

利润表的基本格式如表 2.20 所示。

表 2.20　利润表

编制单位：　　　　　　　　　　　　年　月　　　　　　　　　　　　元

项　目	本月数	本年累计数
一、营业收入		
二、营业利润		
三、利润总额		
四、净利润		
五、每股收益		
其中：基本每股收益		
稀释每股收益		

二、利润表分析的目的和内容

（一）利润表分析的目的

编制利润表的主要目的是将企业经营成果的信息提供给各种报表使用者，供他们作为决策的依据或参考。利润表分析的目的有以下几个方面。

① 了解企业实现收入的规模和成本耗费的水平。

② 反映企业的盈利能力，评价企业的经营业绩。

③ 揭示利润的变化趋势，预测企业未来的获利能力。

④ 帮助投资者和债权人作出正确的投资与信贷决策。

⑤ 为企业在资本市场融资提供重要依据。

（二）利润表分析的内容

利润表分析应依据利润表及相关信息进行。利润表分析的主要内容有以下几项。

1. 利润水平增减变动分析

利润水平增减变动分析主要是利用利润表的数据，编制水平分析表，从利润的形成角度反映利润额的变动情况，揭示企业在利润形成过程中的管理业绩及存在的问题。

2. 利润结构变动分析

利润结构变动分析主要是在对利润表进行垂直分析的基础上，揭示各项利润及成本费用与收入的关系，以反映企业各环节的利润构成、利润及成本费用水平。

3. 利润表项目分析

利润表项目分析主要是对利润表中的营业利润、利润总额和净利润进行分析，同时对形成各层次利润的重要项目进行分析。

分析利润表首先应从比较各项利润的差异入手，进行增减变动分析和结构比例分析，初步评估本期经营业绩的优劣和变动的趋势，并为进一步的分析提供线索。在各项利润增减变动和构成比例分析的基础上，对存在差异较大的重要利润项目应进行深入分析，主要分析各因素变动对利润的影响，以便采取针对性措施，除弊兴利，改善经营管理，提升企业经济效益。

（三）报表分析实例

HS 公司利润表如表 2.21 所示。

表 2.21　利润表

编制单位：HS 公司　　　　2017 年度　　　　万元

项　目	本年数	上年数
一、营业收入	104 819	86 723
减：营业成本	21 370	21 417
税金及附加	3 973	3 112
销售费用	17 433	14 434
管理费用	42 143	32 603
财务费用	102	−64
资产减值损失	832	409
加：公允价值变动收益	−769	−820
投资收益	3 474	1 598
其中：对联营企业和合营企业的投资收益		
二、营业利润	21 671	15 590
加：营业外收入	7 062	8 884
减：营业外支出	148	109
其中：非流动资产处置损失	42	11
三、利润总额	28 585	24 365
减：所得税费用	2 384	2 197
四、净利润	26 201	22 168
五、每股收益		
（一）基本每股收益	0.41	0.35
（二）稀释每股收益	0.41	0.35

三、利润水平增减变动分析

根据案例资料，对 HS 公司利润水平增减变动情况作如下分析。

（一）编制水平分析表

水平分析表的编制采用增减额和增减变动百分比两种方式。根据表 2.21 的资料，编制利润水平分析表，如表 2.22 所示。

表 2.22　HS 公司利润水平分析

万元

项　目	2017 年度	2016 年度	增减额	增减/（%）
一、营业收入	104 819.00	86 723.00	18 096.00	20.87
减：营业成本	21 370.00	21 417.00	−47.00	−0.22
税金及附加	3 973.00	3 112.00	861.00	27.67
销售费用	17 433.00	14 434.00	2 999.00	20.78
管理费用	42 143.00	32 603.00	9 540.00	29.26
财务费用	102.00	−64.00	166.00	−259.38
资产减值损失	832.00	409.00	423.00	103.42
加：公允价值变动收益	−769.00	−820.00	51.00	−6.22
投资收益	3 474.00	1 598.00	1 876.00	117.40
其中：对联营企业和合营企业的投资收益				
二、营业利润	21 671.00	15 590.00	6 081.00	39.01
加：营业外收入	7 062.00	8 884.00	−1 822.00	−20.51
减：营业外支出	148.00	109.00	39.00	35.78
其中：非流动资产处置损失	42.00	11.00	31.00	281.82
三、利润总额	28 585.00	24 365.00	4 220.00	17.32
减：所得税费用	2 384.00	2 197.00	187.00	8.51
四、净利润	26 201.00	22 168.00	4 033.00	18.19
五、每股收益				
（一）基本每股收益	0.41	0.35	0.00	17.14
（二）稀释每股收益	0.41	0.35	0.00	17.14

（二）利润水平增减变动分析评价

利润水平变动分析应将各层次的利润指标作为关键指标进行分析。

1. 净利润分析

净利润是企业在某期间实现的完全归属于股东所有的经营成果。它不仅包括经营性的盈利，还包括投资、资本运作等理财性盈利和非经常性损益。因此，净利润的增减变动是利润表上所有项目增减变动的综合结果。分析净利润的增减变动情况时，应重点分析影响本期净利润增减变动的主要项目，尤其应分清经营性、经常性损益项目的影响和非经营性及非经常性损益项目的影响。

对于任何企业，经营性的营业利润必须是构成净利润的最重要的部分，其金额也应远远高于非经常性损益项目收益。这样，企业的净利润是健康的、稳定的。如果一个企业的本期净利润主要是由委托理财收益、出售下属部门或子公司的收益、补贴收入等非经常性损益构成，那么即使收益是真实的，也只是一次性的、偶然的、不稳定的，不能代表企业具有真正的经营能力和正常的经营业绩，更何况这些非经常性损益往往与关联交易有关，甚至可能是虚假会计操纵所形成的。因此，分析净利润的增减变动时也应结合营业收入数据，并特别警惕非经常性损益项目对当期净利润的影响。

从表 2.22 可知，HS 公司 2017 年实现净利润 26 201 万元，比上年增长了 4 033 万元，增长幅度为 18.19%。从利润水平分析表来看，公司净利润的增长主要是由经营性的营业利润形成的，具有稳定性，因此净利润的增长是健康的、正常的。

2. 利润总额分析

利润总额是反映企业全部财务成果的指标，不仅反映了企业的营业利润，还反映了企业的营业外收支情况。虽然营业外收支项目与生产经营没有直接联系，属非经营性损益，但也是公司的资源消耗，因此该项支出应严格控制。

案例中，HS 公司 2017 年利润总额比 2016 年增长了 4 220 万元，增幅达到 17.32%。企业的营业外收支较上年出现了不利变化，营业外收入减少，而营业外支出有较大幅度增长，抵销了部分营业利润，致使利润总额的增长幅度大大低于营业利润的增幅。因此，企业应分析营业外收支形成的原因及合理性，查找、改进管理上的问题。

3. 营业利润分析

营业利润是企业营业收入与营业成本、税费、期间费用、资产减值损失、资产变动净收益之间的差额。它既包括企业的主营业务利润和其他业务利润，又包括企业公允价值变动净收益和对外投资的净收益。它反映了企业自身生产经营业务的财务成果，代表了企业的总体经营管理水平和效果，能够恰当地反映企业管理者的经营业绩。生产经营活动正常的企业，其营业利润至少应大于 0 且应占利润总额的绝大部分比重，表明企业能通过本身的经营活动以收抵支，保持活力。

案例中，HS 公司营业利润增加主要是营业收入增加、投资收益增加所致。2017 年度营业收入比上年增加 18 096 万元，增幅为 20.87%。根据该公司年报，其营业收入大幅增长，主要原因是公司本期自行开发研制的软件产品销售收入增加；投资收益增长 1 876 万元，增幅高达 117.40%，主要是本期收到了投资方的现金红利，以及由于被投资单位净利润增加而增加的收益，表明公司在对外投资上效益显著。但由于公司本期职工薪酬和差旅费增加，销售费用、管理费用大幅增加；同时，公司及控股子公司本期利息收入减少和本期贷款利率上升导致借款利息支出增加，致使财务费用也大幅增加，减少了利润。因此增减相抵，营业利润增加了 6 081 万元，增长 39.01%。

四、利润结构变动分析

利润结构变动分析主要是运用垂直分析法，根据利润表中的资料，通过计算各因素或各种财务成果在营业收入中所占的比重，分析说明财务成果的结构及其增减变动的合理程度。

（一）编制垂直分析表

根据表 2.21 的资料，可编制利润垂直分析表，如表 2.23 所示。

表 2.23　HS 公司利润垂直分析　%

项　目	2017 年度	2016 年度	增　减
一、营业收入	100.00	100.00	0.00
减：营业成本	20.39	24.70	−4.31
税金及附加	3.79	3.59	0.20
销售费用	16.63	16.64	−0.01
管理费用	40.21	37.59	2.62
财务费用	0.10	−0.07	0.17
资产减值损失	0.79	0.47	0.32
加：公允价值变动收益	−0.73	−0.95	0.22
投资收益	3.31	1.84	1.47
二、营业利润	20.67	17.98	2.69
加：营业外收入	6.74	10.24	−3.5
减：营业外支出	0.14	0.13	0.01
其中：非流动资产处置损失	0.04	0.01	0.03
三、利润总额	27.27	28.10	−0.83
减：所得税费用	2.27	2.53	−0.26
四、净利润	25.00	25.56	−0.56

（二）利润结构变动分析评价

从表 2.23 可以看出公司本年度各项财务成果的构成情况。2017 年度营业利润占营业收入的比重为 20.67%，比上年度的 17.98% 增长了 2.69%；利润总额的比重为 27.27%，比上年度的 28.10% 下降了 0.83%。可见，从公司利润的构成情况看，公司自身生产经营活动的盈利能力在增强，但非经常性损益导致了利润总额比重的下降。从营业利润的结构增长看，主要是营业成本、销售费用结构下降，投资收益比重上升所致。另外，管理费用、财务费用、资产减值损失结构的提高，给营业利润、利润总额和净利润结构带来了一定的不利影响。

五、利润表项目分析

利润表的要素有收入、费用和利润，因此可以将利润表的各项目划分为 3 类：收入类项目、成本费用类项目和利润类项目。

（一）收入类项目分析

收入类项目是指体现企业经济利益流入，从而导致企业利润增加的项目。它包括营业收入、投资净收益、公允价值变动净收益和营业外收入等。

1. 营业收入

企业营业收入是指企业在从事销售商品、提供劳务和让渡资产使用权等日常经营过程中取得的收入，分为主营业务收入和其他业务收入两个部分。从利润的质量来看，健康的利润应该主要来源于主营业务，其创造的利润具有持续性、稳定性和可预测性。分析营业收入时，应从收入确认和收入在利润中的比重两个方面进行分析。

① 营业收入的确认。满足收入确认条件的收入才能予以入账。常见的收入确认的操纵利润行为有：第一，提前确认收入，如提前开具销售发票、滥用完工百分比法、存在重大不确定性时确认收入，在仍需提供未来服务时确认收入等；第二，延后确认收入，如不及时确认已实现收入；第三，制造收入事项，如年底虚做销售并在第 2 年退货、利用一个子公司出售给第三方而后由另一个子公司购回以避免合并抵销等。

② 分析收入在利润中的比重。如果企业利润的来源主要是营业收入，说明企业的经营成果稳定，利润质量较高；如果企业的利润主要来源于非营业收入，哪怕当年利润再高，企业的经营都是不稳定的。如果一个企业的主营业务收入较低或不断下降，那么其发展潜力和前景值得怀疑。

实务演练

案例资料：科龙电器会计造假。

2006 年 7 月 16 日，中国证监会对广东科龙电器股份有限公司（简称科龙电器）及其责任人的证券违法违规行为作出行政处罚。通过分析科龙电器违法违规行为中的会计审计问题，发现科龙电器的主要舞弊手法是：使用不正当的收入确认方法，虚构收入，虚增利润，粉饰财务报表。

经查，2002 年科龙电器年报中共虚增收入 4.033 亿元，虚增利润近 1.2 亿元。其具体手法主要是对未出库销售的存货开具发票或销售出库单并确认为收入，以虚增年报的主营业务收入和利润。根据德勤会计师事务所的报告，科龙电器 2004 年第四季度有高达 4.27 亿元的销售收入没有得到验证，其中向一个不知名的新客户销售就达 2.97 亿元，而且到 2005 年 4 月 28 日审计时仍然没有收回。此后的 2003 年和 2004 年，同样是在公司高管的操纵下，科龙电器年报又分别虚增收入 3.048 亿元和 5.127 亿元，虚增利润 8 935 万元和 1.2 亿元。这意味着科龙电器先后 3 份公司年报都存在财务造假，将不曾实现的销售确认为当期收入。

2008 年 1 月 30 日，法院对原科龙电器董事长顾雏军案作出一审判决：顾雏军犯虚报注册资本罪，犯违规披露、不披露重要信息罪，犯挪用资金罪，总和刑期有期徒刑 12 年，决定执行有期徒刑 10 年，并处罚金人民币 680 万元。

资料来源：百度文库，2016-5-22.

要求：利用因特网，了解科龙电器造假案始末，总结其会计造假舞弊的主要手法及对你的启示。

根据 HS 公司报表附注的信息，编制营业收入构成分析表，如表 2.24 至表 2.27 所示。

表 2.24 HS 公司营业收入构成分析

万元

项 目	2017年	2016年	比重/（%）	
			2017年	2016年
主营业务收入	85 290.00	67 567.00	99.67	99.36
其他业务收入	286.00	434.00	0.33	0.64
营业收入合计	85 576.00	68 001.00	100.00	100.00

表 2.25 HS 公司主营业务收入（分行业）构成分析

万元

行业名称	2017年	2016年	比重/（%）	
			2017年	2016年
软件业	77 861.00	61 318.00	91.29	90.75
商业	7 429.00	6 249.00	8.71	9.25
合计	85 290.00	67 567.00	100.00	100.00

表 2.26 HS 公司主营业务收入（分产品）构成分析

万元

产品名称	2017年	2016年	比重/（%）	
			2017年	2016年
自行开发研制的软件产品销售	46 222.00	35 120.00	54.19	51.98
定制软件销售	9 665.00	7 939.00	11.33	11.75
系统集成	3 039.00	4 732.00	3.56	7.00
外购商品销售	7 429.00	6 249.00	8.71	9.25
软件服务	17 126.00	12 980.00	20.08	19.21
其他	1 809.00	547.00	2.12	0.81
合计	85 290.00	67 567.00	100.00	100.00

表 2.27 HS 公司主营业务收入（分地区）构成分析

万元

地区名称	2017年	2016年	比重/（%）	
			2017年	2016年
国内	84 688.00	67 567.00	99.29	100.00
国外	602.00		0.71	
合计	85 290.00	67 567.00	100.00	100.00

由表 2.24、表 2.25、表 2.26、表 2.27 可以看出，近两年来，HS 公司的主营业务非常突出，尤其是软件业实现的收入在主营业务收入的比重均占 90% 以上，主要来源为企业自行开发研制的软件产品销售，该类产品实现的收入比重 2017 年高达 54.19%。2017 年销售区域分布发生了变化，除继续扩大国内市场销售份额外，也拓展了国外市场，表明销售前景乐观。

2. 投资净收益

投资净收益是投资收益与投资损失的差额。投资净收益是企业对外投资的结果。这部分收益增加了企业的利润，但目前还没有成为企业经常化的业务（除投行和投资公司外）。如果这部分利润过大，说明企业利润的不稳定和风险增大，也不能给予过高的评价。因此，分析投资收益的质量，应分析投资收益有无相应的现金流量支撑，并关注这种忽高忽低的非正常现象。

3. 公允价值变动净收益

公允价值变动损益是指企业以各种交易性金融资产等公允价值变动形成的应计入当期损益的利得或损失，即公允价值与账面价值之间的差额。例如，投资性房地产、债务重组、非货币交换、金融工具等采用公允价值计量模式的资产期末账面价值与公允价值的差额都要计入该项目。该项目反映了资产在持有期间因公允价值变动而产生的损益。

列报公允价值变动损益，可以全面反映企业的收益情况——具体分为经营性收益和非经营性收益；帮助投资者了解企业因公允价值变动而产生的损益多少及其占企业全部收益的比重，从而更好地进行分析和决策。分析该项目时，应注意企业获取的相关资产的公允价值是否合理；是否将不适用公允价值计量的资产或负债划分为此类；企业在出售相关资产或偿付相关负债后，前期发生的公允价值变动损益是否计入了投资收益。

4. 营业外收入

营业外收入是指与企业生产经营活动没有直接关系的各种收入。营业外收入并不是由企业经营资金耗费所产生的，不需要企业付出代价，实际上是一种纯收入，也不需要与有关费用进行配比。营业外收入主要包括非流动资产处置利得、非货币性资产交换利得、债务重组利得、政府补助、盘盈利得、捐赠利得等。

实务演练

案例资料：主营业务去哪儿了？营业外收入占净利润比重竟超 3 800%。

随着越来越多的新三板挂牌公司公布 2015 年年报，相关挂牌公司在 2015 年的盈利情况也浮出水面。截至 2016 年 7 月 17 日，共有 989 家公司公布了 2015 年年报或财务数据，其中 881 家公司实现了盈利，仅 108 家公司在 2015 年亏损。看似一片繁荣的景象，背后的真实面目又是怎么样的呢？

首先，我们提出一个财务指标——营业外收入占净利润的比重，帮助我们看清挂牌公司的真实盈利情况。若营业外收入超过净利润，说明公司的主营业务处于亏损状态。

从营业外收入的金额来看，目前已公布 2015 年年报的 989 家公司中，营业外收入超过千万元的有 53 家，超过 5 000 万元的有 4 家，其中 2 家营业外收入超过了亿元，华强文化更是以 2.5 亿元的营业外收入“冠绝”新三板。

据了解，华强文化（股票代码：834793）是一家以文化内容产品及服务和文化科技主题公园为主营业务的大型文化企业，公司业务包括文化科技主题公园、文化内容产品及服务两部分。近年来风靡全国的系列动画片《熊出没》便出自华强文化之手，而且在短短 8 年时间内，一口气开建了 26 个主题公园。

2013 年、2014 年和 2015 年公司营业收入分别为 21.8 亿元、23.5 亿元和 28 亿元，净利润分别为 7.2 亿元、7.1 亿元和 6.5 亿元，整体财务数据较为可观。值得注意的是，华强文化几乎一半的净利润都来自营业外收入（主要是政府补贴），2015 年这一比例下降到了 37.6%。据不完全统计，3 年来公司已累计获得各类补助超过 20 亿元，约有一半的补助计入了当期损益。

据新三板中心统计，在 881 家盈利公司中，营业外收入占净利润比重超 100% 的公司有 54 家。22 家公司的营业外收入占净利润比重超过 200%，更有 9 家公司在 10 倍以上，最为夸张的是，德高化成（股票代码：831756）的营业外收入占净利润比重竟然超过 3 800%。

据了解，德高化成的主营业务为半导体封装材料的研发、生产、销售。2015 年营业收入为 1 138 万元，实现净利润仅为 7 500 元，3 年以来营业收入没有任何增长，几乎不能实现盈利。说的难听一点，公司就是全指着政府补助过日子。2013 年、2014 年和 2015 年公司净利润分别为 26 万元、－26 万元和 0.75 万元，营业外收入（主要是政府补助）分别为 23 万元、80 万元和 29 万元。

资料来源：新三板中心，2016-7-18.

要求：选择你感兴趣的一家上市公司，浏览该公司 2016 年年报，了解该公司的收入及其构成，分析各种收入规模的合理性及对企业的持续发展能力的影响。

提示：营业外收入是指企业发生的与日常经营活动无直接关系的各项收入，如固定资产的处置收益、债务重组收益等。营业外收入在净利润中所占的比重过大，通常意味着上市公司的主营业务表现不佳，其盈利质量出现下滑，因此，投资者不应盲目乐观地看待上市公司依靠营业外收入“催肥”的业绩。

同时，应理性分析上市公司营业外收入在净利润中所占比例过大的现象。营业外收入快速增长在一定程度上意味着相关公司已放弃原有主营业务，转向其他行业寻找可行的机会，并且已经有所收获，甚至还可能包含兼并重组的预期。投资者可对相关公司营业外收入的具体来源进行仔细分析。如果营业外收入的来源保持了一定时期内的相对稳定，就有可能意味着上市公司的主营业务出现转向。

（二）成本费用类项目分析

成本费用类项目主要包括营业成本、税金及附加、销售费用、管理费用、财务费用、资产减值损失、营业外支出等。

1. 营业成本分析

营业成本是指企业为销售商品、提供劳务等日常活动所发生的经济利益的流出。它反映企业经营主要业务和其他业务发生的实际成本总额。

在对营业成本进行分析时，应关注企业存货发出的方法及其变动；检查企业营业收入与营业成本之间的匹配关系，企业是否存在操纵营业成本的行为。企业除利用隐匿、转移、分解收入等手段偷逃流转税和所得税外，经常利用违反规定的成本开支范围列支，或者乱摊成本、转移成本，或者通过任意歪曲各项要素分配的真实性等手法偷逃企业所得税。因此，营业成本是检查企业所得税报表涉税分析的一个重点。

根据 HS 公司报表附注的信息，编制营业成本有关比重分析表，如表 2.28 至表 2.30 所示。

表 2.28　HS 公司营业成本比重分析

万元

项　目	2017 年	2016 年	比重/（%）	
			2017 年	2016 年
营业收入	85 576	68 001	100.00	100.00
营业成本	12 651	11 349	14.78	16.69

表 2.29　HS 公司主营业务成本（分行业）比重分析　　万元

行业名称	营业收入		营业成本		占同期收入比重/（%）	
	2017 年	2016 年	2017 年	2016 年	2017 年	2016 年
软件业	77 861	61 318	5 466	5 487	7.02	8.95
商业	7 429	6 249	7 153	5 794	96.28	92.72
合计	85 290	67 567	12 619	11 281	14.80	16.70

表 2.30　HS 公司主营业务成本（分产品）比重分析　　万元

产品名称	营业收入		营业成本		营业成本占同期收入比重/（%）	
	2017 年	2016 年	2017 年	2016 年	2017 年	2016 年
自行开发研制的软件产品销售	46 222	35 120	923	186	2.00	0.53
定制软件销售	9 665	7 939	934	456	9.66	5.74
系统集成	3 039	4 732	2 619	4 308	86.18	91.04
外购商品销售	7 429	6 249	7 153	5 794	96.28	92.72
软件服务	17 126	12 980	747	215	4.36	1.66
其他	1 809	547	243	322	13.43	58.87
合计	85 290	67 567	12 619	11 281	14.80	16.70

由表 2.28、表 2.29、表 2.30 可以看出，近两年来，HS 公司的营业成本控制较好，2017 年营业成本占收入的比重仅为 14.78%。其中，主营业务成本占主营业务收入的比重为 14.80%，较上年有所降低，尤其是软件业的成本在其收入中的比重仅占 7.02%，说明企业 2017 年在软件业务上控制成本得力，为企业创造了巨大的获利空间。但除了软件业外，另一主营业务商业活动中，企业开展的外购商品的销售成本有上升态势，需要在今后加强成本管理，增强企业的获利能力。

2. 税金及附加分析

一般来说，企业的税金及附加与营业收入应具有配比关系。因为其金额相对较小，所以不是分析的重点。

3. 销售费用分析

从销售费用的基本构成及功能来看，有的与企业的业务活动规模有关，如运输费、装卸费、整理费、包装费、保险费、销售佣金、差旅费、展览费、委托代销手续费、检验费等；有的与企业从事销售活动人员的待遇有关，如营销人员的工资和福利费；也有的与企业的未来发展、开拓市场、扩大企业品牌知名度等有关，如广告费。从企业管理层对上述各项费用的有效控制来看，虽然管理层可以对诸如广告费、营销人员的工资和福利费等采取控制或降低其规模等措施，但是这种控制或降低，或者对企业的长期发展不利，或者影响有关人员的积极性。因此，在报表分析时，应将企业营业费用的增减变动和销售量的变动结合起来，分析这种变动的合理性、有效性。一般认为，当企业业务发展时，企业的销售费用不应当降低。如果片面追求在一定时期的费用降低，就有可能对企业的长期发展不利。

实务演练

案例资料：“秦池”为何昙花一现？

1996年11月8日下午，中央电视台播报了一个令全国震惊的新闻：名不见经传的秦池酒厂以3.2亿元人民币的“天价”，买下了中央电视台黄金时间段广告，从而成为令人眩目的连任二届“标王”。1995年该厂曾以6 666万元人民币夺得“标王”。

秦池酒厂是山东省临朐县的一家生产“秦池”白酒的企业。1995年临朐县人口88.7万人，人均收入1 150元，低于山东省平均水平。1995年厂长赴京参加第一届“标王”竞标，以6 666万元的价格夺得中央电视台黄金时段广告“标王”后，引起出乎常人意料的轰动效应，秦池酒厂一夜成名，秦池白酒也身价倍增。中标后的一个多月时间里，秦池酒厂就签订了销售合同4亿元；头两个月秦池酒厂销售收入就达2.18亿元，实现利税6 800万元，相当于秦池酒厂建厂以来前55年的总和。至当年6月底，订货已排到了年底。1996年秦池酒厂的销售也由1995年只有7 500万元一跃为9.5亿元。事实证明，巨额广告投入确实带来了“惊天动地”的效果。对此，时任厂长十分满意。

然而，新华社1998年6月25日报道：“秦池”目前生产、经营陷入困境，今年亏损已成定局……秦池酒厂为什么在这么短的期间就风光不再而陷入困境？近年各种文章资料从多个方面将秦池酒厂作为典型案例作了多角度的分析。

资料来源：会计城，http://www.kjcity.com/news，2015-11-11.

要求：搜集“秦池”案例相关资料，思考下面问题。

（1）巨额广告支出对企业的生产经营有什么影响？

（2）从“秦池”案例中应吸取什么教训？

提示：巨额广告支出是企业的一项庞大的固定成本。固定成本的存在，使企业在产生经营杠杆作用时也带来了相应的经营风险；企业的长期稳定发展，必须依靠来自于企业经营活动中的良性“造血”功能机制，而造血功能机制的形成只能依靠企业资产的合理而有效的利用，保证现金流入与流出在时间、数量和速度上保持协调一致；合理的资金调度，需要以资产结构的平衡、资本结构的平衡、资产负债表左右双方的结构性平衡为前提。

4. 管理费用分析

与销售费用一样，虽然管理层可以对管理费用中如业务招待费、技术开发费、董事会会费、职工教育经费、涉外费、租赁费、咨询费、审计费、诉讼费、修理费、管理人员工资和福利费等采取控制或降低其规模等措施，但是这种控制或降低，或者对公司的长期发展不利，或者影响有关人员的积极性。此外，折旧费、摊销费等是企业以前各个会计期间已经支出的费用，不存在控制其支出规模的问题。对这类费用的处理更多地受企业会计政策的影响。因此，一般认为，当企业业务发展时，企业的管理费用应当保持一定的稳定性，不能一味地追求降低。

根据HS公司报表附注的信息，近年管理费用始终保持在40%左右。其中，占比最大的部分为职工薪酬，平均占管理费用的60%以上。管理费用中还包含了研发人员薪酬、期权费用、研发费等，可以看出公司重视对研发人力资源的投入，这为公司今后发展打下了良好的基础。需要指出的是，公司研发支出投入很大，且将其全部费用化，这也是造成管理费用如此之高的重要原因。软件公司的研发支出一般来说是一次性的，今后 HS 公司在收入持续增长的情况下，管理费用可能会急剧减少，从而利润会出现爆发式增长。

5. 财务费用分析

财务费用是企业为筹集生产经营所需资金等而发生的费用，包括利息支出（减利息收入）、汇兑损失（减汇兑收益）及相关的手续费等。其中，经营期间发生的利息支出构成了企业财务费用的主体。总之，财务费用是因企业筹资活动而发生的，所以在进行财务费用分析时，应当将财务费用的增减变动和企业的筹资活动联系起来，分析财务费用增减变动的合理性和有效性，发现其中存在的问题，查明原因，采取对策，以期控制和降低费用，提高企业利润水平。

6. 资产减值损失分析

资产减值损失是企业根据企业会计准则计提的各项资产减值准备所形成的损失。分析该项目时，应关注附表、附注中的企业资产减值准备明细表，明确其构成，评价每项资产减值准备的计提是否充分，是否存在企业计提不足或过度计提的状况。同时，观察减值准备的异常变化，判断企业是否应用资产减值来调节利润。

7. 营业外支出

营业外支出是反映企业发生的与其生产经营无直接关系的各项支出，如固定资产盘亏、处置固定资产净损失、出售无形资产损失、债务重组损失、罚款支出、捐赠支出和非常损失等。对于这些损失，企业应将其控制在最低限度。

小知识

上市公司财务造假识别

识别上市公司财务造假不单单是二级市场价值投资机构、投行界从事并购重组、投研人员必备的技能，也是投资者资本运作必做的功课之一。上市公司常见的财务造假手段如下。

1. 虚构收入

这是最严重的财务造假行为，有几种手法：一是白条出库，做销售入账；二是对开发票，确认收入；三是虚开发票，确认收入。这些手法非常明显是违法的，但有些手法从形式上看是合法，但实质是非法的，这种情况非常普遍。例如，上市公司利用子公司按市场价销售给第三方，确认该子公司销售收入，再由另一子公司从第三方手中购回，这种做法避免了集团内部交易必须抵销的约束，确保了在合并报表中确认收入和利润，达到了操纵收入的目的。此外，一些公司还利用阴阳合同虚构收入，如公开合同上注明货款是 1 亿元，但秘密合同上约定实际货款为 5 000 万元，另外 5 000 万元虚挂，这样虚增了 5 000 万元的收入，这在关联交易中非常普遍。

2. 提前确认收入

这种情况：一是在存有重大不确定性时确定收入；二是完工百分比法的不适当运用；三是在仍需提供未来服务时确认收入；四是提前开具销售发票，以美化业绩。

在房地产和高新技术行业，提前确认收入的现象非常普遍，如房地产企业，往往将预收账款作销售收入，滥用完工百分比法等。以工程收入为例，按规定工程收入应按进度确认收入，多确认工程进度将导致多确认利润。

3. 推迟确认收入

延后确认收入，也称递延收入，是将应由本期确认的收入递延到未来期间确认。与提前确认收入一样，延后确认收入也是企业盈利管理的一种手法。这种手法一般在企业当前收益较为充裕，而未来收益预计可能减少的情况下发生。

4. 转移费用

上市公司为了虚增利润，有些费用根本就不入账，或由母公司承担。一些上市公司往往通过计提折旧、存货计价、待处理挂账等跨期摊配项目来调节利润，少提或不提固定资产折旧，将应列入成本或费用的项目挂列递延资产或待摊费用。应该反映在当期报表上的费用，挂在“待摊费用”和“递延资产”或“预提费用”借方这几个跨期摊销账户中，以调节利润。

目前惯用的做法是：当上市公司经营不理想时，或者调低上市公司应当交纳的费用标准，或者承担上市公司的相关费用，甚至将以前年度已交纳的费用退回，从而达到转移费用、增加利润的目的。

5. 费用资本化、递延费用及推迟确认费用

费用资本化主要是借款费用及研发费用，而递延费用则非常之多，如广告费、职工卖断身份款费等。例如，将研究发展支出列为递延资产，或将一般性广告费、修缮维护费用或试车失败损失等递延。新建工厂实际已投入运营，但仍按未完工投入使用状态进行会计核算，根据现行会计政策，在完工投入使用前的新建工厂工人工资等各项费用、贷款利息均计入固定资产价值而非当期损益。通过此方法可调增利润。

6. 多提或少提资产减值准备以调控利润

《企业会计制度》要求自2001年1月1日起，上市公司要计提8项资产减值准备：坏账准备、短期投资跌价准备、长期投资跌价准备、存货跌价准备、固定资产、无形资产、在建工程减值准备和委托贷款减值准备。在企业法人治理结构和内部控制不健全的状况下，计提资产减值准备有较大的利润调节空间。由于资产减值会计内涵复杂性，决定了同样一项资产有不确定性的价值，因为资产减值实际上是掺杂企业管理当局主观估计的一种市场模拟价格，资产减值的不确定性给企业管理当局利润操纵提供了极大的空间。

其中，4项减值准备涉及不动产及无形资产的估价，资产减值计量难度大，甚至大大超过上市公司财务部门及审计师的职业判断能力，除非寻求专业的不动产及无形资产评估师帮助，否则根本无法得出恰当的资产减值标准，从而影响减值准备计提的正确性。这就更为上市公司利用资产减值准备操纵利润提供了空间。目前，上市公司利用资产减值玩会计数字游戏，主要游戏规则是利用资产减值准备推迟或提前损失，典型表现为某个年度出现巨额亏损——让我一次亏个够。

7. 制造非经常性损益事项

非经常性损益是指公司正常经营损益之外的、一次性或偶发性损益，如资产处置损益、临时性获得的补贴收入、新股申购冻结资金利息、合并价差摊入等。

非经常性损益虽然也是公司利润总额的一个组成部分，但由于它不具备长期性和稳定性，因而对利润的影响是暂时的。非经常性损益项目的特殊性质，为公司管理盈利提供了机会，特别应关注的是有些非经常性损益本身就是虚列的。

8. 虚增资产和漏列负债

操作手法有：多计存货价值，对存货成本或评价故意计算错误以增加存货价值，从而降低销售成本，增加营业利润。或虚列存货，以隐瞒存货减少的事实；多计应收账款，由于虚列销售收入，导致应收账款虚列；或应收账款少提备抵坏账，导致应收账款净变现价值虚增；多计固定资产，如少提折旧、将收益性支出列为资本性支出、利息资本化不当、固定资产虚增等；漏列负债，如漏列对外欠款或短估应付费用。

9. 潜亏挂账

当前上市公司账面资产很多为不良资产，但很多上市公司减值准备根本未提足。这里面原因很复杂，当初改组上市时，基于包装的需要，虚增了一块资产，可能挂在应收款项上，也可能虚增存货、固定资产、无形资产等，一些投资项目根本就是虚的或为不良资产，但也挂在账上。

上市以后，因原主业不行，固定资产和无形资产就急剧减值，但上市公司也不计提减值准备，另外，上市后继续包装，造成多项资产尤其是应收款项虚增。这些账面不良资产带来的潜亏金额往往很大。

10. 资产重组创造利润

企业为了优化资本结构，调整产业结构，完成战略转移等目的而实施的资产置换和股权置换便是资产重组。许多上市公司扭亏为盈的秘诀便在于资产重组。通过不等价的资产置换，为上市公司输送利润，目前仍然是利润操纵的主要手法之一。虽然因“非公允的关联交易差价不能计入利润”新规定而受限制，但上市公司仍可以通过非关联交易的资产重组方式为上市公司输送利润。

11. 通过投资事项对利润的调控

对亏损控股子公司通过减持股份后不纳入合并报表范围或者对投资事项减持股份后由权益法改为成本法核算，可以避免将子公司的亏损计入合并报表，同时还可通过转让股权获取投资收益。对亏损的控股或由权益法核算的子公司减持股份，一般转移至关联方，为避免作为关联交易披露，受让股权可通过非关联第三方再转移至关联方；此外，在投资初期将技术出资“变脸”创造利润。这里的“变脸”，指的是在以无形资产对外投资，且以无形资产出资后所占股份的价值A大于投资方无形资产账面价值B时，按规定该差额只能作为股权投资差额处理分10年以上分期摊入各期损益。若以将无形资产转售给另一出资方的方式收回等于A的现金，则可以将A、B之间的差额一次性计入当期损益，而另一出资方购入无形资产后也可以将此无形资产按购入价作为出资投入新设立的子公司。

12. 会计政策和会计估计变更

会计政策和会计估计变更的必然性和合理性以及变更标准的主观性，为公司进行盈利管理提供了条件，公司有可能利用这一条件，在需要时对会计政策和会计估计作出某种调整和变更。因此，关注公司会计政策和会计估计是否改变，对判断公司是否进行盈利管理，是一个十分重要的线索。改变会计政策如折旧年限、坏账计提比例、长期股权投资核算方法、改变会计报表合并范围、变更其他长期资产的摊销时间、变更递延收益的摊销方法、变更存货计价方法、变更坏账准备计提方法等均将对当期利润造成影响，导致前后期损益数据不可比。

13.“关联交易非关联化”创造利润

财政部发布的《关联方之间出售资产等有关会计处理问题暂行规定》，其核心思想是对显失公允的关联交易进行约束。由于显失公允的交易价格部分不能确认为当期利润，也不能转增资本或弥补亏损，而只能作为资本公积处理，这样，上市公司和关联方之间通过关联交易提升利润，实现扭亏或保牌的目的就只能落空了。虽然规定内容详尽具体，但由于规定约束的是关联方之间的交易行为，一旦上市公司将关联交易非关联化，则新规定的意图将不能实现。关联交易非关联化是指，上市公司将资产溢价出售给非关联方，由此产生的收益将不受新规定的约束，而与此同时，关联方通过其他方式弥补非关联方的损失；或者是两家上市公司的关联方同时收购对方上市公司的资产，相当于作了个互换。一系列交易的实质是向关联方溢价出售资产，但形式上却绕开了新规定。

资料来源：搜狐财经，2016-11-04.

（三）利润类项目分析

在利润表上，存在不同层次的利润，即营业利润、利润总额和净利润。

1. 营业利润

营业利润是企业经营活动中营业收入与营业成本、费用的差额与资产减值损失、公允价值变动收益、投资收益的总和。它既包括经营活动的经营成果，也包含经营过程中资产的价值变动损益，代表了企业的总体经营管理水平和效果。营业利润的变动，应着重分析企业主要业务的开展情况、多种经营的发展情况和期间费用的规模，确定分析的重点。

2. 利润总额

利润总额是反映企业全部财务成果的指标。它是收入减去费用后的净额、直接计入当期利润的利得和损失三部分的总和。因此，应明确对利润总额影响最大的是营业利润。在分析利润总额时，应注意区分经营性与非经营性项目的影响。如果企业的利润总额主要来自于非经营性项目，那么管理层就有调整业务结构的必要。

3. 净利润

净利润是指企业所有者最终取得的财务成果，或者可供企业所有者分配或使用的财务成果。一般情况下，企业的所得税相对稳定，利润总额较大的企业，其净利润也较高。对该指标的分析，应结合多期数据来对比，研究发展趋势及增长速度，同时与同行业平均水平、先进水平比较，考察企业在同行业中所处的地位。在分析时应注意的一个主要问题是：当一个企业利润总额和净利润主要是由非营业利润获得时，则该企业利润实现的真实性和持续性应引起分析人员的重视。

实务演练

案例资料：财务管控三大法宝助净利润连年增长。

受房地产市场低迷、刺激性消费政策退出等因素影响，2014 年以来，家电市场整体较低迷，但老板电器却一枝独秀。2014 年年报显示，老板电器 2014 年实现净利润 5.76 亿元，同比增长 49.24%。

整体毛利率提高

“毛利率稳步增长、费用控制稳步下降、存货严格管控是其致胜的三大法宝。”山东省滨州市公路管理局总会计师秦文娇接受《中国会计报》记者采访时道出了老板电器财务管控的“独家秘籍”。

净利润的增长依靠销售收入的持续攀升。老板电器 2014 年度销售收入增速为 35.3%，超过厨电行业的平均增速水平。实际上，公司自 2010 年上市以来，注重多品牌发展战略，产品结构持续优化并注重与京东、淘宝等电商合作拓展网络销售规模，净利率和毛利率也得以连年稳步增长。

作为制造企业，成本控制是第一要素。2014 年报告期内，老板电器产品成本中有 50% 为钢材。2014 年钢材价格下行较为明显，因此成本有一定下降。原材料价格回落及规模效应显现，也在一定程度上推动公司当期盈利能力大幅提升。2014 年下半年以来，原油等大宗商品价格的持续下行给下游家电行业带来明显的“成本红利”。

尽管地产下滑对厨电行业整体负面影响较大，但目前老板电器产品销售仍以一、二级市场为主，未来将持续推进渠道向三、四线城市下沉，行业集中度仍有待提升，农村家电市场也具有非常广阔的空间。这些客观因素决定了家电制造企业的净利率保持稳步增长。

重视存货管理

对于家电制造销售行业来说，如果存货在流动资产中占有较大的比重，企业资产的流动性将会大大减弱。同时，存货跌价准备的计提将使企业负担的资产减值损失上升，增大了存货呆滞的风险。老板电器之所以能保持良好的发展状态和盈利能力，关键是重视存货管理，选择合理有效的存货管理模式，及时更新相关的技术体系，升级物流与营销体系，为存货谋得更好的“出路”，从而提高存货周转率。

老板电器通过动态监控，每月测算公司的应收账款周转率。在发现不良的趋势时，及时调整公司的收款政策，减少赊销的比例。在扩大销售与减少坏账这两个目标上，实现了共赢。

老板电器缩短存货的周转时间，加快周转速度，提升了营运资金的管理水平。分析老板电器 2007—2014 年度的现金流量表可以看出，其经营活动现金净流量均为正数，表明现金流量充足。

加强销售费用管控

一般情况下，主营业务收入增长，相应的促销费、广告费及运输费也会增加。老板电器在主营业务保持快速增长的同时，销售费用所占比率在下降，这与老板电器严格的营销策略是分不开的。老板电器的费用控制有效。公司 2014 年前三季度费用计提充裕，使得第四季度费用率下降。第三季度财报显示，公司其他应付款为 3.52 亿元，而其中多为未结算的销售费用，这主要是因为公司采取了较为保守的销售费用计提政策，在 2014 年底季节性冲回致销售费用率有所下降。

和传统商务相比，电商平台的销售成本显然有所降低。老板电器借助电商，直接在网络平台上推广自己的产品，还有利于掌握顾客需求。作为一个老牌家电企业，在传统的发展模式上有所创新，在内部管理上挖潜降耗，是其净利润长年稳步增长的有效保证。

资料来源：中国会计报，2015-04-27.

要求：分析影响家电企业净利润的因素及提升家电企业盈利的途径。

任务检测 2-2

在线自测

一、选择题

1．反映企业全部财务成果的指标是（　　）。

A．主营业务利润　　B．营业利润

C．利润总额　　D．净利润

2．如果企业本年营业收入的增长快于营业成本的增长，那么企业本年营业利润（　　）。

A．一定大于0　　B．一定大于上年营业利润

C．一定大于上年利润总额　　D．不一定大于上年营业利润

二、判断题

1．营业利润是企业营业收入与营业成本费用及税金之间的差额。它既包括产品销售利润，又包括其他业务利润，并在二者之和基础上减去管理费用与财务费用。（　　）

2．企业成本总额的增加不一定意味着利润的下降和企业管理水平的下降。（　　）

配套实训

实训 2-7　利润增减变动分析

实训目标

通过对利润表的水平分析，从利润形成角度反映利润额的变动情况，揭示企业在利润形成过程中的管理业绩及存在的问题。

实训资料

1．企业概况

用友公司成立于1988年，是中国最大的管理软件、ERP软件、集团管理软件、人力资源管理软件、客户关系管理软件、小型企业管理软件、财政及行政事业单位管理软件、汽车行业管理软件、烟草行业管理软件、内部审计软件及服务提供商。目前，中国及亚太地区超过100万家企业与机构通过使用用友软件，实现精细管理、敏捷经营。2001年5月18日，用友软件股份有限公司成功在上海证券交易所发行上市（股票简称：用友软件；股票代码：600588）。

2．2017年企业利润表（见表2.31）

表2.31　利润表

编制单位:用友公司　　2017年度　　元

项　目	2017年	2016年
一、营业收入	2 480 196 110	1 800 588 030
减：营业成本	298 608 589	225 099 128
税金及附加	77 020 960	45 033 822
销售费用	1 073 862 141	850 707 984
管理费用	702 530 566	545 932 528
财务费用	39 233 630	243 000
资产减值损失	419 358	737 940
加：投资收益	46 380 068	9 253 574
其中：对联营企业和合营企业的投资收益	6 168 930	6 594 257
二、营业利润	315 701 374	131 584 351
加：营业外收入	217 906 006	197 583 990
减：营业外支出	916 400	852 209
其中：非流动资产处置损失	499 016	181 485
三、利润总额	532 690 980	328 316 132
减：所得税费用	45 985 075	14 193 352
四、净利润	486 705 905	314 122 780
五、每股收益		
基本每股收益	0.60	0.38
稀释每股收益	0.60	0.38

实训程序与要求

（1）编制企业利润表水平分析表，如表2.32所示。

表2.32　利润表水平分析　　元

项　目	2017年	2016年	增减额	增减/（%）
一、营业收入	2 480 196 110	1 800 588 030		
减：营业成本	298 608 589	225 099 128		
税金及附加	77 020 960	45 033 822		
销售费用	1 073 862 141	850 707 984		
管理费用	702 530 566	545 932 528		
财务费用	39 233 630	243 000		
资产减值损失	419 358	737 940		
加：投资收益	46 380 068	9 253 574		
其中：对联营企业和合营企业的投资收益	6 168 930	6 594 257		
二、营业利润	315 701 374	131 584 351		
加：营业外收入	217 906 006	197 583 990		
减：营业外支出	916 400	852 209		
其中：非流动资产处置损失	499 016	181 485		

（续表）

项　目	2017 年	2016 年	增减额	增减/（%）
三、利润总额	532 690 980	328 316 132		
减：所得税费用	45 985 075	14 193 352		
四、净利润	486 705 905	314 122 780		
五、每股收益				
基本每股收益	0.60	0.38		
稀释每股收益	0.60	0.38		

（2）根据利润表水平分析表的有关数据，进行企业利润额增减变动分析。

实训 2-8　利润结构变动分析

实训目标

通过对利润表的垂直分析，揭示企业各项利润、成本、费用与收入的关系，以反映企业各环节的利润构成、利润及成本费用水平。

实训资料

见实训 2-7 中资料。

实训程序及要求

（1）编制企业利润表垂直分析表，如表 2.33 所示。

表 2.33　利润表垂直分析　　元

项　目	2017 年	2016 年	差额
一、营业收入			
减：营业成本			
税金及附加			
销售费用			
管理费用			
财务费用			
资产减值损失			
加：投资收益			
其中：对联营企业和合营企业的投资收益			
二、营业利润			
加：营业外收入			
减：营业外支出			
其中：非流动资产处置损失			
三、利润总额			
减：所得税费用			
四、净利润			

（2）根据利润表垂直分析表的有关数据，进行企业利润结构变动分析。

实训 2-9　收入、成本费用项目分析

实训目标

通过对利润表中各项目的进一步分析，揭示企业收入、成本、费用的合理性，为企业增加收入，控制成本、费用，提高利润提出建议。

实训资料

1．企业概况

SY 集团始创于 1989 年。2007 年，SY 集团实现销售收入 135 亿元，成为建国以来湖南省首家销售过百亿元的民营企业。2008 年和 2009 年，尽管受金融危机影响，SY 集团仍然延续了以往的增长。2010 年，SY 集团销售超过 500 亿元。2011 年 7 月，SY 重工以 215.84 亿美元的市值，首次入围 FT 全球 500 强，成为唯一上榜的中国机械企业。目前集团拥有员工 6 万余名。

SY 集团主业是以"工程"为主题的机械装备制造业，目前已全面进入工程机械制造领域。其主导产品为混凝土机械、筑路机械、挖掘机械、桩工机械、起重机械、非开挖施工设备、港口机械、风电设备等全系列产品。其中，混凝土机械、桩工机械、履带起重机械为国内第一品牌；混凝土泵车全面取代进口，国内市场占有率达 57%，为国内首位，且连续多年产销量居全球第一。

SY 集团是全球最大的混凝土机械制造商，也是中国最大、全球第六的工程机械制造商。近年来，SY 集团连续获评为中国企业 500 强、工程机械行业综合效益和竞争力最强企业、福布斯"中国顶尖企业"、中国最具成长力自主品牌、中国最具竞争力品牌、中国工程机械行业标志性品牌、亚洲品牌 500 强。

SY 集团的核心企业 SY 重工于 2003 年 7 月 3 日上市，是中国股权分置改革首家成功并实现全流通的企业。

在国内，SY 集团建有上海、北京、沈阳、昆山、长沙等五大产业基地。在全球，SY 集团建有 30 个海外子公司，业务覆盖达 150 个国家，产品出口到 110 多个国家和地区。目前，SY 集团已在印度、美国、德国、巴西相继投资建设工程机械研发制造基地。

2．SY 集团重工股份有限公司 2017 年上半年度合并利润表（见表 2.34）

表 2.34　合并利润表　　元

项　目	2017 年 1—6 月	2016 年 1—6 月
一、营业收入	30 363 251 552.52	16 946 000 474.85
减：营业成本	18 786 840 794.18	10 574 648 457.24
税金及附加	165 842 175.85	64 300 489.17
销售费用	2 320 874 100.82	1 433 875 398.09
管理费用	1 392 504 520.92	789 075 633.47
财务费用	159 132 899.96	235 693 351.55
资产减值损失	246 702 785.51	233 803 926.08

（续表）

项　目	2017年1—6月	2016年1—6月
加：公允价值变动收益	−36 731 703.01	−11 721 601.55
投资收益	77 493 096.40	−9 872 295.64
其中：对联营企业和合营企业的投资收益	20 482 052.29	2 937 206.18
二、营业利润	7 332 115 668.67	3 593 009 322.06
加：营业外收入	65 679 413.93	57 105 916.61
减：营业外支出	44 776 329.26	31 622 735.36
其中：非流动资产处置损失	15 096 909.56	4 168 490.94
三、利润总额	7 353 018 753.34	3 618 492 503.31
减：所得税费用	1 005 214 914.74	463 203 871.51
四、净利润	6 347 803 838.60	3 155 288 631.80
其中：被合并方在合并前实现的净利润		383 532 147.63
归属于母公司所有者的净利润	5 939 290 774.97	2 875 242 003.16
少数股东损益	408 513 063.63	280 046 628.64
五、每股收益		
基本每股收益	0.78	0.38
稀释每股收益	0.78	0.38
六、其他综合收益	−30 043 673.64	8 896 355.44
七、综合收益总额	6 317 760 164.96	3 164 184 987.24
归属于母公司股东的综合收益总额	5 909 367 420.70	2 882 093 795.93
归属于少数股东的综合收益总额	408 392 744.26	282 091 191.31

3．营业收入及营业成本数据资料（见表2.35）

表2.35　营业收入及营业成本数据　　元

项　目	2017年1—6月	2016年1—6月
主营业务收入	29 657 233 646.66	16 584 943 491.75
其他业务收入	706 017 905.86	361 056 983.10
营业收入合计	30 363 251 552.52	16 946 000 474.85
主营业务成本	18 170 081 707.01	10 270 662 626.74
其他业务成本	616 759 087.17	303 985 830.50
营业成本合计	18 786 840 794.18	10 574 648 457.24
主营业务收入占收入比/（%）	97.675	97.869

4．主营业务各产品收入所占比例资料（见表2.36）

表2.36　主营业务中各产品收入比例数据　　%

项　目	2017年1—6月		2016年1—6月	
	主营业务收入	主营业务毛利	主营业务收入	主营业务毛利
混凝土机械类	53.422	60.212	52.900	59.114
路面机械类	3.817	3.725	3.683	3.160
履带起重机机械类	2.860	2.897	5.186	3.842
汽车起重机机械类	7.467	5.422	7.426	5.117

（续表）

项　目	2017 年 1—6 月		2016 年 1—6 月	
	主营业务收入	主营业务毛利	主营业务收入	主营业务毛利
挖掘机械类	23.758	19.227	20.494	17.328
桩工机械类	4.837	5.920	6.077	7.585
配件	3.053	2.457	3.202	3.421
其他	0.786	0.140	1.031	0.432
合　计	100.000	100.000	100.000	100.000

5．主营业务按产品分项列示资料（见表 2.37）

表 2.37　各类产品收入及毛利数据

元

项　目	2017 年 1—6 月		2016 年 1—6 月		增（减）/（%）	
	主营业务收入	主营业务毛利	主营业务收入	主营业务毛利	主营业务收入	主营业务毛利
混凝土机械类	15 843 434 819.46	6 916 605 793.35	8 773 430 691.00	3 732 594 293.99	80.58	85.30
路面机械类	1 131 958 138.01	427 921 107.29	610 792 305.65	199 540 000.82	85.33	114.45
履带起重机机械类	848 270 300.24	332 735 634.13	860 090 217.24	242 626 171.59	−1.37	37.14
汽车起重机机械类	2 214 483 860.83	622 883 591.68	1 231 596 376.08	323 124 102.12	79.81	92.77
挖掘机械类	7 046 069 990.57	2 208 630 257.50	3 398 988 480.57	1 094 116 472.22	107.30	101.86
桩工机械类	1 434 424 683.61	680 052 989.40	1 007 918 740.75	478 961 032.48	42.32	41.99
配件	905 493 907.85	282 261 832.03	531 055 398.73	216 034 942.30	70.51	30.66
其他	233 097 946.09	16 060 734.27	171 071 281.73	27 283 849.49	36.26	−41.14
合　计	29 657 233 646.66	11 487 151 939.65	16 584 943 491.75	6 314 280 865.01	78.82	81.92

6．营业外收入与营业外支出资料（见表 2.38、表 2.39）

表 2.38　营业外收入数据

元

项　目	2017 年 1—6 月	2016 年 1—6 月	增（减）/（%）
非流动资产处置利得	9 042 860.37	11 823 587.02	−23.518
政府补助	38 374 191.74	28 311 820.57	35.541
其他	18 262 361.82	16 970 509.02	7.612
合　计	65 679 413.93	57 105 916.61	15.013

表 2.39　营业外支出数据

元

项　目	2017 年 1—6 月	2016 年 1—6 月	增（减）/（%）
固定资产处置损失	15 096 909.56	4 168 490.94	262.167
捐赠支出	3 412 621.19	2 521 411.68	35.346
赔偿支出	2 866 201.23	5 155 937.12	−44.410
未到期按揭贷款回购准备金	17 553 443.51	17 729 544.65	−0.993
其他	5 847 153.77	2 047 350.97	185.596
合　计	44 776 329.26	31 622 735.36	41.595

实训程序和要求

（1）根据表 2.34，编制该公司利润表水平分析表（计算增减变动百分比），如表 2.40 所示。

表 2.40　利润表水平分析

元

项　目	2017 年 1—6 月	2016 年 1—6 月	增（减）/（%）
一、营业收入	30 363 251 552.52	16 946 000 474.85	
减：营业成本	18 786 840 794.18	10 574 648 457.24	
税金及附加	165 842 175.85	64 300 489.17	
销售费用	2 320 874 100.82	1 433 875 398.09	
管理费用	1 392 504 520.92	789 075 633.47	
财务费用	159 132 899.96	235 693 351.55	
资产减值损失	246 702 785.51	233 803 926.08	
加：公允价值变动收益	−36 731 703.01	−11 721 601.55	
投资收益	77 493 096.40	−9 872 295.64	
其中：对联营企业和合营企业的投资收益	20 482 052.29	2 937 206.18	
二、营业利润	7 332 115 668.67	3 593 009 322.06	
加：营业外收入	65 679 413.93	57 105 916.61	
减：营业外支出	44 776 329.26	31 622 735.36	
其中：非流动资产处置损失	15 096 909.56	4 168 490.94	
三、利润总额	7 353 018 753.34	3 618 492 503.31	
减：所得税费用	1 005 214 914.74	463 203 871.51	
四、净利润	6 347 803 838.60	3 155 288 631.80	
其中：被合并方在合并前实现的净利润		383 532 147.63	
归属于母公司所有者的净利润	5 939 290 774.97	2 875 242 003.16	
少数股东损益	408 513 063.63	280 046 628.64	
五、每股收益			
基本每股收益	0.78	0.38	
稀释每股收益	0.78	0.38	
六、其他综合收益	−30 043 673.64	8 896 355.44	
七、综合收益总额	6 317 760 164.96	3 164 184 987.24	
归属于母公司股东的综合收益总额	5 909 367 420.70	2 882 093 795.93	
归属于少数股东的综合收益总额	408 392 744.26	282 091 191.31	

（2）根据表 2.34，编制该公司利润表垂直分析表，如表 2.41 所示。

表 2.41　利润表垂直分析

项　目	结构/（%）	
	2017 年 1—6 月	2016 年 1—6 月
一、营业收入		
减：营业成本		
税金及附加		
销售费用		
管理费用		
财务费用		
资产减值损失		
加：公允价值变动收益		
投资收益		
其中：对联营企业和合营企业的投资收益		
二、营业利润		
加：营业外收入		
减：营业外支出		
其中：非流动资产处置损失		
三、利润总额		
减：所得税费用		
四、净利润		

（3）根据表 2.35，进行企业营业收入及营业成本分析评价。

（4）根据表 2.36、表 2.37，进行企业主营业务分析评价。

（5）根据表 2.38、表 2.39，进行企业营业外收支分析评价。

（6）根据表 2.40、表 2.41，结合企业资料，进行企业利润总体状况分析。

实训 2-10　利润的质量分析

实训目标

加深对利润表中各种利润数据的理解，洞察企业实现利润的途径、利润的稳定性和企业的发展潜力，正确进行企业经营业绩的评价。

实训资料

1．利润的质量

利润的质量是指企业利润的形成过程及利润结果的合规性、效益性及公允性。高质量的企业利润，应当表现为资产运转状况良好，企业所开展的业务具有较好的市场发展前景，企业有良好的购买能力、偿债能力、缴纳税金及支付股利的能力。高质量的企业利润能够为企业未来的发展奠定良好的资产基础；反之，低质量的企业利润，则表现为资产运转不畅，企业支付能力、偿债能力减弱，甚至影响企业的生存能力。

（1）利润质量的影响因素

① 利润来源的稳定可靠性。

利润由3个主要部分组成：营业利润、投资收益和营业外收支净额。在利润的总体构成内容中，营业利润特别是主营业务利润及其所占比重大小是决定企业利润是否稳定可靠的基础。在其他条件不变的情况下，营业利润所占比重越大，利润质量越高。从营业利润是否有足够的现金保障来看，营业净现金流量＝税后营业利润＋折旧等非付现成本−营运资本需求增量。因此，非付现成本增多会缩小营业利润与营业净现金流量的差距，有助于提高利润质量；营运资本需求量增加会扩大营业利润与营业净现金流量的差距，从而降低利润质量。

② 信用政策及存货管理水平。

从静态角度来看，宽松的信用政策和稳健的存货投资策略，会产生较高水平的应收账款和存货占用资金，这意味着较高的机会成本和潜在的坏账等，会造成账面利润虚增。同时，由于销售收入有较大部分没有形成现金流入，从而进一步加大了账面利润与净现金流量的差距，降低了利润质量。相反，严格的信用政策和激进的存货投资策略，并不会降低利润质量。

从动态角度来看，只有本期的应收账款和存货占用资金大于或小于前一期，才会对利润质量产生影响。这种情况发生在以下两种情况。

- 信用政策和存货投资策略执行不力。
- 信用政策和存货投资策略发生变化。

因此，为了提高利润质量，企业应根据自身实际情况和竞争需要，制定适当的信用政策和存货投资策略，并根据环境变化作适当调整。这要求企业有较高的管理水平，政策一旦制定就应严格执行。

③ 关联方交易。

第一，关联方交易对利润数量有影响。

- 节约交易费用，增加利润。交易费用是指为获得准确的市场信息所付出的费用，以及谈判和经常性契约的费用。基于关联方之间的控制与被控制或共同被控制，交易费用相对降低，从而直接增加交易双方的利润。
- 通过转移定价，调整利润。转移定价的高低，不会改变利润总额，但会改变利润在交易双方之间的分配。通过较高的销售价格或较低的购入价格，可以增加低税负企业的利润，将盈利企业的利润转移到亏损企业。
- 通过资产重组，调整利润。这种情况广泛存在于上市公司与其母公司的关联方交易中，如母公司折价将优质资产注入上市公司，使得上市公司剥离其不良资产。

第二，关联方交易对利润质量有影响。

- 交易类型及利润来源的稳定性。最常见的关联方交易是购买或销售商品，提供或接受劳务，其他资产如固定资产、股权的转让或买卖。前二者属于经营性交易，所产生的利润具有长期性、稳定性的特点，如果以市场价格成交，对利润质量的影响不会很大；后者属于非经营性交易，具有一次性或偶发性的特点，由此形成的利润在利润质量分析时应重点关注。

- 交易的金额及比重。关联方交易不能反映出企业真实的经营能力。经营性关联方交易的金额及其相应比例的分析，可以帮助我们大体上判断企业利润在多大程度上依赖于关联方交易。企业利润如果依赖于关联方交易，其利润质量必然会降低。
- 交易是否伴有现金流。通过现金流分析，不仅可以判断真实交易的利润质量，还可以发现其中的虚假交易。只有伴随现金流入的利润才具有较高质量。
- 定价政策。以节约费用为目的的关联方交易一般是以市场价格进行的，而以调整利润为目的的关联方交易是通过转移定价进行的。关联方交易价格越是接近市场价格，其利润质量越高；反之，利润质量越低。值得强调的是，转移价格的存在，会增加一方的利润数量，减少另一方的利润数量。增加利润数量的一方其利润质量是降低的，但减少利润数量的一方其利润质量并没有提高，因为这种行为惠及的只是关联方的大股东，而受损害的仍是中小投资者。

（2）利润质量的评价方法

针对我国企业利润调节的现状，在发现识别信号后，主要可采用以下4种方法分析企业的利润质量。

① 不良资产剔除法。

所谓不良资产，是指待摊费用、待处理流动资产净损失、待处理固定资产净损失、开办费、递延资产等虚拟资产和高龄应收账款、存货跌价和积压损失、投资损失、固定资产损失等可能产生潜亏的资产项目。如果不良资产总额接近或超过净资产，或者不良资产的增加额（增加幅度）超过净利润的增加额（增加幅度），说明企业当期利润有水分。

② 关联交易剔除法。

关联交易剔除法是指将来自关联企业的营业收入和利润予以剔除，分析企业的盈利能力多大程度上依赖于关联企业。如果主要依赖于关联企业，就应当特别关注关联交易的定价政策，分析企业是否以不等价交换的方式与关联方进行交易以调节利润。

③ 异常利润剔除法。

异常利润剔除法是指将其他业务利润、投资收益、补贴收入、营业外收入从企业的利润总额中扣除，以分析企业利润来源的稳定性。这里尤其应注意投资收益、营业外收入等一次性的偶然收入。

④ 现金流量分析法。

现金流量分析法是指将经营活动产生的现金流量、投资活动产生的现金流量、现金净流量分别与主营业务利润、投资收益和净利润进行比较分析，以判断企业的利润质量。一般而言，没有现金净流量的利润，其质量是不可靠的。

（3）降低利润质量评价的成本

利润质量分析是一项潜在高成本的分析性活动。把精力集中于经验表明最有可能发现导致利润质量下降的公司情形，可以降低这项成本。这些情形包括以下几个方面。

① 公司已经取得了巨大的市场份额，并且增长速度比行业更快。市场份额越大，比行业增长得更快就越困难。

② 经常签订企业合并协议。为了提高当期利润和避免商誉损失从而达到操纵增长率的目的，公司使用了权益联营法合并会计。

③ 管理当局具有使用利润调节（利润操纵）达到利润预期的历史。

④ 公司更换了会计师事务所或解雇了审计人员。一般而言，审计人员不会轻易地放弃客户，很有可能是管理当局准备降低利润质量，而审计人员不予配合。

⑤ 公司增长迅速。在迅速增长期间，很难做到正确对待公司的内部控制，因而也就比较难发现和阻止具有欺诈性的业务。

⑥ 为了达到每股利润目标，以牺牲企业其他方面的明显利益为代价，如暂停管理当局的增长战略，而不管使用的方法和对企业潜在的未来损害。

⑦ 公司业绩太好，以至于难以相信。销售收入、利润和现金余额都上升了，这可能都是创造性的存货搬移和持有引起的。这样一种典型的协议通常可以归结为：公司向销售商提供慷慨的融资服务，销售商向客户提供表外融资。如果在最终购买者那里业务出现下滑，整项计划将会失灵，公司今天的辉煌将会变成明天的没落。

2．A、B、C、D、E 五家公司的利润构成情况一览表（见表 2.42）

表 2.42　利润构成情况

项　目	A 公司	B 公司	C 公司	D 公司	E 公司
主营业务利润	−	＋	＋	−	−
其他业务利润	＋	＋	−	−	−
投资收益	＋	−	−	−	＋
营业外收支净额	＋	−	−	＋	＋
利润总额	＋	＋	＋	＋	＋

说明：实现利润用“＋”表示，发生亏损用“－”表示。

实训要求

（1）阅读资料“利润的质量”，分享一项认为能洞察企业利润质量的经验。

（2）谈谈上述内容对你的启发，并判断表 2.42 中各公司的利润质量。

实训 2-11　利润表综合分析

实训目标

利用企业的利润表等相关资料，了解企业实现收入的规模和成本耗费水平，揭示企业利润的变化趋势，洞察企业利润实现中存在的问题，为企业提高盈利能力提出改进措施。

实训资料

某公司 2017 年、2016 年度利润表水平分析表如表 2.43 所示。

表 2.43　利润表水平分析

元

项　目	2017 年	2016 年	增减额	增减/（%）
一、营业收入	1 391 619	1 251 065	140 554	11.23
减：营业成本	1 153 535	1 052 033	101 502	9.65
税金及附加	15 450	7 334	8 116	110.66
销售费用	3 143	2 148	995	46.32
管理费用	135 867	117 624	18 243	15.51
财务费用	−25 485	114 732	−140 217	−122.21
资产减值损失				

（续表）

项　目	2017年	2016年	增减额	增减/（%）
加：投资收益				
其中：对联营企业和合营企业的投资收益				
二、营业利润	109 109	−42 806	151 915	−354.89
加：营业外收入	26 895	75 008	−48 113	−64.14
减：营业外支出	4 553	2 184	2 369	108.47
其中：非流动资产处置损失				
三、利润总额	131 451	30 018	101 433	337.91
减：所得税费用	25 477	4 608	20 869	452.89
四、净利润	105 974	25 410	80 564	317.06
五、每股收益				
基本每股收益				
稀释每股收益				

实训要求

根据资料，进行企业利润综合分析。

实训 2-12　利润表附表分析

实训目标

通过分析利润分配表，了解企业利润分配政策，分析企业利润分配规模及变动的合理性；熟悉上市公司的股利分配政策，判断企业所处的生产发展阶段与股利分配政策的适应性；预测企业未来的发展前景，以便对企业的价值进行评估。

实训资料

1．利润分配表及其内容

利润分配表是反映企业一定期间对实现净利润及以前年度未分配利润的分配或亏损弥补的报表。自2006年后，《企业会计准则》规定，企业可以不编制利润分配表，有关企业利润分配的信息包含在所有者权益变动表中。但目前，诸多小企业仍在编制利润分配表，在年度会计报表中，利润分配表是利润表的附表。

利润分配表一般有表首、正表两部分。其中，表首说明报表名称、编制单位、编制日期、报表编号、货币名称、计量单位等；正表是利润分配表的主体，具体说明利润分配表的各项内容，每项内容通常还区分为“本年实际”和“上年实际”两栏分别填列。

在我国，利润分配表的“本年实际”栏根据本年“本年利润”和“利润分配”科目及其所属明细科目的记录分析填列；“上年实际”栏根据上年利润分配表填列。如果上年度利润分配表与本年度利润分配表的项目名称和内容不一致，则按编报当年的口径对上年度报表项目的名称和数字进行调整，填入本表“上年实际”栏内。

利润分配表的基本格式如表2.44所示。

表 2.44　利润分配表

项　目	本年实际	上年实际
一、净利润		
加：年初未分配利润		
其他转入		
二、可供分配的利润		
减：提取法定盈余公积		
提取法定公益金		
提取职工福利及奖励基金		
提供储备基金		
提供企业发展基金		
利润归还投资		
补充流动资本		
三、可供投资者分配的利润		
减：应付优先股股利		
提取任意盈余公积		
应付普通股股利		
转作资本（或股本）的普通股股利		
四、未分配利润		

编制说明如下。

①“净利润”项目，反映企业实现的净利润。如果为净亏损，以“–”号填列。本项目的数字应与利润表中“本年累计数”栏的“净利润”项目一致。

②“年初未分配利润”项目，反映企业年初未分配的利润。如果为未弥补的亏损，以“—”号填列。

③“其他转入”项目，反映企业按规定用盈余公积弥补亏损等转入的数额。

④“提取法定盈余公积”项目和“提取法定公益金”项目，分别反映企业按照规定提取的法定盈余公积和法定公益金。

⑤“提取职工福利及奖励基金”项目，反映外商投资企业按规定提取的职工奖励及福利基金。

⑥“提取储备基金”项目和“提取企业发展基金”项目，分别反映外商投资企业按照规定提取储备基金和企业发展基金。

⑦“利润归还投资”项目，反映中外合作经营企业按规定在合作期间以利润归还投资者的投资。

⑧“应付优先股股利”项目，反映企业应分配给优先股股东的现金股利。

⑨“提取任意盈余公积”项目，反映企业提取的任意盈余公积。

⑩“应付普通股股利”项目，反映企业应分配给普通股股东的现金股利。

⑪“转作资本（或股本）的普通股股利”项目，反映企业分配给普通股股东的股票股利。

⑫“未分配利润”项目，反映企业年末尚未分配的利润。如果为未弥补的亏损，以“—”号填列。

企业如果因以收购本企业股票方式减少注册资本而相应减少未分配利润，可在本表“年初未分配利润”项目下增设“减：减少注册资本减少的未分配利润”项目反映；对于国有工业企业按规定补充的流动资本，新制度规定，企业可在本表“利润归还投资”项目下增设“补充流动资本”项目反映；企业按规定以利润归还借款、单项留用的利润等，可在“补充流动资本”项目下单列项目反映。

2. 利润分配规模及变动分析

某公司 2016 年度与 2017 年度的利润分配表如表 2.45 所示。

表 2.45 利润分配表

万元

项 目	2017 年	2016 年	增减额	增减率/（%）
一、净利润	8 431	7 743	688	8.89
加：年初未分配利润	12 290	6 998	5 292	75.62
其他转入				
二、可供分配的利润	20 721	14 741	5 980	40.57
减：提取法定盈余公积	1 004	879	125	14.23
提取法定公益金	431	356	75	21.07
提取职工福利及奖励基金	61	112	−51	−45.54
提供储备基金				
提供企业发展基金				
利润归还投资				
补充流动资本				
三、可供投资者分配的利润	19 225	13 394	5 831	43.53
减：应付优先股股利				
提取任意盈余公积				
应付普通股股利				
转作资本（或股本）的普通股股利				
四、未分配利润	19 225	13 394	5 831	43.53

3. 近九成上市公司股息率跑输一年定存，36 只“铁公鸡”上市至今“一毛不拔”

上市公司 2015 年年报披露已经收官，2 843 家上市公司 2015 年实现营业总收入合计为 29.42 万亿元，实现归属于上市公司股东的净利润合计为 2.47 万亿元，与 2014 年相比均出现下滑。而作为回报股东的一个重要指标，去年，共有 2 014 家上市公司宣布拟进行现金分红，加入分红队伍的上市公司数量在不断增加。但是，从分红力度来看，有不少公司在分红方面似蜻蜓点水，一毛不拔的“铁公鸡”依然存在。

86%公司股息率跑输一年定存利率

《证券日报》记者通过Choices数据统计显示，2 843家上市公司中，有2 014家上市公司发布了分红预案，占比达到70%。从上市公司拟分红数量及分红金额来看，比2014年均有所增加。从分红金额来看，2015年，上市公司拟分红的金额约为1.06万亿元，而2014年同期的分红金额合计为7 938.5亿元（1 940家公司分红），而2013年A股分红金额为7 577亿元。

从分红数据上可以看出，A股上市公司近年来的分红有了很大的改善。而拟分红金额超过百亿元的上市公司有11家，分别为工商银行、建设银行、农业银行、中国银行、交通银行、招商银行、上汽集团、浦发银行、中国人寿、兴业银行、中信银行。按照分红基准股本与每股分红计算，上述11家公司2015年拟分红金额分别为831.49亿元、685亿元、541.75亿元、515.17亿元、200.5亿元、174亿元、149.9亿元、120.8亿元、181.7亿元、116.2亿元、103.7亿元。另外，分红金额超过10亿元（100亿元以下）的上市公司有153家，分红总额超过1亿元的上市公司有757家。

而从每股分红金额来看，贵州茅台每股分红6.17元成为A股发布分红预案的公司中最大方的一家，而中科创达以每股分红3.5元排在第2位，浩丰科技、天齐锂业、蓝思科技、金胜精密等公司的每股分红金额均在3元以上。

相比慷慨分红的公司，有的上市公司虽然也宣布分红，但是每股分红的金额甚至不足1分钱。根据统计显示，去年A股宣布拟分红的上市公司中，有785家公司的每股分红不足1角钱，而启明信息去年每股分红为1分钱，拟分红金额约40.85万元。而分红总额不足百万元的上市公司还有金刚玻璃和罗顿发展，两家公司拟分红金额分别为43.2万元和74.63万元。

从上述数据可以看出，A股上市公司在回报和分享的概念在不断深入。工商银行以总分红831.49亿元，成为A股分红总额最多的公司，而贵州茅台拟以每股6.17元的分红成为A股每股分红最慷慨的公司。不过，从作为投资者审查上市公司重要指标的股息率来看，A股上市公司的分红力度并不大。

依照股息率来看，多数上市公司的股息率在1%以下，但由于去年央行几次降息降准，导致上市公司股息率跑赢一年期基准利率的数量同比增幅明显。按照4月29日的收盘价计算，股息率超过1.5%（目前一年期定期存款基准利率）的公司有285家，占拟分红公司比重为14%。其中，格力电器的股息率为7.8%，成为A股上市公司2015年的“分红王”。另外，建设银行、工商银行、农业银行、中国银行、光大银行等银行股的股息率均超过5%以上。

虽然86%的上市公司的股息率跑输一年定期存款利率，但是，相比“一毛不拔”的上市公司而言，还是让股东们感到些许安慰。

36家“铁公鸡”上市以来不分红

数据显示，2015年，A股上市公司中有331家公司出现净利润亏损，但是，不分红的公司有800多家。事实上，分析人士认为，上市公司募集了投资者的资金，给予投资者回报乃是天经地义的事情。近年来，“重融资、轻回报”的现象，在监管机构不断加大对上市公司分红的监管力度下得到了很好的改善，但是，在上市公司队伍中，依然不缺“铁公鸡”，而它们中有的公司并不差钱。

据Choice数据统计显示，截至目前，A股上市公司中连续5年不分红的上市公司有330家，有的上市公司自上市至今，有着与中国资本市场共同的“年龄”，却保持着“一毛不拔”的作风，成为A股市场中名副其实的“铁公鸡”。

金杯汽车、金圆股份、通策医疗、如意集团等上市公司在资本市场上有着20多年的发展史，但是，这些公司在股东回报方面却一分钱也未拿出来分红。其中金杯汽车上市24年未分红，但是，在9年时间内，金杯汽车从政府获得补贴金额达到2.8亿元。另外，通策医疗上市20年不分红，虽然在公司的发展史上，可分配利润为负成为该公司不分红的主要原因之一，但是，去年通策医疗在可分配利润为正的情况下依然选择了不分红。对于不分红的理由，公司表示，通策医疗是投资管理一体的企业，经营业绩与医疗服务机构设置进展有很大的关联。为公司长远发展和不断提高其盈利能力，公司需不断投入大量资金加强医疗机构的建设。

同样，上市20年的如意集团在去年可分配利润为正的前提下，选择不分红的理由是“如果公司在召开2015年度股东大会、实施利润分配后再实施重大资产重组，将无法及时完成购买资产和募集配套资金，影响到公司当期利润和长远发展。从股东利益和公司发展等因素综合考虑，公司2015年度不进行利润分配，也不进行资本公积转增股本”。

业内人士认为，分红本应是上市公司回报投资者的一种正常行为，但是，仍有一些公司在分红方面意识淡薄，这既与A股市场“轻回报”的传统理念有关，也与上市公司可持续发展的能力欠缺有关系。国内资本市场上，今朝绩优，明朝ST的上市公司比比皆是，盈利保持5年以上的绩优股没有几家，而盈利超过10年的更是少之又少，资本市场缺少这样伟大的公司，因此投资者收益的主体主要来自股价的价差，而非分红所得。

值得注意的是，有的上市公司虽然上市以来保持一分钱不分红的记录，但是，在融资方面，它们却表现得非常积极。根据统计显示，中茵股份、平潭发展、中核钛白等公司，自上市至今保持了零分红，但是在募集资金方面，它们都有着多次募集资金的记录。

1996年8月28日上市公司中茵股份，上市20年3次增发募集资金达40亿元；同为1996年上市公司平潭发展，3次募集资金28.69亿元；而2007年8月3日登陆资本市场的中核钛白，9年5次募集资金23.52亿元。

事实上，上市公司不分红是痼疾，但其中原因各不相同。有的是因为大股东不顾及中小投资者利益而滥用实际控制地位、有钱不分红，有的则是业绩不佳、无钱分红。“随着资本市场的不断成熟，监管机构、投资者、上市公司对待分红的重视程度越来越高，上市公司分红率会逐步提高，但是要有一个过程，短期内很难实现。”上述业内人士如此表示。

资料来源：证券日报，2016-05-03.

实训要求

（1）阅读资料 1，熟悉利润分配表的结构。

（2）根据资料 2，进行企业利润分配规模及变动情况分析。

（3）阅读资料 3，回答下列问题。

① 企业进行现金股利分红需要具备什么条件？

② 我国上市公司股利政策缺乏连续性和稳定性，部分公司长期不分红或很少分红的原因是什么？

③ 为什么部分公司不分红却热衷于融资？

任务三　现金流量表阅读与分析

理论讲解

一、现金流量表分析概述

（一）现金及现金流量表

现金流量表是反映企业在一定会计期间现金和现金等价物流入和流出的报表。企业现金流量可以分为经营活动产生的现金流量、投资活动产生的现金流量和筹资活动产生的现金流量。

现金是指企业库存现金及可以随时用于支付的存款，包括库存现金、银行存款和其他货币资金等。不能随时用于支付的存款不属于现金。

现金等价物是指企业持有的期限短、流动性强、易于转换为已知金额现金、价值变动风险很小的投资。期限短，一般是指从购买日起 3 个月内到期。现金等价物通常包括 3 个月内到期的债券投资等。权益性投资变现的金额通常不确定，因而不属于现金等价物。企业应当根据具体情况，确定现金等价物的范围，一经确定，不得随意变更。

现金流量表有助于会计报表使用者了解和评价企业获取现金和现金等价物的能力，从而有助于评价企业支付能力、偿债能力，有助于预测企业未来的现金流量，有助于分析企业收益质量及影响现金流量的因素。

（二）现金流量的分类

企业产生的现金流量分为以下 3 类。

1. 经营活动产生的现金流量

经营活动是指企业投资活动和筹资活动以外的所有交易和事项。经营活动产生的现金流量主要包括销售商品或提供劳务、购买商品、接受劳务、支付工资和缴纳税款等流入及流出的现金和现金等价物。

2. 投资活动产生的现金流量

投资活动是指企业长期资产的购建和不包括在现金等价物范围内的投资及其处置活动。投资活动产生的现金流量主要包括购建固定资产、处置子公司和其他营业单位等流入及流出的现金和现金等价物。

3. 筹资活动产生的现金流量

筹资活动是指导致企业资本及债务规模和构成发生变化的活动。筹资活动产生的现金流量主要包括吸收投资、发行股票、分配利润、发行债券、偿还债务等流入和流出的现金及现金等价物。偿付应付账款、应付票据等商业应付款属于经营活动，不属于筹资活动。

（三）现金流量表的结构

现金流量表采用报告式结构，分类反映经营活动产生的现金流量、投资活动产生的现金流量和筹资活动产生的现金流量，最后汇总反映企业某一期间现金及现金等价物净增加额。我国企业现金流量表的格式如表 2.46 所示。

表 2.46　现金流量表

编制单位：　　　　　　　　　　　　　年　　月　　　　　　　　　　　　　元

项　目	本期金额	上期金额
一、经营活动产生的现金流量		
销售商品、提供劳务收到的现金		
收到的税费返还		
收到的其他与经营活动有关的现金		
经营活动现金流入小计		
购买商品、接受劳务支付的现金		
支付给职工及为职工支付的现金		
支付的各项税费		
支付的其他与经营活动有关的现金		
经营活动现金流出小计		
经营活动产生的现金流量净额		
二、投资活动产生的现金流量		
收回投资所收到的现金		
取得投资收益所收到的现金		
处置固定资产、无形资产和其他长期资产所收回的现金净额		
处置子公司及其他营业单位收到的现金净额		
收到的其他与投资活动有关的现金		
投资活动现金流入小计		
购建固定资产、无形资产和其他长期资产所支付的现金		
投资所支付的现金		
取得子公司及其他营业单位支付的现金净额		
支付的其他与投资活动有关的现金		
投资活动现金流出小计		
投资活动产生的现金流量净额		

（续表）

项　目	本期金额	上期金额
三、筹资活动产生的现金流量		
吸收投资收到的现金		
取得借款收到的现金		
收到其他与筹资活动有关的现金		
筹资活动现金流入小计		
偿还债务支付的现金		
分配股利、利润或偿付利息所支付的现金		
支付其他与筹资活动有关的现金		
筹资活动现金流出小计		
筹资活动产生的现金流量净额		
四、汇率变动对现金及现金等价物的影响		
五、现金及现金等价物净增加额		
加：期初现金及现金等价物余额		
六、期末现金及现金等价物余额		

企业应当采用直接法列示经营活动现金流量。在具体编制时，可以采用工作底稿法或T形账户法，也可以根据有关科目记录分析填列。

小知识

现金流量表补充资料

除现金流量表反映的信息外，企业还应在附注中披露将净利润调节为经营活动现金流量、不涉及现金收支的重大投资和筹资活动、现金及现金等价物净变动情况等信息。

将净利润调节为经营活动现金流量

现金流量表采用直接法反映经营活动产生的现金流量，同时，企业还应采用间接法反映经营活动产生的现金流量，以对现金流量表中采用直接法反映的经营活动现金流量进行核对和补充说明。采用间接法列报经营活动产生的现金流量时，需要对四大类项目进行调整：①实际没有支付现金的费用；②实际没有收到现金的收益；③不属于经营活动的损益；④经营性应收应付项目的增减变动。

不涉及现金收支的重大投资和筹资活动

企业应当在附注中披露：①债务转为资本，反映企业本期转为资本的债务金额；②1年内到期的可转换公司债券，反映企业1年内到期的可转换公司债券的本息；③融资租入固定资产，反映企业本期融资租入的固定资产。

现金和现金等价物净变动情况

先列示期末现金及现金等价物余额，再列示期初现金及现金等价物余额，然后相减，计算得出现金及现金等价物净增加额。此项目应与现金流量表主表中的“现金及现金等价物净增加额”项目的金额相等。

（四）现金流量表分析的内容

现金流量表反映了企业在一定时期内现金流入、流出和净流量数额。通过对现金流量表的分析，可以动态了解企业的现金变动情况和变动原因，判断企业获取现金的能力；可以评价企业盈利的质量，有助于了解企业的支付能力、偿债能力与营运能力；可以进一步预测企业在未来期间的现金流量。

现金流量表分析的内容有以下几项。

① 现金流量增减变动分析。

② 现金流量结构分析。

③ 现金流量表项目分析。

④ 现金流量表比率分析。

（五）报表分析实例

HS 公司现金流量表如表 2.47 所示，现金和现金等价物的构成如表 2.48 所示。

表 2.47　现金流量表

编制单位：HS 公司　　2017 年度　　万元

项　目	本期金额	上期金额
一、经营活动产生的现金流量		
销售商品、提供劳务收到的现金	101 952	97 963
收到的税费返还	5 277	4 944
收到的其他与经营活动有关的现金	4 260	16 338
经营活动现金流入小计	111 489	119 245
购买商品、接受劳务支付的现金	19 191	34 808
支付给职工及为职工支付的现金	32 415	24 241
支付的各项税费	13 757	10 502
支付的其他与经营活动有关的现金	26 517	32 355
经营活动现金流出小计	91 880	101 906
经营活动产生的现金流量净额	19 609	17 339
二、投资活动产生的现金流量		
收回投资所收到的现金	168 146	17 957
取得投资收益所收到的现金	227	603
处置固定资产、无形资产和其他长期资产所收回的现金净额	46	3 536
处置子公司及其他营业单位收到的现金净额		
收到的其他与投资活动有关的现金		
投资活动现金流入小计	168 419	22 096
购建固定资产、无形资产和其他长期资产所支付的现金	2 532	1 188
投资所支付的现金	162 520	50 756
支付的其他与投资活动有关的现金	3 200	2 636
投资活动现金流出小计	168 252	58 778
投资活动产生的现金流量净额	167	−36 682
三、筹资活动产生的现金流量		
吸收投资收到的现金	2 650	

（续表）

项　目	本期金额	上期金额
取得借款收到的现金		25 065
发行债券收到的现金		
收到其他与筹资活动有关的现金	1 853	0
筹资活动现金流入小计	4 503	25 065
偿还债务支付的现金	5 525	10 700
分配股利、利润或偿付利息所支付的现金	5 191	3 046
其中：子公司支付给少数股东的股利、利润	1 170	0
支付其他与筹资活动有关的现金	42	1 853
筹资活动现金流出小计	10 758	15 599
筹资活动产生的现金流量净额	−6 255	9 466
四、汇率变动对现金及现金等价物的影响		
汇率变动对现金及现金等价物的影响	−47	31
五、现金及现金等价物净增加额		
现金及现金等价物净增加额	13 474	−9 846
加：期初现金及现金等价物余额	39 261	49 108
期末现金及现金等价物余额	52 736	39 261

表 2.48　现金和现金等价物的构成

元

项　目	期 末 数	期 初 数
一、现金	527 355 069.09	392 612 167.49
其中：库存现金	408 785.31	349 811.98
可随时用于支付的银行存款	509 472 306.98	374 721 886.17
可随时用于支付的其他货币资金	17 473 976.80	17 540 469.34
可用于支付的存放中央银行款项		
存放同业款项		
拆放同业款项		
二、现金等价物		
其中：3个月内到期的债券投资		
三、期末现金及现金等价物余额	527 355 069.09	392 612 167.49

现金流量表补充资料的说明如下。

不属于现金及现金等价物的货币资金情况的说明如下。

2017年度现金流量表中期末现金及现金等价物余额为527 355 069.09元，资产负债表中货币资金期末数为528 763 271.09元，差额系现金流量表现金及现金等价物余额扣除了不符合现金及现金等价物标准的3个月以上到期的保函保证金1 408 202.00元。

2016年度现金流量表中期末现金及现金等价物余额为392 612 167.49元，资产负债表中货币资金期末数为411 451 033.65元，差额系现金流量表现金及现金等价物余额扣除了不符合现金及现金等价物标准的3个月以上到期的保函保证金308 143.53元及贷款保证金18 530 722.63元。

二、现金流量增减变动分析

现金流量的增减变动分析主要是通过编制现金流量的水平分析表，计算本期各现金流入、流出项目与上期各现金流入、流出项目的差额，了解企业的现金收入、现金支出及其余额的增减变动情况，分析差异形成的原因，了解企业财务状况的变动趋势，为决策提供依据。

（一）编制现金流量水平分析表

以 HS 公司为例，编制现金流量水平分析表如表 2.49 所示。

表 2.49 HS 公司现金流量水平分析

万元

项　目	本期金额	上期金额	增减额	增减/（%）
一、经营活动产生的现金流量				
销售商品、提供劳务收到的现金	101 952	97 963	3 989	4.07
收到的税费返还	5 277	4 944	333	6.74
收到的其他与经营活动有关的现金	4 260	16 338	－12 078	－73.93
经营活动现金流入小计	111 489	119 245	－7 756	－6.50
购买商品、接受劳务支付的现金	19 191	34 808	－15 617	－44.87
支付给职工及为职工支付的现金	32 415	24 241	8 174	33.72
支付的各项税费	13 757	10 502	3 255	30.99
支付的其他与经营活动有关的现金	26 517	32 355	－5 838	－18.04
经营活动现金流出小计	91 880	101 906	－10 026	－9.84
经营活动产生的现金流量净额	19 609	17 339	2 270	13.09
二、投资活动产生的现金流量				
收回投资所收到的现金	168 146	17 957	150 189	836.38
取得投资收益所收到的现金	227	603	－376	－62.35
处置固定资产、无形资产和其他长期资产所收回的现金净额	46	3 536	－3 490	－98.70
收到的其他与投资活动有关的现金				
投资活动现金流入小计	168 419	22 096	146 323	662.21
购建固定资产、无形资产和其他长期资产所支付的现金	2 532	1 188	1 344	113.13
投资所支付的现金	162 520	50 756	111 764	220.20
支付的其他与投资活动有关的现金	3 200	2 636	564	21.40
投资活动现金流出小计	168 252	58 778	109 474	186.25
投资活动产生的现金流量净额	167	－36 682	36 849	－100.46
三、筹资活动产生的现金流量				
吸收投资收到的现金	2 650	0	2 650	
取得借款收到的现金		25 065	－25 065	－100.00
发行债券收到的现金				
收到其他与筹资活动有关的现金	1 853	0	1 853	
筹资活动现金流入小计	4 503	25 065	－20 562	－82.03
偿还债务支付的现金	5 525	10 700	－5 175	－48.36

（续表）

项　目	本期金额	上期金额	增减额	增减/（%）
分配股利、利润或偿付利息所支付的现金	5 191	3 046	2 145	70.42
支付其他与筹资活动有关的现金	42	1 853	－1 811	－97.73
筹资活动现金流出小计	10 758	15 599	－4 841	－31.03
筹资活动产生的现金流量净额	－6 255	9 466	－15 721	－166.08
四、汇率变动对现金及现金等价物的影响				
汇率变动对现金及现金等价物的影响	－47	31	－78	－251.61
五、现金及现金等价物净增加额				
现金及现金等价物净增加额	13 474	－9 846	23 320	-236.85
加：期初现金及现金等价物余额	39 261	49 108	－9 847	－20.05
期末现金及现金等价物余额	52 736	39 261	13 475	34.32

（二）现金流量增减变动情况分析

从表 2.49 可以看出，HS 公司 2017 年净现金流量比 2016 年增加 23 320 万元。经营活动、投资活动和筹资活动产生的净现金流量较上年的变动额分别是 2 270 万元、36 849 万元和 －15 721 万元。

经营活动净现金流量比上年增长了 2 270 万元，增长率为 13.09%。经营活动现金流入量与流出量分别比上年减少了 7 756 万元和 10 026 万元，降低幅度分别为 6.5% 和 9.84%。主要表现为：购买商品接受劳务支付的现金减少 15 617 万元，降幅 44.87%；支付的其他与经营活动有关的现金减少 5 838 万元，降幅 18.04%；虽然收到的其他与经营活动有关的现金减少了 12 078 万元，降幅高达 73.93%，但销售商品提供劳务收到的现金略有增长。由于经营活动现金流出的降低大大超过现金流入的降低，最终经营活动现金净流量仍有较大幅度的增加。

投资活动现金净流量比上年增长了 36 849 万元，主要是由于收回投资所收到的现金大幅度增加所致，本年度投资所支付的现金也较上年有较大幅度上升。

筹资活动现金净流量比上年减少 15 721 万元，主要是因为本年度没有通过取得借款收到的现金。

三、现金流量结构分析

现金流量结构是指各种现金流入量、各种现金流出量及净现金流量在企业总的现金流入量、总的现金流出量和全部净现金流量中的比例关系。在进行现金流量结构分析时，可把现金流量结构分为现金流入结构、现金流出结构和净现金流量结构，分析的方法采用垂直分析法。

（一）现金流入结构分析

现金流入结构分析反映企业全部现金流入中，经营活动、投资活动和筹资活动分别所占的比例。现金流入结构分析可以明确企业的现金究竟来自何方，增加现金流入应在哪些方面采取措施。

以 HS 公司现金流量表资料为基础，编制现金流入结构分析表，如表 2.50 所示。

表 2.50　HS 公司现金流入结构分析

万元

项　目	金　额	结构百分比/（%）
一、经营活动现金流入小计	111 489	39.20
销售商品、提供劳务收到的现金	101 952	35.85
收到的税费返还	5 277	1.86
收到的其他与经营活动有关的现金	4 260	1.50
二、投资活动现金流入小计	168 419	59.22
收回投资所收到的现金	168 146	59.12
取得投资收益所收到的现金	227	0.08
处置固定资产、无形资产和其他长期资产所收回的现金净额	46	0.02
收到的其他与投资活动有关的现金	0	0
三、筹资活动现金流入小计	4 503	1.58
吸收投资收到的现金	2 650	0.93
取得借款收到的现金		0
发行债券收到的现金		0
收到其他与筹资活动有关的现金	1 853	0.65
现金流入合计	284 411	100.00

从表 2.50 可以看出，HS 公司 2017 年现金流入总量约为 284 411 万元。其中，经营活动现金流入量、投资活动现金流入量和筹资活动现金流入量所占比重分别为 39.20%、59.22% 和 1.58%。企业的现金流入量主要由投资活动和经营活动产生。2017 年度，企业收回投资收到的现金，销售商品、提供劳务收到的现金分别占各类现金流入量的绝大部分比重。筹资活动现金流入量比重极低，说明企业经营活动、投资活动创造的现金流量已经形成了较充足的现金资源可供支配。

（二）现金流出结构分析

现金流出结构分析反映企业各项现金流出中，经营活动、投资活动和筹资活动分别所占的比例，以及在这 3 种活动中，不同渠道流出的现金在该类别现金流出量和总现金流出量中所占的比例。现金流出结构可以表明企业的现金究竟流向何方，从哪些方面可以节约开支等。

以 HS 公司现金流量表资料为基础，编制现金流出结构分析表，如表 2.51 所示。

HS 公司 2017 年现金流出总量为 270 890 万元。其中，经营活动现金流出量、投资活动现金流出量和筹资活动现金流出量所占比重分别为 33.92%、62.11% 和 3.97%。在现金流出总量中，经营活动、投资活动现金流出量所占的比重大。其中，在投资活动中，投资所支付的现金占比近 60%，说明企业投资扩张意图明显。

由于 HS 公司为软件产业企业，区别于一般的制造企业，现金流入、流出结构有不同的特点。在一般的制造企业，经营活动流入的现金和经营活动流出的现金往往占较大的比重，特别是一个单一经营、专心于某一特定经营业务，投资谨慎，筹资政策保守，不愿意举债经营的企业，经营活动的流入、流出结构比例尤其高。

表 2.51　HS 公司现金流出结构分析

万元

项　目	本期金额	结构百分比/（%）
一、经营活动现金流出小计	91 880	33.92
购买商品、接受劳务支付的现金	19 191	7.08
支付给职工及为职工支付的现金	32 415	11.97
支付的各项税费	13 757	5.08
支付的其他与经营活动有关的现金	26 517	9.79
二、投资活动现金流出小计	168 252	62.11
购建固定资产、无形资产和其他长期资产所支付的现金	2 532	0.93
投资所支付的现金	162 520	59.99
支付的其他与投资活动有关的现金	3 200	1.18
三、筹资活动现金流出小计	10 758	3.97
偿还债务支付的现金	5 525	2.04
分配股利、利润或偿付利息所支付的现金	5 191	1.92
支付其他与筹资活动有关的现金	42	0.02
现金流出合计	270 890	100.00

（三）净现金流量结构分析

净现金流量结构反映企业经营活动、投资活动及筹资活动的净现金流量占企业全部现金流量的比例。通过分析，可以明确反映本期的净现金流量主要为哪类活动产生，说明净现金流量形成的原因是否合理。

以 HS 公司现金流量表资料为基础，编制现金净流量结构分析表，如表 2.52 所示。

表 2.52　HS 公司现金净流量结构分析

万元

项　目	本期金额	结构百分比/（%）
经营活动产生的现金流量净额	19 609	145.53
投资活动产生的现金流量净额	167	1.24
筹资活动产生的现金流量净额	−6 255	−46.42
汇率变动对现金及现金等价物的影响	−47	−0.35
现金及现金等价物净增加额	13 474	100.00

从表 2.52 可以看出，HS 公司现金净流量主要来自于经营活动，投资活动产生的现金流量净额比重较小，筹资活动产生的现金流量净额为 −46.42%。这些基本上表明 HS 公司处于壮大时期，经营活动是企业最重要的现金来源，企业的投资活动在优化调整中，而资金较为充裕，筹资活动净流量显示为净流出，企业偿还了部分债务，降低了财务风险。

一般而言，对于一个健康的、正在成长的公司来说，经营活动的现金流量应该是正数，投资活动的现金流量应该为负数，筹资活动的现金流量应该是正负相间的。HS 公司的现金流量基本上体现了这种成长型公司的状况。

针对现金流量项目的不同表现，可以归纳分析如表 2.53 所示。

表 2.53　现金流量项目组合分析

经营活动	投资活动	筹资活动	分析评价
+	+	+	企业经营与投资业绩良好，筹资能力强，是一种较为理想的状态。此时，应警惕资金的浪费，把握良好的投资机会
+	+	−	企业进入成熟期。企业在市场上销售稳定，进入投资回收期，经营及投资进入良性循环，财务状况安全，保持企业良好的信誉，偿还外部资金
+	−	+	企业进入高速发展时期。销售呈现良好状态，经营活动中大量资金回笼，服务于扩张，企业在大量追加投资，仅靠经营活动现金流量净额远不能满足追加投资，需要筹集必要的外部资金作为补充
+	−	−	经营状况良好，可以在偿还前欠债务的同时继续投资，但应密切关注经营状况的变化，防止因经营状况恶化而导致财务状况恶化
−	+	+	企业靠举债维持经营活动所需资金，财务状况可能恶化；投资活动现金流入是一个亮点，但要分析是来源于投资收益还是投资收回，如果是后者，企业面临的形势将更加严峻
−	+	−	企业衰退时期的症状：市场萎缩，经营活动现金流入小于流出，同时企业为了应付债务不得不大规模收回投资以弥补现金的不足。如果投资活动现金流量来源于投资收益，则企业的状况尚可；如果是来源于投资收回，则企业将会出现更深层次的危机
−	−	+	有两种情况：第一，企业处于初创阶段，需要投入大量资金，其资金来源只有举债、融资等筹资活动；第二，企业处于衰退阶段，靠举债维持日常生产经营活动，如果不能渡过难关，则前途不容乐观
−	−	−	这种情况往往发生在盲目扩张后的企业，由于市场预测失误等原因，造成企业经营活动现金流出大于现金流入，投资效益低下造成亏损，使投入扩张的大量资金难以收回，财务状况异常危险，到期债务不能偿还

注：“＋”表示现金流入量大于现金流出量；“－”表示现金流出量大于现金流入量。

实务演练

案例资料：HD 公司 2017 年和 2016 年的现金流量净增加额资料如表 2.54 所示。

表 2.54　HD 公司现金流量净增加额构成　　万元

项　目	2017 年	2016 年
经营活动产生的现金流量净额	120 000	90 000
投资活动产生的现金流量净额	−900 000	−400 000
筹资活动产生的现金流量净额	1 000 000	250 000
汇率变动对现金的影响额	0	0
现金及现金等价物净增加额	220 000	−60 000

要求：

（1）编制 HD 公司现金流量净增加额结构分析表，如表 2.55 所示。

表 2.55　HD 公司现金流量净增加额结构分析

%

项　目	2017 年结构百分比	2016 年结构百分比
经营活动产生的现金流量净额		
投资活动产生的现金流量净额		
筹资活动产生的现金流量净额		
汇率变动对现金的影响额		
现金及现金等价物净增加额		

（2）根据结构分析表中的有关数据，分析 HD 公司 2017 年存在的问题。

四、现金流量项目分析

（一）经营活动现金流量主要项目分析

1. 销售商品、提供劳务收到的现金

该项目反映企业本年销售商品、提供劳务收到的现金，以及前期销售商品、提供劳务本期收到的现金（包括应向购买者收取的增值税销项税额）和本期预收的款项减去本年销售本期退回商品和前期销售本期退回商品支付的现金。企业销售材料和代购代销业务收到的现金，也在本项目反映。

本项目是企业现金流入的主要来源，与利润表中的营业收入总额相对比，可以判断企业销售收现率的情况。较高的收现率表明企业产品定位正确、适销对路，并已形成卖方市场。

2. 收到的税费返还

该项目反映企业收到返还的增值税、营业税、所得税、消费税、关税和教育费附加返还款等各种税费。一般金额不大，出口为主的企业可能会有较大金额的税费返还，但一般企业金额不大，对经营活动现金流入量影响不大。

3. 收到其他与经营活动有关的现金

该项目主要包括企业收到的罚款收入、经营租赁收到的租金等其他与经营活动有关的现金流入。金额较大的应当单独列示。此项目具有不稳定性，数额不应过多。

4. 购买商品、接受劳务支付的现金

该项目反映企业本期购买商品、接受劳务实际支付的现金（包括增值税进项税额），以及本期支付前期购买商品、接受劳务的未付款项和本期预付款项减去本期发生的购货退回收到的现金。企业购买材料和代购代销业务支付的现金，也在本项目中反映。

该项目是企业现金的主要流出，数额较大。将其与营业成本相比较，可以判断企业购买商品付现率的情况，了解企业资金的紧张程度或企业的商业信用情况，从而可以更清楚地认识企业目前所面临的形势是否严峻。

5. 支付给职工工资及为职工支付的现金

该项目反映企业实际支付给职工的工资、奖金、各种津贴和补贴等职工薪酬（包括代

扣代交的职工个人所得税）。它包括在职人员的各项工资、奖金、津贴、补贴、养老金和社会保险等，不包括离退休人员的各种费用（在支付的其他与经营活动有关的现金中反映）和支付给在建工程人员的工资及其他事项（在投资活动现金流中反映）。

该项目也是企业现金流出的主要方向，金额波动不大。

6. 支付的各项税费

该项目反映企业本年发生并支付，以前各年发生本年支付及预交的各项税费，包括所得税、增值税、营业税、消费税、印花税、房产税、土地增值税、车船税、教育费附加等。

该项目会随着企业的销售规模的变化而变动。

7. 支付其他与经营活动有关的现金

该项目反映企业经营租赁支付的租金、支付的差旅费、业务招待费、保险费、罚款支出等其他与经营活动有关的现金流出。金额较大的应当单独列示。

（二）投资活动现金流量主要项目分析

1. 收回投资所收到的现金

该项目反映企业出售、转让或到期收回除现金等价物以外的交易性金融资产、持有至到期投资、可供出售金融资产、长期股权投资而收到的现金，不包括债权工具的利息收入和处置子公司及其他营业单位收到的现金净额。

该项目金额较大，需要谨慎分析。投资扩张是企业未来创造利润的增长点，缩小投资可能意味着企业存在规避投资风险、投资战略改变或资金紧张等问题。

2. 取得投资收益收到的现金

该项目反映企业除现金等价物以外的对其他企业的长期股权投资分回的现金股利和利息等。通过对该项目的分析，可以了解投资回报率的高低。

3. 处置固定资产、无形资产和其他长期资产收回的现金净额

该项目反映企业出售、报废固定资产、无形资产和其他长期资产所取得的现金（包括因资产毁损而收到的保险赔偿收入）减去为处置这些资产而支付的有关费用后的净额。

正常情况下，该项目金额不大。如果数额很大，则表明企业产业、产品结构将有所调整，或者企业以出售设备变现，维持运营。

4. 处置子公司及其他营业单位收到的现金净额

该项目反映企业处置子公司及其他营业单位所取得的现金减去子公司或其他营业单位持有的现金和现金等价物，以及相关处置费用后的净额。

该项目表明企业在缩小经营范围，一般数额较大，但在企业中发生得并不频繁。

5. 收到的其他与投资活动有关的现金

该项目反映企业除了上述各项之外，收到的其他与投资活动有关的现金流入，如工程前期款、工程往来款等。

6. 购建固定资产和其他长期资产支付的现金

该项目反映企业购买、建造固定资产，取得无形资产和其他长期资产所支付的现金（含不允许抵扣的增值税款等），以及用现金支付的应由在建工程和无形资产负担的职工薪酬。它不包括为购建固定资产而发生的借款利息资本化部分，以及融资租入固定资产支付的租

赁费。这些项目应在筹资活动产生的现金流量中反映。

该项目反映企业扩大再生产能力的强弱，揭示企业未来经营方式和经营战略的发展变化。

7. 投资支付的现金

该项目反映企业取得除现金等价物以外的对其他企业的长期股权投资所支付的现金，以及支付的佣金、手续费等附加费用，但取得子公司及其他营业单位支付的现金净额除外。

（三）筹资活动现金流量主要项目分析

1. 吸收投资收到的现金

该项目反映企业以发行股票、债券等方式筹集资金实际收到的款项减去直接支付的佣金、手续费、宣传费、咨询费、印刷费等发行费用后的净额。本项目有助于分析企业通过资本市场筹资能力的强弱。

2. 取得借款收到的现金

该项目反映企业举借各种短期、长期借款而收到的现金。本项目数额的大小反映企业通过银行筹集资金能力的强弱，在一定程度上代表了企业商业信用的高低。

3. 偿还债务支付的现金

该项目反映企业为偿还债务本金而支付的现金。值得注意的是，企业支付的借款利息和债券利息应在“分配股利、利润或偿付利息支付的现金”项目中反映。本项目有助于分析企业资金周转是否已经进入良性循环状态。

4. 分配股利、利润或偿付利息支付的现金

该项目反映企业实际支付的现金股利、支付给其他投资单位的利润或用现金支付的借款利息、债券利息。利润的分配情况反映了企业现金的充裕程度。

实务演练

案例资料：中国中铁（股票代码：601390）现金流大幅好转，新签订单快速增长助力未来发展。

中国中铁 2016 年前三季度公司实现净利润 92.45 亿元，同比增长 16.9%。2016 年前三季度公司实现营业总收入 4 442.86 亿元，同比增长 2.81%，实现净利润 92.45 亿元，同比增长 16.9%，其中三季度单季收入 1700.3 亿元，同比增长 8.4%，单季净利润 32.83 亿元，同比增长 21.87%。

新签订单总额同比增长 32%，在手订单饱满助力未来成长。2016 年前三季度公司新签订单 7 262 亿元，同比增长 32%：其中基建业务新签合同额 6 349 亿元，同比增长 43%。在基建细分中，铁路新签 2 321 亿元，同比增长 54.2%；公路新签 763 亿元，同比增长 13.3%；市政及其他工程新签 3 263 亿元，同比增长 43.8%，其中城市轨道交通新签订单 1 504 亿元，同比大幅增加 120.3%。截至 2016 前三季度，公司未完成合同额总计 18 904 亿元，助力未来业绩成长。

公司经营性现金流净额较去年同期少流出98.6亿元，改善明显。2016年前三季度公司经营活动产生的现金流量净额1.49亿元，较上年同期少流出98.6亿元；收现比100.6%，较去年同期提升2.6个百分点；付现比96.7%，较去年同期下降7.05个百分点。现金流改善明显，显示出公司积极实施现金流管理规划取得了较好成效。

带息负债和融资成本降低，期间费用与去年同期持平。公司财务费用率下降0.25个百分点，叠加资产减值损失/营业收入比例的降低，公司净利率提升0.35个百分点。由于“营改增”对核算口径等因素的影响，公司基建主业毛利率降低1.89个百分点，致使综合业务毛利率降低1.5个百分点至9.52%；3项费用率中，管理人员人工薪酬和研发支出增长，管理费用率增加了0.19个百分点至4.15%，房地产开发业务营销力度加大致使销售费用率同比增长0.06个百分点至0.41%；公司带息负债总额与融资成本降低，财务费用率较去年同期下降0.25个百分点至0.55%，资产减值/营业收入比例下降0.19个百分点至0.36%，最终影响公司净利率提升0.35个百分点。

申万证券维持盈利预测，预计公司2016—2018年净利润至145.9亿元、170.6亿元、196.4亿元，增速分别为19%、17%、15%。

资料来源：上海证券报，2016-11-01.

要求：上网浏览中国中铁2016年度财务报告，利用现金流量表分析公司现金流量流入、流出情况，并进行简要评价。

五、现金流量比率分析

现金流量比率分析是指将经营活动的现金流量与资产负债表、利润表的有关指标进行比较，进而分析、评价企业适应经济环境变化和利用投资机会的能力。

进行现金流量比率分析，可以进一步揭示现金流量信息，有助于评价企业的获现能力、偿债能力和支付能力，并且从现金流量的角度对企业的财务状况和经营业绩作出评价，来弥补权责发生制比率分析法的局限。

现金流量的比率分析主要包括现金流动性分析、获取现金能力分析和收益质量分析。

（一）现金流动性分析

现金流动性分析主要考察企业经营活动产生的现金流量与债务之间的关系，主要指标如下。

1. 现金流动负债比率

$$现金流动负债比率=\frac{经营现金净流量}{年末流动负债}\times 100\%$$

该指标从现金流入和流出的动态角度对企业的实际偿债能力进行考察，直观地反映出企业偿还流动负债的实际能力，用于评价企业短期偿债能力时比流动比率和速动比率更谨慎。该指标越大，表明企业经营活动产生的现金净流量越多，越能保障企业按期偿还到期债务。但该指标也不是越大越好，指标过大则表明企业流动资金利用不充分，盈利能力不强。

2. 现金债务比率

$$现金流量债务比率=\frac{经营现金流量净额}{负债总额}\times 100\%$$

该指标反映企业在某一会计期间经营活动产生的现金流量净额对其全部负债的满足程度。在一般情况下，债务总额使用年末和年初的加权平均数。为了简便，也可以使用期末数。该比率表明企业用经营现金流量偿付全部债务的能力，比率越高，承担债务总额的能力越强。

3. 现金流量利息保障倍数

$$现金流量利息保障倍数=\frac{经营现金流量净额}{利息费用}$$

该比率表明 1 元的利息费用有多少倍的经营现金流量做保障，它比以收益为基础的利息保障倍数更可靠。

（二）获取现金能力分析

$$资产现金回收率=\frac{经营现金净流量}{平均资产总额}\times 100\%$$

该指标反映企业利用资产获取现金的能力，可以衡量企业资产获现能力的强弱。该指标数值越大，说明企业的投资现金回报越高，获现能力越强。

（三）收益质量分析

1. 营业收入收现率

$$营业收入收现率=\frac{销售商品、提供劳务收到的现金}{营业收入}\times 100\%$$

该指标越接近 1，越说明企业销售形势很好，或者企业信用政策合理，收款工作得力，收益质量高；反之，则说明企业销售形势不佳，或者企业信用政策不合理，收款不得力，收益质量差。可以结合资产负债表中的“应收账款”项目和利润表中“利润总额”项目的变化趋势来分析。

2. 盈余现金保障倍数

$$盈余现金保障倍数=\frac{经营现金净流量}{净利润}$$

该指标能反映会计利润与真实利润的匹配程度，以防止企业人为操纵利润而导致会计信息使用者决策失误，因为虚计的账面利润不能带来相应的现金流入。一般来说，盈利企业的盈余现金保障倍数等于或大于 1。该指标越大，表明企业经营活动产生的净利润对现金的贡献越大，利润的质量也就越高。

实务演练

案例资料：货币资金与现金流量。

WH公司是一家民营电子通信企业，主要产品为电子及通信设备、移动电话机、仪器仪表、文化办公设备、电子计算机软硬件及外部设备等。该公司于 2015 年 2 月在上海证券交易所发行普通股，筹资 50 158 万元后，于同年 6 月上市交易。在上市前后的 6 年里

（2012—2017 年），其资产负债表中的货币资金、现金流量表中的现金流量与利润表中的净利润情况对比如表 2.56 所示。

表 2.56 货币资金、净利润和现金流量对比 万元

项 目	2012 年	2013 年	2014 年	2015 年	2016 年	2017 年
货币资金	4 185	8 397	14 210	48 365	39 502	31 129
净利润	3 705	6 065	8 353	8 250	4 477	564
经营活动现金净流量	3 492	5 491	9 513	967	−416	−1 593
投资活动现金净流量	−421	−364	−5 570	−3 686	−4 504	−6 731
筹资活动现金净流量	196	−914	1 869	3 6875	−3 940	−48
现金及现金等价物净增加额	3 267	4 213	5 812	34 156	−8 860	−8 372

请回答以下问题。

（1）货币资金就是现金流量吗？两者有何区别？为什么该公司货币资金为正且较多时，现金流量会出现负数？

（2）该公司 6 年来货币资金的走势与现金流量的走势不一致，说明了什么？

（3）根据上述资料，对该公司的现金流量与收益质量进行分析评价。

任务检测 2-3

在线自测

选择题

1．反映企业净收益质量的是（ ）。

A．投资活动现金流量 B．现金和现金等价物

C．经营活动现金流量 D．筹资活动现金流量

2．甲公司 2017 年现金净流量为 100 万元。其中，经营现金净流量 160 万元，筹资现金净流量 −25 万元，投资现金净流量−35 万元。年初流动负债为 1 000 万元，年末流动负债为 800 万元，年初货币资金为 200 万元，年末货币资金为 240 万元，则 2017 年现金流动负债比率为（ ）。

A．20% B．12.5% C．16% D．30%

3．支付的在建工程人员的工资属于（ ）产生的现金流量。

A．筹资活动 B．经营活动 C．汇率变动 D．投资活动

配套实训

实训 2-13 现金流量表项目分析

实训目标

通过分析现金流量表，了解现金流量表的设计原理，熟悉现金流动表的结构和编制，能洞察企业现金流量各项目的内涵、数据的合理性，正确评价企业现金流动状况，为企业改善现金流动状况提出合理化建议。

实训资料

1．中小企业如何进行现金流管理

中小企业的发展极大地推动了城乡经济的发展，缓解了就业压力，成为扩大就业的主渠道，是国民经济的重要组成部分。然而，除了人才、技术、政府扶持力度等因素外，现金流管理不当是中小企业早年夭折的重要因素。其实，对于中小型企业来说，提高流动资金周转速度、加强经营性现金流管理最为关键。

（1）加强经营性现金流管理

确定最佳现金持有量控制标准。现金是企业资产中流动性最强的部分，但现金又是一种非营利性资产，持有量过多，会给企业造成较大的机会损失，降低企业整体资产的获利能力。现金流的管理目的，就是在现金的流动性与收益性之间作出合理的选择，力求做到既保证企业正常生产经营活动的需要，又不使企业现金被闲置，以获取最大的长期利润。基于我国企业的实际情况，最佳现金余额应恰好能满足企业现金支出需要。因此，最佳现金余额应为“经营性大额支出＋非经营性大额支出＋日常零星支出”的最大可能值。

加快资金周转，增加经营性现金净流入。从财务角度看，经营性现金流量管理的重点是流动资产管理。流动资金循环的流程是：现金购买库存，库存产生销售，销售带来应收账款，应收账款回收为现金。在这个过程中，最重要的是循环的速度。如果速度太慢，就无法通过减少资产来获得现金偿还债务，只能通过外部融资，而外部融资的成本又是很高的。

现金周转速度可用现金周转周期来衡量。现金周转周期为应收账款回收天数减去应付账款周转天数加上库存周转天数。

现金周转周期越短表示现金周转越快。从理论上看，现金周转周期的值是0最好，流动资金就可以赚钱了，这样就不需要用自己的钱了。实际上，有些公司不仅做到了0，甚至做到了负数。美国戴尔公司财报公布的现金周转周期就为负数，其成功很大程度上归功于该公司“按单生产”“摒弃库存”的管理模式。公司提出“以信息代替库存”的压缩库存目标，实行“按单生产”，使公司的库存时间为0。而应付账款的时间又远远长于应收款的时间，用户货款与供应商货款中间的时间差约为15天，也就是说在未来的15天内，顾客已经帮戴尔公司把货款付了。戴尔公司的现金周转快到可以从中盈利的程度，不仅不用外部融资，而且还可以进行短期投资。

可见，中小型企业在加速流动资金周转速度方面，应重点做好以下两点。

第一，合理安排存货的库存量。存货量过大，占用的现金太多，给企业带来营运资金压力。企业可以运用以下策略：首先，以销定产，避免存货积压；其次，运用适时制对存货进行管理。适时制认为，企业可以将存货控制到最低水平，甚至是零存货。它的基本原理强调，只有在使用之前才要求供应商送货。

第二，加强应收账款的催收。企业可以从以下方面来加强应收账款管理，缩短回收期。首先，加强对客户的信用调查和评估，以决定是否提供商业信用。这对减少坏账损失及保证款项在合理的期限内收回具有决定性的作用。其次，做好应收账款的记录工作，掌握客户付款的及时程度。再次，将销售收现额作为销售人员业绩考核的终极指标。

（2）正确利用现金流量表进行财务分析

中小型企业普遍重视资产负债表和利润表的编制和分析，而忽视现金流量表的编制和分析。事实上，现金流量表比资产负债表、利润表更加客观、直观。一般来说，企业经营活动的现金流量越大，流速越快，企业的财务基础越稳固，适应能力和变现能力越强，抗风险能力也越强。利润与现金流相比，投资者更关心现金流。这是因为现金流的基础是收付实现制，不会因会计标准的不同而有所区别。现金流量表很少涉及确认问题，报告现金流不涉及估计和分配等人为因素。

对于中小型企业，特别是新成立的企业来说，现金流就是一切。如果现金周转得好，企业就能存活，利润就是水到渠成的事。相反，如果一味关注利润，过多的库存和应收账款会耗尽现金，利润最终只能留在报表里。中小型企业进行财务分析时，要在关注利润表的同时，结合现金流量表，正确把握利润与经营性现金净流量的比较、分析。

运用现金流量表还可以分析企业偿债能力。有较强偿债能力的企业才能筹集到更多资金，为投资者带来更多利润，并可避免因流动资金不足而发生财务危机。中小型企业的债务很大程度上需要由经营活动产生的现金净流量来偿还。借新债还旧债既有风险又难于操作，投资活动又不能保障现金净流量的持续增加。这就要求中小型企业能够准确评价公司偿还本期到期债务的能力，即现金到期债务比率分析。

现金到期债务比率为经营活动现金流量净额除以本期到期债务额的商。在公式中使用“经营活动现金流量净额”可以排除借款偿还债务，专门衡量通过经营创造资金独立偿还债务的能力。“本期到期债务”则指本期到期的长期债务和本期应付票据。这两种债务不能保障有继起的长期债务和应付票据接续，需要依靠经营现金净流入偿还。该比率越高，说明企业偿债能力越好，企业持续经营和再举债能力也就越高。

2．操纵现金流量表的主要手法

大多数人认为，与资产负债表、利润表（利润是主观判断）相比，现金流量表能更加全面地反映企业产生现金流量的能力，并揭示现金流向的本质。但是，与会计利润一样，现金流量也可能被操纵、美化，甚至造假。

（1）虚构经营业务

这是指操纵者对企业现金流量进行“空手道”式的凭空捏造。这种操作并不能简单地归类到我们通常理解的财务包装，而应当列为财务诈骗。为了粉饰经营活动现金流量，有的企业采取虚构经营活动、“做大公司蛋糕”的方式造成公司经营规模不断发展、业务不断增长的假象。其典型的做法是同时虚增经营性现金流入与经营性现金流出或同时虚增经营性现金流入与投资性现金流出。这样，一方面提高了经营活动现金流量，另一方面又不影响报表的平衡关系。

（2）欺骗性的现金流粉饰

现金流量由经营活动产生的现金流量、投资活动产生的现金流量、筹资活动产生的现金流量三部分组成。对这三部分现金流进行组合分析，我们大致可以对企业发展状况作出评价。例如，当企业经营活动产生的现金净流量为正数，投资活动产生的现金净流量也为正数，筹资活动产生的现金流量为负数时，我们可以初步认为企业已步入成熟期，经营活动和投资活动都已产生现金回报，并有能力偿还债务或向投资者支付报酬。又如，当企业经营活动产生的现金净流量为负数，投资活动产生的现金净流量为正数，筹资活动产生的现金流量也为正数时，我们可以判断企业目前正常经营活动已出现问题，主营业务活动需要调整，要通过筹集资金来满足日常经营活动及企业产业调整的资金需求。而对于一个永续经营的公司来讲，报表使用者往往更关注的是企业经营活动产生的现金流量，因为主营业务是经营活动产生现金流量的主要来源，主营业务突出、收入稳定是企业运营良好的重要标志。因此，许多企业往往运用会计技巧，有意无意地改变企业现金流量的性质，达到粉饰现金流量表的目的。

① 把投资收益列为经营活动收入。一些公司的财务往往把闲置的现金投入到有价证券投资中，当公司需要现金的时候，再把这些证券卖掉。对于普通的公司来讲，这种经营活动并不是公司的主营业务，这种业务的收益应该作为投资收益列入到投资活动产生的现金流量项目中。但在现实中，有些公司的管理层把自己当作了证券公司（只有在证券公司，证券交易收入才是公司核心经营收入的一部分），堂而皇之地将证券投资收入作为公司的主营业务收入，列入经营活动产生的现金流量中。

② 粉饰"收到的其他与经营活动有关的现金"。"经营活动产生的现金流量"栏目中有一项是"收到的其他与经营活动有关的现金"。该项目反映了除主营业务以外其他与经营活动有关的现金活动，如罚款收入、流动资产损失中由个人赔偿的现金收入等。在正常情况下，该项目金额应该较小，但是正如其他应收款成为某些企业资产负债表上会计处理的"垃圾筒"一样，该项目也极易成为现金流量表上"藏污纳垢"的隐身地。有的公司收回了"别人欠自己的钱"，虽然这笔钱与经营无关，但仍计入该项目。一些企业借用关联单位的现金款项，不在筹资活动"借款所收到的现金"中反映，却列入"收到的其他与经营活动有关的现金"项目，从而增加了经营活动产生的现金净流量。

③ 调整经营活动现金支出。一些企业调整经营活动的现金支出，使经营活动产生的现金净流量改善，欺骗和误导报表使用者，产生经营良好、经营活动创造现金能力强的假象。

（3）技巧性的"财务包装"

为了使现金流更容易为投资者所接受，一些企业在政策法规允许的范围内采取一些相对"合法"的操纵手段，如调整会计政策、利用关联方交易、应收账款证券化交易等。相对前述违法违规的造假行为，技巧性的操纵现金流量更像是一种较为激进的财务包装。这种包装利用的是会计准则和披露要求允许公司管理层行使的合理酌处权，而在一定"合理"限度内，这种"财技"是合法的。

① 调整应付账款支付期限。通过调整财务政策操纵现金流量，比较常见的方式是延长向供货商支付货款的期限，从而减少会计期间内的经营性现金支付，改善经营活动产生的现金净流量。

② 应收款项的证券化交易。提前收回应收账款会改善报告期内企业的经营性现金流，但是提前收回应收账款并不容易，一些企业往往通过出售应收账款达到提前收账的目的。这种方法会产生几个方面的影响：一是改善了企业的经营性现金流；二是只能得到一次性的好处，难以获得持续的现金流支持；三是由于风险让渡和时间价值，应收账款的证券化必定带来一定的损失。

3. 现金流量表操纵案例分析

现金流量表以现金收付制为编制原则，不受权责发生制会计的应计、递延、摊销和分配程序的影响，所以通常认为经营活动现金流量（以下简称经营活动现金流或者经营现金流）与权责发生制的会计盈余相比，不容易被操纵，是相对可靠的“硬”数字。然而，现金流量表并非远离“偏见”和“噪音”的净土，现金流量表准则的“三分法”为经营活动现金流的确认提供了“会计选择”余地，债权债务管理等各种理财策略的运用可以调节经营现金流在不同会计期间的分配。这就为经营现金流的操纵提供了技术性空间。随着现金流量表的价值逐渐受到证券市场投资者的重视，经营现金流及相关指标常被用于某些隐性契约（如新股发行的审核关注内容）。上市公司经理人员自然关心经营现金流量的形象，所以为了美化利润“含金量”，或者为满足监管的需要，就会萌生操纵动机。

经营现金流操纵的手法可分为3种类型：①利用现金流量表准则提供的判断空间与选择余地；②利用理财策略影响现金流的发生时间；③直接造假。在实务中这3种类型的手法经常“相辅相成”“相得益彰”。以下结合具体案例作一简要介绍。

（1）利用现金流量表准则提供的判断空间与选择余地

我国现金流量表格式采用国际上较普遍的“三分法”，即将现金收支分为投资、筹资和经营活动。这种“三分法”给现金流量表的分类留下了一定的判断余地和选择空间。公司出于美化经营现金流的需要，将实质上属于投资、筹资活动的现金流入纳入经营活动现金流，将某些经营活动现金流出移至投资、筹资活动的现金流项目，于是产生了现金流量表的“会计选择”问题——较普遍的问题是票据贴现和应收账款出售。从理财的角度来看，票据贴现和应收账款出售是企业与银行等金融机构之间的融资行为，不应属于经营活动现金流，至少不应属于“销售商品、提供劳务收到的现金”。

按照现行准则，收购企业资产（既包括固定资产，也包括应收账款、存货等流动资产）所支付的现金应全部计入投资活动支出。当收购资产中的应收账款产生现金回笼、存货实现现金销售时，却“理所当然”地计入了经营活动收到的现金。那么，仅仅依靠收购营运资本（非货币的流动性资产减去非货币的流动性负债）为正的子公司，就可以获得经营现金流的增长。另外，拟收购的子公司或经营单位在收购完成前结清债务，而在收购完成后债权陆续回收，也可以提高收购公司的经营现金流。

（2）利用理财策略、营销手段影响现金流收付的发生时间

这种手法的具体方法包括加快货款回收、清理资金占用、延长采购付款期限、通过关联方代垫费用支出等方式。这种方法也可以与现金流量表分类的选择结合使用。这些方式往往只能带来经营活动净流量一次性的提高，甚至是以牺牲未来经营活动流量为代价的。

（3）对经营活动现金流直接造假

在实务中常见3种做法：①将非经营活动甚至违规行为所得计入主营业务收入，同时计入销售收现，结果导致利润和现金及现金等价物余额都获得提高；②配合收入造假虚构销售收现，同时通过虚构投资支出消化虚增的现金；③为避免主营收入缺乏现金支撑的质疑而粉饰销售收现能力，虚增“销售商品、提供劳务收到的现金”，同时虚增“购买商品、接受劳务支付的现金”将虚增的现金部分抵销。

例如，同时虚增主营业务收入与“销售商品收到的现金”。东方电子是以炒股所得支撑利润高速增长的神话，配合二级市场股价炒作的典型案例。作为以电力自动化设备制造为主业的工业企业，公司竟然将逾 10 亿元炒股所得纳入主营业务收入，同时计入“销售商品、提供劳务收到的现金”。之后，公司被迫进行重大会计差错更正，将每股收益 0.52 元调减为 0.107 元，每股经营活动产生的现金流量净额由 0.41 元下调至 0.12 元。

又如，同时虚增“销售商品收到的现金”与“投资支出的现金”。轰动一时的蓝田股份操纵财务报表的手法比银广夏技高一筹，虚增主营业务收入的同时兼顾销售收现，虚增的现金通过投资活动现金流出中的“购买固定资产、无形资产和其他长期资产所支付的现金”被部分抵销，结果又虚增了长期资产。

再如，同时虚增“销售商品收到的现金”与“采购支付的现金”。新疆某公司 2010 年度销售收入 5.77 亿元，销售商品收到的现金高达 8.34 亿元，而同期应收账款、应收票据和预收账款的变动合计只有几百万元，无法补平销售收现与销售收入之间的差距。2010 年度主营业务成本 4.39 亿元，采购货物支付的现金高达 7.41 亿元，同期应付账款、应付票据及存货的变动数千万元，也无法填平 2 亿多元的差距。因此，我们有理由怀疑该公司是否同时虚增了“销售商品收到的现金”与“采购支付的现金”。

资料来源：中国会计网，2016-1-29.

实训要求

（1）谈谈你对现金流量表的认识。

（2）你认为从哪些方面可以洞察企业现金流量表存在的问题？

（3）总结现金流量表分析思路并与大家分享。

实训 2-14　现金流量结构分析

实训目标

通过分析现金流量表，了解现金流量表的结构，洞察企业现金流动的渠道和方向，分析企业现金流入、现金流出的合理性；判断企业现金实力，正确评价企业现金流动状况，为企业改善现金流动状况提出合理化建议。

实训资料

HF 公司 2017 年的现金流量表如表 2.57 所示。

表 2.57　现金流量表

万元

项　目	流入	流出	流入结构	流出结构	流入流出比
经营活动现金流入量	13 425	—	64%	—	1.4
经营活动现金流出量	—	9 614	—	36%	—
投资活动现金流入量	3 468	—	17%	—	0.77
投资活动现金流出量	—	4 510	—	17%	—
筹资活动现金流入量	4 000	—	19%	—	0.32
筹资活动现金流出量	—	12 625	—	47%	—
合　计	20 893	26 749	100%	100%	—

实训要求

运用现金流量表结构分析的方法，对HF公司的流入结构、流出结构和流入流出比进行分析。

实训 2-15　现金流量比率分析

实训目标

通过分析现金流量表，了解现金流量状况，分析企业现金流的合理性；利用有关比率，进行企业盈利质量分析、筹资与支付能力分析。

实训资料

1. 北方公司 2017 年现金流量统计如表 2.58 所示。

表 2.58　北方公司 2017 年现金流量统计

万元

项　目	2017 年度	备　注
经营活动现金流入	22 690	
经营活动现金流出	19 816	
经营活动现金净流量	2 874	
投资活动现金流入	16	
投资活动现金流出	810	
投资活动现金净流量	−794	
筹资活动现金流入	568	
筹资活动现金流出	812	全部为借款支出，无分配股利或利润
筹资活动现金净流量	−244	
现金流入总量	23 275	
现金流出总量	21 437	
现金净流量	1 838	

（1）现金流量结构分析

北方公司 2017 年度现金流量表结构分析，包括流入结构、流出结构和流入流出比例分析。

① 流入结构分析。在全部现金流入量中，经营活动所得现金占 97.48%，投资活动所得现金占 0.08%，筹资活动所得现金占 2.44%。由此可以看出，北方公司现金流入产生的主要来源为经营活动，其投资活动、筹资活动对企业的现金流入贡献很小。

② 流出结构分析。在全部现金流出量中，经营活动所得现金占 92.43%，投资活动所得现金占 3.78%，筹资活动所得现金占 3.79%。北方公司现金流出主要在经营活动方面，其投资活动、筹资活动占用流出现金很少。

③ 流入流出比例分析。从北方公司的现金流量表可以看出以下几个方面。

经营活动中：现金流入量 22 690 万元，现金流出量 19 816 万元。该公司经营活动现金流入流出比为 1.15，表明 1 元的现金流出可换回 1.15 元现金流入。

投资活动中：现金流入量 16 万元，现金流出量 810 万元。该公司投资活动的现金流入流出比为 0.02，表明北方公司正处于发展时期。

筹资活动中：现金流入量 568 万元，现金流出量 812 万元。筹资活动流入流出比为0.70，表明还款明显大于借款。

将现金流出与现金流入量和流入流出比例分析相结合，可以发现该公司的现金流入与流出主要来自于经营活动所得，用于经营活动所支出，其部分经营现金流量净额用于补偿投资和筹资支出。

（2）盈利质量分析

① 盈利现金比率（经营现金净流量/营业利润）分析。北方公司2017年经营现金净流量为2 874万元，营业利润为820万元，盈利现金比率为28.53。该比率说明北方公司的盈利质量很高。

② 再投资比率（经营现金净流量/资本性支出）分析。北方公司2017年经营现金净流量为2 874万元，资本性支出为705万元，再投资比率为4.07，说明北方公司在未来扩大生产规模、创造未来现金流量或利润的能力很强。

综合2017年的两项指标可以看出，北方公司在未来的盈利能力很强，且目前盈利质量很高，经营活动现金流量很充足，可根据市场情况扩大生产投资，以取得更大的利润。

（3）筹资与支付能力分析

北方公司2017年度现金流入总额为23 275万元，经营现金流出量为19 816万元，偿还债务本息付现为812万元，计算的强制性现金支付比率[现金流入总额/（经营现金流出量＋偿还债务本息付现）]指标值为1.17，说明北方公司2017年创造的现金流入量足以支付必要的经营和债务本息支出，同时也表明北方公司在筹资能力、企业支付能力方面较强。

2．作好股票投资的财务分析

享誉全美的头号职业基金经理——彼得·林奇曾告诫投资人："永远不要投资于你不了解其财务状况的公司。买股票最大的损失来自于那些财务状况不佳的公司。如果不研究任何公司，你在股市成功的机会就如同打牌赌博时，不看自己的牌而打赢的机会一样。"本文拟就如何对股票投资进行财务分析，提出以下观点。

（1）对目标公司进行基本分析

① 对公司概况进行分析。

对公司概况进行分析，主要通过这样几点：了解公司经营史的稳定性，即要知道该公司是否能够经得起时间的考验；了解公司长期发展远景可否看好，即关注公司生存和未来成长能力——最有生命力、最值得拥有的企业，是在长期有最佳远景且有市场特许权的企业；公司管理层是否理性，决定投资者能否获得股东盈余；管理层对股东是否坦诚，即要了解经营者是否像他吹嘘自己的成功一样，坦承自己的失败或不足；了解公司近年来投资决策中是否有脱离企业老本行的行为，也即关心是否有盲从其他法人机构的行为——那些轻易改变公司本质的盲从举措，很容易增加犯下重大错误的可能。例如，当二级市场爆炒"网络股"时，一些企业纷纷斥巨资投资——"触网"，结果不但付出了较高的融资成本，甚至个别企业投资本金也难保。再如，当证券市场时兴"委托理财"时，少数企业不顾实际而效仿，结果使企业蒙受了不该有的损失。而报酬率高的公司，通常是那些长期以来都坚持提供同样商品和服务的企业。

对目标公司的概况进行分析，目的是要研究企业现状和财务情形，进而深入了解企业，因为了解企业的程度正是投资成败的首要条件。

② 对公司业务经营情况进行分析。

公司业务经营情况主要有3个方面的内容：一是近年来经营情况；二是营业收入，净利润完成情况；三是上市公司募集资金的使用情况。通过上市公司近年来生产经营情况的总结并将营业收入、净利润指标的完成情况与往年作纵向比较，可以看出公司组织生产、经营管理的情况，了解公司取得的重大成绩和可能存在的潜在问题。对募集资金的使用，主要看是否按照募集资金（招股或配股）时的说明进行投入和使用，并进而了解何时形成生产能力（利润新增长点）。如果改变募集资金用途，则应重点关注年报的具体说明，以查明原因。

③ 对主要财务数据与财务指标进行分析。

上市公司年度报告公布的主要财务数据与财务指标一般包括：主营业务收入、净利润、总资产、股东权益、每股收益、每股净资产、净资产收益率、股东权益比率。它们是影响上市公司股票价格的重要因素。主营业务收入、净利润同比增长幅度越大，表明上市公司主业突出、产品竞争力强、市场销售良好、获利能力强、公司成长性高；每股收益、每股净资产越大，表明股东可以分享的权益越多、投资回报率高、投资安全有保障。

④ 对股本变化、重要事项进行分析。

股本变化主要看总股本增减情况和股本结构变动。首先，总股本的增加有利润分配（送红股）、资本公积金转增、配股和增发新股等形式。一般来说，股本扩大，表明股东对企业生产经营有信心，公司投入进一步增加，抗风险能力增强，资产负债比率会降低。但是，当股本扩大后不能引起生产能力、利润的同步增长时，则每股盈余就会被稀释，净资产收益率将下降，这是个不利因素，需要予以跟踪观察。其次，总股本减少。目前这种情况很少见，即公司实施股份回购。公司回购自己的股份，说明从公司管理层的观点来看，其股票价值应超过市场价格——否则他们就没必要浪费钱去买自己的股票。而且，公司回购自己的股份通常有双重好处：一是回购所需资金的贷款利息可以减税（如同折旧抵税一样）；二是可以减少支付红利的负担和费用。因此，投资者应积极关注这一情形。

此外，投资者应当在重要事项公告中，关注可能引起股权变化、经营变化、债权债务变化等重大事项。重点了解公司有无新的投资项目，新产品研发及重大合同签订、重大经营决定，如巨额担保；看公司是否有债务重组和诉讼事件，以确定公司经营是否良好或陷入困境。

（2）对目标公司会计报表及重要项目进行分析

① 对资产负债表进行分析。

资产负债表是企业编制的第1张会计报表，是反映企业一定时点下资产、负债及所有者权益状况的“X光片”。它主要提供这样几个方面的财务信息：企业的资产分布和结构情况，资产负债表的左边从上到下按项目列示的正是企业所拥有的全部资产的具体分布及明细构成；企业所负担的债务，主要看短期借款和长期借款及长期应付款；企业的偿债能力，是企业财务实力的标志；所有者权益，也即企业的净资产，反映所有者对负债的保障程度，该指标值越大，保障程度越高。通过分析企业资产的流动性，一般可知其短期偿债能力；而通过报表中的有关数据来分析权益与资产之间的关系，分析不同权益之间的内在关系，分析权益与收益的关系，则可以看出企业的资本结构是否合理，并判断企业的长期偿债能力。

分析资产负债表，还应重点关注这些项目：期初、期末应收账款余额。应收账款是反映企业产品销售工作好坏和市场竞争力强弱的重要指标，是企业收现能力的具体体现，过多的应收账款将不利于企业资金的周转和有效使用；存货余额，存货是指企业在生产经营过程中为销售或耗用而储存的各种资产，是反映企业供、产、销工作协调好坏的重要生产经营指标。适量的存货，对维持企业生产经营的正常进行具有重要意义，而过多的存货则会使企业积压资金、增加仓储保管费，从而反映出企业经营问题多，外部环境不宽松。长期投资，按投资性质不同有股权投资和债券投资之分。投资者应结合企业会计报表附注详细了解长期投资各明细项目及其收益水平，据此对企业未来投资回报、发展趋势作分析。各项准备的期末余额，按照企业会计制度的规定，企业应根据期末资产的实际状态计提相关减值准备。企业按规定提取足额的各项准备金后，企业的盈利方才是“真金白银”。

② 对损益表进行分析。

损益表是反映企业一定时期的经营成果情况形成的会计报表。通过上市公司公布的年度损益表，可以确定企业的整体获利水平、盈利能力大小，从而据此预测企业的盈利趋势。一般来说，把资金投资在盈余稳定且可预测的项目上，可以降低投资风险。分析时重点考察这些内容：主营业务利润，是指企业经营活动中主营业务所产生的利润，反映出企业主营业务的整体获利状况，也就是企业主营商品产品实现价值的整体水平。毛利率，即主营业务利润除以主营业务收入的百分比。毛利率越高，反映企业主营业务的盈利能力越强，行业特殊，有竞争优势。同时，高毛利率还反映出经营者控制成本紧抓不放的能力，股东可以从节约的成本中间接获得利润。主营业务销售增长率，是指主营业务收入较上年的增长比率，这是衡量企业成长性的重要指标——一般情况下，处于高速成长期的企业都有两位数，甚至半成以上的增长比率。

③ 对现金流量表进行分析。

现金流量表是企业的三大会计报表之一。现金流量是企业的“血液”。分析现金流量表主要应了解企业现金的来龙去脉和现金收支渠道，借以评价企业经营情况、生产能力、筹资能力和偿债能力。我国《现金流量准则》规定，企业的现金流量包括 3 个方面的内容：经营活动产生的现金流量，主要反映企业产品销售实现后取得的货款多少，收现的能力强弱。一般情况下，经营活动产生的现金流量是企业正常经营活动得以持续的保证，也是衡量企业主业是否突出、产销是否两旺的重要标准，因为最理想的投资企业类型便是能够持续产生比需要维持营运更多现金的企业。投资活动产生的现金流量，是企业投资活动产生（或使用）现金的多少。由此可知，企业当前投资活动是处于投资回报期还是资本投入期，以及资本支出需求的变化。筹资活动产生的现金流量，可以反映企业生产和再生产活动对现金的需求水平及企业实际偿还债务的总体水平等。

④ 对企业会计报表附注进行阅读与分析。

会计报表附注是对企业会计报表的补充说明，是财务会计报告的重要组成部分。它是对会计报表的编制基础、主要会计政策和方法及报表主要项目等所作的注释。详细阅读并分析报表附注，有利于看清企业生产经营、管理的真实情况，是规避投资风险的重要一环。

投资者在进行股票投资前对上市公司进行财务分析，可以全面、系统地掌握目标公司的经济活动流程、生产经营管理、获利能力、定价弹性、现金流量和资本分配及发展前景等第一手资料，从而有利于判断企业的实质价值，是成功投资的必要条件。随着资本市场的不断完善、发展和对外资的开放，以及证券监管的到位，过去那种单纯以“题材”“概念”为炒作基础的投资逐利时代将难以再现；相反，通过转变投资观念，以重视财务分析为手段的投资理念和方法必将成为聪明投资人遵循的“金科玉律”。

资料来源：希财网，2015-7-1.

实训要求

（1）根据资料 1，请分析评价 2017 年北方公司的现金流量状况。

提示：分析其获利能力、偿债能力的强弱，考察其盈利的质量及公司的未来发展能力，同时提出合理化建议。

（2）根据资料 2，谈谈进行股票投资前应如何分析上市公司的财务报表，分小组讨论并分享心得。

（3）利用课余时间，关注一家你感兴趣的上市公司，进行该公司投资前的财务分析，并分享分析经验。

任务四　所有者权益变动表阅读与分析

理论讲解

一、所有者权益变动表概述

（一）所有者权益变动表的含义

所有者权益变动表是反映构成所有者权益的各组成部分当期增减变动情况的报表。

我国在 2007 年以前，公司所有者权益变动情况是以资产负债表附表形式予以体现的。新准则颁布后，要求上市公司于 2007 年正式对外呈报所有者权益变动表。所有者权益变动表成为与资产负债表、利润表和现金流量表并列披露的第 4 张财务报表。在所有者权益变动表中，企业应当单独列示反映下列信息。

① 净利润。

② 直接计入所有者权益的利得和损失项目及其总额。

③ 会计政策变更和差错更正的累积影响金额。

④ 所有者投入资本和向所有者分配利润等。

⑤ 提取的盈余公积。

⑥ 实收资本或股本、资本公积、盈余公积、未分配利润的期初和期末余额及其调

节情况。

其中，反映“直接计入所有者权益的利得和损失”的项目即为其他综合收益项目。

（二）所有者权益变动表的作用

所有者权益变动表是反映构成所有者权益的各组成部分当期的增减变动情况的报表。通过所有者权益变动表，既可以为报表使用者提供所有者权益总量增减变动的信息，也能为其提供所有者权益增减变动的结构性信息，特别是能够让报表使用者理解所有者权益增减变动的根源。

（三）所有者权益变动表的编制

所有者权益变动表各项目均需填列“上年金额”和“本年金额”两栏。

所有者权益变动表“上年金额”栏内各项数字，应根据上年度所有者权益变动表“本年金额”内所列数字填列。上年度所有者权益变动表规定的各个项目的名称和内容同本年度不一致的，应对上年度所有者权益变动表各项目的名称和数字按照本年度的规定进行调整，填入所有者权益变动表的“上年金额”栏内。

所有者权益变动表“本年金额”栏内各项数字一般应根据“实收资本（或股本）”“资本公积”“盈余公积”“利润分配”“库存股”“以前年度损益调整”科目的发生额分析填列。

（四）所有者权益变动表的结构

所有者权益变动表以矩阵的形式列示：一方面，列示导致所有者权益变动的交易或事项，即所有者权益变动的来源，对一定时期所有者权益的变动情况进行全面反映；另一方面，按照所有者权益各组成部分（即实收资本、资本公积、盈余公积、未分配利润和库存股）列示交易或事项对所有者权益各部分的影响。

我国企业所有者权益变动表的格式如表2.59所示。

表2.59　所有者权益变动表

编制单位：　　　　2017年度　　　　元

项　目	本年金额						上年金额					
	实收资本（或股本）	资本公积	减：库存股	盈余公积	未分配利润	所有者权益合计	实收资本（或股本）	资本公积	减：库存股	盈余公积	未分配利润	所有者权益合计
一、上年年末余额												
加：会计政策变更												
前期差错更正												
二、本年年初余额												
三、本年增减变动金额（减少以“-”号填列）												

（续表）

项　目	本年金额						上年金额					
	实收资本（或股本）	资本公积	减：库存股	盈余公积	未分配利润	所有者权益合计	实收资本（或股本）	资本公积	减：库存股	盈余公积	未分配利润	所有者权益合计
（一）净利润												
（二）直接计入所有者权益的利得和损失												
1. 可供出售金融资产公允价值变动净额												
2. 权益法下被投资单位其他所有者权益变动的影响												
3. 与计入所有者权益项目相关的所得税影响												
4. 其他												
上述（一）和（二）小计												
（三）所有者投入和减少资本												
1. 所有者投入资本												
2. 股份支付计入所有者权益的金额												
3. 其他												
（四）利润分配												
1. 提取盈余公积												
2. 对所有者（或股东）的分配												
3. 其他												
（五）所有者权益内部结转												
1. 资本公积转增资本（或股本）												
2. 盈余公积转增资本（或股本）												
3. 盈余公积弥补亏损												
4. 其他												
四、本年年末余额												

二、所有者权益变动表分析的目的和内容

（一）所有者权益变动表分析的目的

所有者权益变动表分析是指通过所有者权益的来源及其变动情况，了解会计期间影响所有者权益增减变动的具体原因，判断构成所有者权益的各个项目的合法性与合理性，为报表使用者提供较为真实的所有者权益总额及其变动信息。

对所有者权益变动表分析的目的有以下几个方面。

① 清晰体现会计期间构成所有者权益各个项目的变动规模与结构，了解其变动趋势，反映企业净资产的实力，提供保值增值的重要信息。

② 从全面收益角度报告更全面、更有用的财务业绩信息，以满足报表使用者投资、信贷及其他经济决策的需要。

③ 反映会计政策变更的合理性及会计差错更正的幅度，具体报告由于会计政策变更和会计差错更正对所有者权益的影响数额。

④ 反映由于股权分置、股东分配政策、再筹资方案等财务政策对企业所有者权益的影响。

小知识

全面收益的含义

在《企业会计准则第 30 号——财务报表列报》中，是通过所有者权益（股东权益）变动表来体现全面收益理念的。由于全面收益可以简单解释为不包括业主投资和分派业主款的净资产期末比期初的增长额，所以可用公式表示为：

全面收益＝期末净资产－期初净资产－本期所有者新增投资＋本期所有者分配

由此可以看出，全面收益应包括已计入净资产的净利润和利得（或损失）。在所有者权益（股东权益）变动表中，第 3 项是净资产本年增减变动金额，包括本年净利润和直接计入所有者权益的利得和损失，其体现的就是企业的全面收益。

（二）所有者权益变动表分析的内容

① 所有者权益变动表的水平分析。
② 所有者权益变动表的垂直分析。
③ 所有者权益变动表的主要项目分析。

（三）报表分析实例

HS 公司所有者权益变动表如表 2.60 所示。

表 2.60 所有者权益变动表

编制单位：HS 公司　　2017 年度　　万元

项　目	本年金额						上年金额					
	实收资本（或股本）	资本公积	减：库存股	盈余公积	未分配利润	所有者权益合计	实收资本（或股本）	资本公积	减：库存股	盈余公积	未分配利润	所有者权益合计
一、上年年末余额	62 375	4 322		18 604	23 004	108 305	44 554	5 737		18 743	23 438	92 472
加：会计政策变更												
前期差错更正												
二、本年年初余额	62 375	4 322		18 604	23 004	108 305	44 554	5 737		18 743	23 438	92 472
三、本年增减变动金额（减少以“-”号填列）												
（一）净利润					26 201	26 201					22 168	22 168
（二）直接计入所有者权益的利得和损失												
1. 可供出售金融资产公允价值变动净额												
2. 权益法下被投资单位其他所有者权益变动的影响												
3. 与计入所有者权益项目相关的所得税影响												
4. 其他		576				576		803				803
上述（一）和（二）小计												
（三）所有者投入和减少资本												
1. 所有者投入资本												
2. 股份支付计入所有者权益的金额												

（续表）

项　目	本年金额						上年金额					
	实收资本（或股本）	资本公积	减：库存股	盈余公积	未分配利润	所有者权益合计	实收资本（或股本）	资本公积	减：库存股	盈余公积	未分配利润	所有者权益合计
3. 其他								−2 218				
（四）利润分配												
1. 提取盈余公积				1 901	−1 901	0				2 252	−2 252	0
2. 对所有者（或股东）的分配					−4 694	−4 694	15 430				−20 350	−4 920
3. 其他												
（五）所有者权益内部结转												
1. 资本公积转增资本（或股本）												
2. 盈余公积转增资本（或股本）							2 391			−2 391		
3. 盈余公积弥补亏损												
4. 其他												
四、本年年末余额	62 375	4 898		20 505	42 610	130 388	62 375	4 322		18 604	23 004	108 305

三、所有者权益变动表分析

（一）所有者权益变动表水平分析

所有者权益变动表的水平分析是将所有者权益各个项目的本期数与上期数进行对比，揭示公司当期所有者权益各个项目的水平及其变动情况，解释公司净资产的变动原因，借以进行相关决策的过程。以 HS 公司所有者权益变动表为基础资料，编制所有者权益变动表水平分析表，如表 2.61 所示。

从表 2.61 可以看出，HS 公司 2017 年所有者权益比 2016 年增加了 22 083 万元，增长幅度为 20.39%；从影响的主要项目看，由于本年净利润的大幅度增长，净利润同期增加 4 033 万元，增幅 18.19%，表现出企业效益的明显提升。另外，上年年末余额和对股东利润的分配两因素对本年年末所有者权益余额有影响。公司没有发行新股，也没有发生所有者权益内部结转事项。

表 2.61　所有者权益变动表水平分析　　万元

项　目	本年金额	上年金额	变动额	变动率/（%）
一、上年年末余额	108 305.00	92 472.00	15 833.00	17.12
加：会计政策变更				
前期差错更正				
二、本年年初余额	108 305.00	92 472.00	15 833.00	17.12
三、本年增减变动金额（减少以“-”号填列）				
（一）净利润	26 201.00	22 168.00	4 033.00	18.19
（二）直接计入所有者权益的利得和损失				
1. 可供出售金融资产公允价值变动净额				
2. 权益法下被投资单位其他所有者权益变动的影响				
3. 与计入所有者权益项目相关的所得税影响				
4. 其他	576.00	803.00	−227.00	−28.27
上述（一）和（二）小计				
（三）所有者投入和减少资本				
1. 所有者投入资本				
2. 股份支付计入所有者权益的金额				
3. 其他	0	−2 218.00	2 218.00	
（四）利润分配				
1. 提取盈余公积	0	0		
2. 对所有者（或股东）的分配	−4 694.00	−4 920.00	226.00	−4.59
3. 其他	0			
（五）所有者权益内部结转				
1. 资本公积转增资本(或股本)				
2. 盈余公积转增资本(或股本)				
3. 盈余公积弥补亏损				
4. 其他				
四、本年年末余额	130 388.00	108 305.00	22 083.00	20.39

（二）所有者权益变动表垂直分析

所有者权益变动表的垂直分析是将所有者权益各个项目的变动占所有者权益变动的比重予以计算，并进行分析评价，揭示公司当期所有者权益各个项目的比重及其变动情况，解释公司净资产构成的变动原因，借以进行相关决策的过程。以 HS 公司所有者权益变动表为基础资料，编制所有者权益变动表垂直分析表，如表 2.62 所示。

表 2.62　所有者权益变动表垂直分析　　万元

项　目	本年金额	上年金额	变动额	变动额构成/（%）
一、上年年末余额	108 305.00	92 472.00	15 833.00	71.70
加：会计政策变更				
前期差错更正				
二、本年年初余额	108 305.00	92 472.00	15 833.00	71.70
三、本年增减变动金额（减少以“-”号填列）				
（一）净利润	26 201.00	22 168.00	4 033.00	18.26
（二）直接计入所有者权益的利得和损失				
1. 可供出售金融资产公允价值变动净额				
2. 权益法下被投资单位其他所有者权益变动的影响				
3. 与计入所有者权益项目相关的所得税影响				
4. 其他	576.00	803.00	－227.00	－1.03
上述（一）和（二）小计				
（三）所有者投入和减少资本				
1. 所有者投入资本				
2. 股份支付计入所有者权益的金额				
3. 其他	0	－2 218.00	2 218.00	10.04
（四）利润分配				
1. 提取盈余公积	0	0		
2. 对所有者（或股东）的分配	－4 694.00	－4 920.00	226.00	1.03
3.其他	0			
（五）所有者权益内部结转				
1. 资本公积转增资本（或股本）				
2. 盈余公积转增资本（或股本）				
3. 盈余公积弥补亏损				
4. 其他				
四、本年年末余额	130 388.00	108 305.00	22 083.00	100.00

从表 2.62 可以看出，HS 公司 2017 年所有者权益年末余额比 2016 年增加 22 083 万元，以其变动为 100% 分析，其中占 71.70% 的是上年年末余额的变动，净利润的变动占 18.26%。此外，其他因素占所有者权益变动的 10.04%，对股东分配的变动占所有者权益变动的 1.03%。这说明企业近年来效益提升，积累增加，实力增强。

（三）所有者权益变动表的主要项目分析

所有者权益变动表的主要项目分析是将组成所有者权益的主要项目进行具体剖析对比，分析其变动成因、合理合法性、是否存在人为操纵的迹象等事项的过程。

在所有者权益变动表中，企业应当单独列示反映的信息包括：净利润、直接计入所有者权益的利得和损失项目及其总额、会计政策变更和差错更正的累积影响金额、所有者投入资本和向所有者分配利润、提取的盈余公积及实收资本或股本、资本公积、盈余公积、未分配利润的期初和期末余额及其调节情况。有关利润形成及其分配的分析不再阐述，本部分分析的主要项目有以下几个。

1. 直接计入所有者权益的利得和损失分析

直接计入所有者权益的利得和损失是指不应计入当期损益、会导致所有者权益发生增减变动的、与所有者投入资本或向所有者分配利润无关的利得或损失。在会计年度内已实现的损益计入了利润表，如果出现未实现的损益，公司的资产价值会增减，这些不在年度利润表中披露，而是直接计入所有者权益。

在所有者权益变动表中，直接计入所有者权益的利得和损失的内容包括：①可供出售金融资产公允价值变动净额；②权益法下被投资单位其他所有者权益变动的影响；③计入所有者权益项目相关的所得税影响；④其他。通过直接计入所有者权益的利得和损失分析，可以进一步说明会计期间所有者权益是如何增减变化的。

以 HS 公司为例，该公司 2017 年所有者权益净增加 22 083 万元，如表 2.63 所示。

表 2.63　所有者权益变动分析表

项　目	人民币/万元
税后利润	26 201
加：直接计入所有者权益的利得和损失	＋576
减：对股东分配的利润	－4 694
所有者权益净增加额	22 083
期初所有者权益	108 305
期末所有者权益	130 388

2. 会计政策变更的分析

会计政策变更是指在特定的情况下，企业可以对相同的交易或事项由原来采用的会计政策改用另一会计政策。会计政策变更能够提供更可靠、更相关的会计信息，主要应当采用追溯调整法进行处理，将会计政策变更的累积影响数调整列报前期最早期初留存收益。会计政策变更的累积影响数是指按照变更后的会计政策，对以前各期追溯计算的列报前期最早期初留存收益应有金额与现有金额之间的差额。会计政策变更的累积影响数需要在所有者权益变动表中单独列示。

对会计政策变更的累积影响数的分析，主要目的在于合理区分属于会计政策变更和不属于会计政策变更的业务或事项。一般而言，不属于会计政策变更的业务或事项具体包括：当期发生的交易或事项与以前相比具有本质差别而采用新的会计政策，以及对初次发生的或不重要的交易或事项而采用新的会计政策。

3. 前期差错更正的分析

前期差错更正是指企业应当在重要的前期差错发现后的财务报表中调整前期相关数据。前期差错更正主要采用追溯重述法。该方法是指在发现前期差错时，视同该前期差错从未发生过，从而对财务报表相关项目进行更正的方法。

本期发现与以前期间相关的重大会计差错，如果影响损益，应按其对损益的影响数调整发现当期的期初留存收益，会计报表其他相关项目的期初数也应一并调整；如果不影响损益，应调整会计报表相关项目的期初数。

对前期差错更正累积影响数的分析，主要目的在于及时发现与更正前期差错，合理判断和区分相关业务是属于会计政策变更还是属于会计差错更正。无论是否为重大会计差错，都应在发现前期差错的当期进行前期差错更正，在所有者权益变动表中适时披露，以达到信息的准确性。

任务检测 2-4

选择题

在线自测

1．下列各项中，不在所有者权益变动表中单独填列的是（　　）。

A．净利润

B．公允价值变动收益

C．可供出售金融资产公允价值变动净额

D．与计入所有者权益项目相关的所得税影响

2．按股份有限公司会计制度规定，上市公司本年度发现的以前年度重大的记账差错，应（　　）。

A．作本年度事项处理

B．修改以前年度的账表

C．不作处理

D．调整本年度会计报表的期初数和上年数

配套实训

实训 2-16　所有者权益变动表综合分析

实训目标

熟悉所有者权益变动表的结构，了解所有者权益的来源及其变动情况，洞察会计期间内影响所有者权益增减变动的具体原因，判断构成所有者权益各个项目变动的合法性与合理性，为报表使用者提供较为真实的所有者权益总额及其变动信息。

实训资料

福田汽车公司所有者权益变动表如表 2.64 所示。

表 2.64　福田汽车公司所有者权益变动表

元

项　目	2017 年	2016 年
一、上年年末余额	8 061 381 567.24	4 074 389 951.10
加：会计政策变更		
前期差错更正		
二、本年年初余额	8 061 381 567.24	4 074 389 951.10
三、本年增减变动金额（减少以“－”号填列）	1 030 738 322.92	3 986 991 616.14
（一）净利润	1 152 389 085.33	1 646 011 686.73
（二）其他综合收益	−71 296 738.41	48 815 148.71
上述（一）和（二）小计	1 081 092 346.92	1 694 826 835.44
（三）所有者投入和减少资本		
1. 股东投入资本	245 000 000.00	2 457 118 310.70
2. 股份支付计入所有者权益的金额		
3. 其他		
（四）利润分配		
1. 提取盈余公积		
2. 对股东的分配	−295 354 024.00	−164 953 530.00
3. 其他		
（五）所有者权益内部结转		
1. 资本公积转增股本		
2. 盈余公积转增股本		
3. 盈余公积弥补亏损		
4. 其他		
四、本年年末余额	9 092 119 890.16	8 061 381 567.24

实训要求

（1）编制福田汽车公司所有者权益变动表的水平分析表，如表 2.65所示。

表 2.65　福田汽车公司所有者权益变动表水平分析

元

项　目	2017 年	2016 年	变动额	变动率/（%）
一、上年年末余额	8 061 381 567.24	4 074 389 951.10		
加：会计政策变更				
前期差错更正				
二、本年年初余额	8 061 381 567.24	4 074 389 951.10		
三、本年增减变动金额（减少以“－”号填列）	1 030 738 322.92	3 986 991 616.14		
（一）净利润	1 152 389 085.33	1 646 011 686.73		
（二）其他综合收益	−71 296 738.41	48 815 148.71		
上述（一）和（二）小计	1 081 092 346.92	1 694 826 835.44		
（三）所有者投入和减少资本				
1. 股东投入资本	245 000 000.00	2 457 118 310.70		

（续表）

项　目	2017 年	2016 年	变动额	变动率/（%）
2. 股份支付计入所有者权益的金额				
3. 其他				
（四）利润分配				
1. 提取盈余公积				
2. 对股东的分配	－295 354 024.00	－164 953 530.00		
3. 其他				
（五）所有者权益内部结转				
1. 资本公积转增股本				
2. 盈余公积转增股本				
3. 盈余公积弥补亏损				
4. 其他				
四、本年年末余额	9 092 119 890.16	8 061 381 567.24		

（2）利用水平分析表进行福田公司所有者权益状况评价。

（3）编制福田汽车公司所有者权益变动表的垂直分析表，如表 2.66 所示。

表 2.66　福田汽车公司所有者权益变动表垂直分析　　元

项　目	2017 年	2016 年	2017 年构成/（%）	2016 年构成/（%）	构成的差异/（%）
一、上年年末余额	8 061 381 567.24	4 074 389 951.10			
加：会计政策变更					
前期差错更正					
二、本年年初余额	8 061 381 567.24	4 074 389 951.10			
三、本年增减变动金额（减少以“－”号填列）	1 030 738 322.92	3 986 991 616.14			
（一）净利润	1 152 389 085.33	1 646 011 686.73			
（二）其他综合收益	－71 296 738.41	48 815 148.71			
上述（一）和（二）小计	1 081 092 346.92	1 694 826 835.44			
（三）所有者投入和减少资本					
1. 股东投入资本	245 000 000.00	2 457 118 310.70			
2. 股份支付计入所有者权益的金额					
3. 其他					
（四）利润分配					
1. 提取盈余公积					
2. 对股东的分配	－295 354 024.00	－164 953 530.00			
3. 其他					

（续表）

项　目	2017 年	2016 年	2017 年构成/（%）	2016 年构成/（%）	构成的差异/（%）
（五）所有者权益内部结转					
1. 资本公积转增股本					
2. 盈余公积转增股本					
3. 盈余公积弥补亏损					
4. 其他					
四、本年年末余额	9 092 119 890.16	8 061 381 567.24	100	100	0

（4）利用垂直分析表进行福田公司所有者权益状况评价。

项目习题

一、单项选择题

在线自测

1. 产生销售折让的原因是（　　）。
   A. 激励购买方多购商品　　B. 促使购买方及时付款
   C. 产品质量有问题　　D. 进行产品宣传
2. 导致企业资本结构发生变动的原因是（　　）。
   A. 发行新股　　B. 资本公积转股
   C. 盈余公积转股　　D. 以未分配利润送股
3. 变现能力最强的资产项目是（　　）。
   A. 应收票据　　B. 应收账款　　C. 货币资金　　D. 交易性金融资产
4. 对资产负债表进行综合分析，一般采用的方法首先是（　　）。
   A. 计算财务比率　　B. 理解项目内涵
   C. 编制比较报表　　D. 进行综合分析
5. 下列属于经营性资产项目的是（　　）。
   A. 货币资金　　B. 应收账款　　C. 应收票据　　D. 其他应收款
6. 企业商品经营盈利状况最终取决于（　　）。
   A. 主营业务利润　B. 营业利润　　C. 利润总额　　D. 投资收益
7. 如果企业本年销售收入的增长快于销售成本的增长，那么企业本年营业利润（　　）。
   A. 一定大于 0　　B. 一定大于上年营业利润
   C. 一定大于上年利润总额　　D. 不一定大于上年营业利润
8. 下列属于企业收入的是（　　）。
   A. 公允价值变动净收益　　B. 营业收入
   C. 投资收益　　D. 营业外收入
9. 对（　　）项目进行分析时，应注意其计算的准确性和缴纳的及时性。
   A. 营业利润　　B. 税金及附加　　C. 投资收益　　D. 净利润

10. 下列与利润分析无关的资料是（　　）。
A. 利润分配表　　B. 应交增值税明细表
C. 分部报告　　D. 营业外收支明细表
11. 企业当期收到的税费返还应列入现金流量表的（　　）现金流入量。
A. 经营活动　　B. 投资活动　　C. 筹资活动　　D. 汇率变动影响
12. 下列能使经营现金流量减少的项目是（　　）。
A. 无形资产摊销　　B. 出售长期资产利得
C. 存货增加　　D. 应收账款减少
13. 在企业处于高速成长阶段，投资活动现金流量往往是（　　）。
A. 流入量大于流出量　　B. 流出量大于流入量
C. 流入量等于流出量　　D. 不一定
14. 根据《企业会计准则——现金流量表》的规定，支付的现金股利归属于（　　）。
A. 经营活动　　B. 筹资活动　　C. 投资活动　　D. 销售活动
15. 下列财务活动中不属于企业筹资活动的是（　　）。
A. 发行债券　　B. 分配股利
C. 吸收权益性投资　　D. 购建固定资产
16. 下列属于工业企业投资活动产生的现金流量的是（　　）。
A. 向银行借款收到的现金　　B. 以现金支付的债权利息
C. 发行公司债权收到的现金　　D. 以现金支付的在建工程人员工资
17. 下列不在"销售商品、提供劳务收到的现金"项目中反映的是（　　）。
A. 应收账款的收回
B. 预收销货款
C. 向购买方收取的增值税销项税额
D. 本期的购货退回
18. 存货发生减值是因为（　　）。
A. 采用先进先出法　　B. 采用后进先出法
C. 可变现净值低于账面成本　　D. 可变现净值高于账面成本
19. 在通货膨胀条件下，存货采用先进先出法对利润表的影响是（　　）。
A. 利润被低估　　B. 利润被高估
C. 基本反映当前利润水平　　D. 利润既可能被低估也可能被高估
20. 企业用盈余公积分配股利后，法定盈余公积不得低于注册资本的（　　）。
A. 10%　　B. 20%　　C. 25%　　D. 50%
21. 下列不属于现金流量表分析目的的是（　　）。
A. 了解企业资产的变现能力　　B. 了解企业现金变动情况和变动原因
C. 判断企业获取现金的能力　　D. 评价企业盈利的质量
22. 下列不属于工业企业筹资活动产生的现金流量的是（　　）。
A. 向其他单位投资发生的现金流出
B. 向投资单位分配利润发生的现金流出
C. 支付费用化的借款费用发生的现金流出
D. 支付资本化的借款费用发生的现金流出

23. 当期所有者权益净变动额等于（ ）。

A. 总权益变动额 B. 总资产变动额

C. 总股本变动额 D. 净资产变动额

24. 下列不影响当期所有者权益变动额的项目是（ ）。

A. 净利润 B. 所有者投入和减少资本

C. 所有者权益内部结转 D. 利润分配

25. 在资产与权益对称结构中，（ ）的主要标志是企业流动资产的一部分资金需要使用流动负债来满足，另一部分资金需要则由长期负债来满足。

A. 保守结构 B. 稳健结构 C. 平衡结构 D. 风险结构

26. 资产与权益对称结构中（ ）因其风险较大，虽然负债成本最低，但只适用于处在发展壮大时期的企业，而且只能在短期内采用。

A. 保守结构 B. 风险结构 C. 平衡结构 D. 稳健结构

27. 企业普遍采用的资产与权益对称结构是（ ）。

A. 保守结构 B. 稳健结构 C. 平衡结构 D. 风险结构

28. 在资产与权益对称结构中，（ ）虽然风险极低，但会导致较高的资金成本，在实务中很少被企业采用。

A. 保守结构 B. 风险结构 C. 平衡结构 D. 稳健结构

二、多项选择题

1. 进行负债结构分析时必须考虑的因素有（ ）。

A. 负债规模 B. 负债成本 C. 债务偿还期限 D. 财务风险

2. 股东权益结构分析时必须考虑的因素有（ ）。

A. 企业控制权 B. 企业利润分配政策

C. 财务风险 D. 权益资金成本

3. 企业货币资金存量及比重是否合适的分析评价应考虑的因素有（ ）。

A. 资产规模与业务量 B. 企业融资能力

C. 行业特点 D. 运用货币资金的能力

4. 应收账款变动的可能原因有（ ）。

A. 销售规模变动 B. 信用政策改变

C. 收账政策不当 D. 收账工作执行不力

5. 下列属于影响企业利润因素的有（ ）。

A. 股东权益 B. 收入 C. 费用 D. 利得

6. 对利润总额进行分析，主要侧重于对组成利润总额的（ ）项目进行比较分析。

A. 营业外收入 B. 营业利润 C. 营业外支出 D. 所得税费用

7. 对净利润分析的内容，包括对形成净利润的（ ）等方面的分析。

A. 各项目增减变动 B. 各项目的结构变动

C. 营业外支出 D. 变动差异较大的重点项目

8. 对利润表项目进行阅读与分析应主要对（ ）项目进行阅读与分析。

A. 收入类 B. 费用类 C. 利润类 D. 利润结构

9. 财务费用项目分析的内容包括（　　）。
A. 借款总额　B. 利息支出　C. 利息收入　D. 汇兑收益
10. 利润表主表分析应包括的内容有（　　）。
A. 收入分析　B. 利润额的增减变动分析
C. 利润结构变动分析　D. 成本费用分析
11. 企业资产与权益对称结构的平衡结构的特点有（　　）。
A. 风险均衡　B. 存在潜在的风险
C. 负债成本最低　D. 企业风险最小
12. 正常经营企业资产与权益对称结构可以分为（　　）。
A. 保守结构　B. 稳健结构　C. 平衡结构　D. 风险结构
13. 现金流量表中现金所包括的具体内容是（　　）。
A. 库存现金　B. 银行存款　C. 短期证券　D. 发行债券
14. 下列属于筹资活动现金流量的项目有（　　）。
A. 短期借款增加　B. 增加长期投资
C. 取得债券利息收入收到的现金　D. 偿还长期债券
15. 下列属于经营活动产生的现金流量的有（　　）。
A. 销售商品收到的现金　B. 分配股利支付的现金
C. 提供劳务收到的现金　D. 出售设备收到的现金
16. 下列属于筹资活动现金流量的项目有（　　）。
A. 短期借款的增加　B. 支付给职工的现金
C. 取得债券利息收入　D. 分配股利所支付的现金
17. 下列属于现金流入项目的有（　　）。
A. 经营成本节约额　B. 回收垫支的流动资金
C. 营业收入　D. 固定资产残值变现收入
18. 企业筹资活动产生的现金流量小于0，可能意味着（　　）。
A. 企业本会计期间大规模偿还债务
B. 企业当期进行了增资扩股
C. 企业在投资和扩张方面没有更多的作为
D. 企业无法取得新的借款

三、判断题

1. 资产负债表中某项目的变动幅度越大，对资产或权益的影响就越大。（　　）
2. 如果本期总资产比上期有较大幅度增加，表明企业本期经营卓有成效。（　　）
3. 只要本期盈余公积增加，就可以断定企业本期经营是有成效的。（　　）
4. 固定资产的比重越高，企业资产的弹性越差。（　　）
5. 负债结构变动一定会引起负债规模发生变动。（　　）
6. 如果企业的资金全部是权益资金，则企业既无财务风险也无经营风险。（　　）
7. 如果本期未分配利润少于上期，说明企业本期经营亏损。（　　）
8. 企业的应收账款增长率超过销售收入增长率是正常现象。（　　）

9. 资产负债表结构分析通常采用水平分析法。（　　）
10. 非生产用固定资产的增长速度一般不应超过生产用固定资产的增长速度。（　　）
11. 资本公积转股会摊薄每股收益。（　　）
12. 公司长期借款增加通常表明其在资本市场上的信誉良好。（　　）
13. 营业利润是企业营业收入与营业成本费用及税金之间的差额。它既包括主营业务利润，又包括其他业务利润，并在两者之和基础上减去管理费用与财务费用。（　　）
14. 息税前利润是指没有扣除利息和所得税的利润，即等于利润总额与利息支出之和。（　　）
15. 如果企业的营业利润主要来源于投资收益，则应肯定企业以前的投资决策的正确性。但要分析企业内部管理存在的问题，以提高企业经营活动内在的创新能力。（　　）
16. 销售成本变动对利润有着直接影响，销售成本降低多少，利润就会增加多少。（　　）
17. 企业成本总额的增加并不一定意味着利润的下降和企业管理水平的下降。（　　）
18. 税率的变动对产品销售利润没有影响。（　　）
19. 运用水平分析法可以更加深入地说明销售费用的变动情况及其合理性。（　　）
20. 价格变动对营业收入的影响额与对利润的影响额不一定总是相同的。（　　）
21. 固定资产折旧的变动不影响当期现金流量的变动。（　　）
22. 经营活动产生的现金流量大于 0 说明企业有盈利。（　　）
23. 企业分配股利必然引起现金流出量的增加。（　　）
24. 利息支出将对筹资活动现金流量和投资活动现金流量产生影响。（　　）
25. 企业支付所得税将引起筹资活动现金流量的增加。（　　）
26. 现金流量表的编制基础是权责发生制。（　　）
27. 财务费用项目引起的现金流量属于筹资活动现金流量。（　　）
28. 即使是经营活动的现金净流量大于 0，企业也可能仍然处于亏损状态。（　　）
29. 企业经营活动产生的现金流量直接反映企业创造现金的能力。（　　）
30. 经营活动现金流量如果小于 0，说明企业经营活动的现金流量自我适应能力较差，企业经营状况不好，属于不正常现象。（　　）
31. 稳健结构的主要标志是流动资产的一部分资金需要由长期资金来解决。（　　）
32. 平衡结构的主要标志是流动资产的资金需要全部由短期资金来满足。（　　）
33. 按单项比较法确定的期末存货余额一定低于分类比较法下的余额。（　　）
34. 所有者权益变动表可以反映债权人所拥有的权益，据此判断资产保值、增值的情况，以及对负债的保障程度。（　　）
35. 所有者权益变动表中，所有者权益净变动额等于资产负债表中的期末所有者权益。（　　）
36. 如果出现未实现的损益，公司的资产价值就会增减，公积也会随之增减，但未实现的损益不在年度利润表中披露，而是直接计入所有者权益。（　　）
37. 在不考虑其他项目时，将净利润调整为本期所有权益变动额，应该在净利润基础上，减去向股东分配的利润。（　　）

38. 转增股本是指公司将盈余公积转换为股本。转增股本并没有改变股东的权益规模。（　　）

39. 无论是否发生重大会计差错，都应在发现前期差错的当期进行前期差错更正，在所有者权益变动表中适时披露。（　　）

40. 多数企业所采用的资产与权益对称结构是稳健结构。（　　）

四、计算分析题

1. 某企业资产负债表水平分析表、垂直分析表如表 2.67、表 2.68 所示。请填充表格使其完整，并根据数据进行企业财务状况分析评价。

表 2.67　企业资产负债表水平分析

千元

资　产	期　初	期　末	变动情况		对总资产的影响/（%）
			变动额	变动率/（%）	
流动资产：					
货币资金	40 000	50 000			
交易性金融资产	28 000	20 000			
应收账款	15 500	25 000			
存货	97 000	85 000			
其他流动资产	37 910	48 510			
流动资产合计	218 410	228 510			
非流动资产：					
长期股权投资	42 200	51 000			
固定资产	631 000	658 500			
无形资产	91 000	94 000			
非流动资产合计	764 200	803 500			
合　计	982 610	1 032 010			
负债及所有者权益					
流动负债：					
短期借款	37 600	55 000			
应付账款	13 600	15 500			
应交款项	7 400	9 530			
其他流动负债	4 487	3 300			
流动负债小计	63 087	83 330			
非流动负债：					
长期借款	38 400	42 000			
应付债券	181 000	181 000			
非流动负债小计	219 400	223 000			
负债合计	282 487	306 330			
股东权益：					
股本	500 000	500 000			
资本公积	107 000	102 600			
盈余公积	82 423	85 320			
未分配利润	10 700	37 720			
股东权益合计	700 123	725 680			
合　计	982 610	1 032 010			

表 2.68　企业资产负债表垂直分析

千元

资　产	期初	期末	上年/（%）	本年/（%）	变动情况/（%）
流动资产：					
货币资金	40 000	50 000			
交易性金融资产	28 000	20 000			
应收账款	15 500	25 000			
存货	97 000	85 000			
其他流动资产	37 910	48 510			
流动资产合计	218 410	228 510			
非流动资产：					
长期股权投资	42 200	51 000			
固定资产	631 000	658 500			
无形资产	91 000	94 000			
非流动资产合计	764 200	803 500			
合　计	982 610	1 032 010			
负债及所有者权益					
流动负债：					
短期借款	37 600	55 000			
应付账款	13 600	15 500			
应交款项	7 400	9 530			
其他流动负债	4 487	3 300			
流动负债小计	63 087	83 330			
非流动负债：					
长期借款	38 400	42 000			
应付债券	181 000	181 000			
非流动负债小计	219 400	223 000			
负债合计	282 487	306 330			
股东权益：					
股本	500 000	500 000			
资本公积	107 000	102 600			
盈余公积	82 423	85 320			
未分配利润	10 700	37 720			
股东权益合计	700 123	725 680			
合　计	982 610	1 032 010			

2. 根据 SH 公司 2016 年与 2017 年会计报表附注提供的资料，其存货项目构成如下。

2016 年：原材料 122 217 千元，在产品 26 850 千元，产成品 3 045 千元。

2017 年：原材料 123 518 千元，材料跌价准备 2 354 千元，在产品 17 939 千元，产成品 7 524 千元。

要求：

（1）填列表 2.69，分析 SH 公司存货结构与变动情况。

（2）分析存货各项目变动的可能原因。

表 2.69　存货结构分析

项　目	金额/千元		结构/（%）		
	2017 年	2016 年	2017 年	2016 年	差异
原材料					
材料跌价准备					
在产品					
产成品					
合　计					

3. 某企业连续两年的利润简表如表 2.70 所示，请编制利润水平分析表（见表 2.71），并对其进行分析。

表 2.70　利润表简表

万元

项　目	2017 年	2016 年
营业收入	1 000	1 100
营业成本	600	700
毛利	400	400
营业费用	100	150
管理费用	150	160
利息费用	10	10
所得税	46.2	26.4
净利润	93.8	53.6

表 2.71　利润表水平分析

万元

项　目	2017 年	2016 年	变动额	变动率
营业收入				
营业成本				
毛利				
营业费用				
管理费用				
利息费用				
所得税				
净利润				

4. 甲股份有限公司的 2017 年现金流量表如表 2.72 所示。

表 2.72　现金流量表

万元

项　目	本期金额	上期金额
一、经营活动产生的现金流量		
销售商品、提供劳务收到的现金	490 811	354 726
收到的税费返还		
收到其他与经营活动有关的现金	3	1 029
经营活动现金流入小计	490 814	355 755

（续表）

项　目	本期金额	上期金额
购买商品、接受劳务支付的现金	436 825	335 736
支付给职工及为职工支付的现金	9 236	7 836
支付的各项税费	9 547	5 805
支付其他与经营活动有关的现金	23 844	8 048
经营活动现金流出小计	（1）	357 425
经营活动产生的现金流量净额	11 362	（2）
二、投资活动产生的现金流量		
收回投资收到的现金		
取得投资收益收到的现金	2 253	3 919
处置固定资产、无形资产和其他长期资产收回的现金净额	125	59
处置子公司及其他营业单位收到的现金净额		
收到其他与投资活动有关的现金		
投资活动现金流入小计	2 378	3 978
购建固定资产、无形资产和其他长期资产支付的现金	8 774	6 689
投资支付的现金	6 898	21 117
取得子公司及其他营业单位支付的现金净额		
支付其他与投资活动有关的现金		56
投资活动现金流出小计	15 672	27 862
投资活动产生的现金流量净额	（3）	−23 884
三、筹资活动产生的现金流量		
吸收投资收到的现金		
其中：子公司吸收少数股东投资收到的现金		
取得借款收到的现金	19 500	14 750
收到其他与筹资活动有关的现金		
筹资活动现金流入小计	19 500	14 750
偿还债务支付的现金	12 500	12 575
分配股利、利润或者偿付利息支付的现金	5 225	4 548
其中：子公司支付给少数股东的股利、利润		
支付其他与筹资活动有关的现金		21
筹资活动现金流出小计	17 725	17 144
筹资活动产生的现金流量净额	1 775	−2 394
四、汇率变动对现金及现金等价物的影响		
五、现金及现金等价物净增加额	（4）	−27 948
加：期初现金及现金等价物余额	15 165	43 113
六、期末现金及现金等价物余额	15 008	15 165

要求：

（1）请利用勾稽关系将表中数字补充完整。

（2）结合企业的生命周期理论，对该公司进行相关评价。

5. 宏生公司所有者权益变动表，如表 2.73 和表 2.74 所示。请解释该公司所有者权益水平分析表和垂直分析表有关数据的计算方法，并根据表中的数据分别进行分析评价。

表 2.73　宏生公司所有者权益变动表水平分析　　元

项　目	2017 年	2016 年	变动额	变动率/（%）
一、上年年末余额	660 899 184.80	626 872 384.30	34 026 800.50	5.43
加：会计政策变更				
前期差错更正				
二、本年年初余额	660 899 184.80	626 872 384.30	34 026 800.50	5.43
三、本期增减变动金额（减少以“－”填列）	263 823 080.87	34 026 800.50	229 796 280.37	675.34
（一）净利润	209 957 136.55	132 593 289.28	77 363 847.27	58.35
（二）其他综合收益	1 099 927.55	－80 438 774.51	81 538 702.06	－101.38
上述（一）和（二）小计	211 057 064.10	52 154 514.77	158 902 549.33	304.68
（三）所有者投入和减少资本	82 468 416.77	140 000.00	82 328 416.77	58 806.01
1. 所有者投入资本	82 182 702.50	140 000.00	82 042 702.50	58 601.93
2. 股份支付计入所有者权益的金额				
3. 其他	285 714.27		285 714.27	
（四）利润分配	－29 702 400.00	－18 267 714.27	－11 434 685.73	62.60
1. 提取盈余公积				
2. 提取一般风险准备				
3. 对所有者（或股东）的分配	－29 702 400.00	－12 994 800.00	－16 707 600.00	128.57
4. 其他		－5 272 914.27	5 272 914.27	－100
（五）所有者权益内部结转				
1. 资本公积转增资本（或股本）				
2. 盈余公积转增资本（或股本）				
3. 盈余公积弥补亏损				
4. 其他				
（六）专项储备				
1. 本期提取				
2. 本期使用				
四、本年年末余额	924 722 265.67	660 899 184.80	263 823 080.87	39.92

表 2.74　宏生公司所有者权益变动表垂直分析　元

项　目	2017 年	2016 年	变动额	变动额构成/（%）
一、上年年末余额	660 899 184.80	626 872 384.30	34 026 800.50	12.89
加：会计政策变更				
前期差错更正				
二、本年年初余额	660 899 184.80	626 872 384.30	34 026 800.50	12.89
三、本期增减变动金额（减少以"－"填列）	263 823 080.87	34 026 800.50	229 796 280.37	87.10
（一）净利润	209 957 136.55	132 593 289.28	77 363 847.27	29.32
（二）其他综合收益	1 099 927.55	－80 438 774.51	81 538 702.06	30.91
上述（一）和（二）小计	211 057 064.10	52 154 514.77	158 902 549.33	60.23
（三）所有者投入和减少资本	82 468 416.77	140 000.00	82 328 416.77	31.20
1. 所有者投入资本	82 182 702.50	140 000.00	82 042 702.50	31.10
2. 股份支付计入所有者权益的金额				
3. 其他	285 714.27		285 714.27	0.10
（四）利润分配	－29 702 400.00	－18 267 714.27	－11 434 685.73	－4.33
1. 提取盈余公积				
2. 提取一般风险准备				
3. 对所有者（或股东）的分配	－29 702 400.00	－12 994 800.00	－16 707 600.00	－6.33
4. 其他		－5 272 914.27	5 272 914.27	2.00
（五）所有者权益内部结转				
1. 资本公积转增资本（或股本）				
2. 盈余公积转增资本（或股本）				
3. 盈余公积弥补亏损				
4. 其他				
（六）专项储备				
1. 本期提取				
2. 本期使用				
四、本年年末余额	924 722 265.67	660 899 184.80	263 823 080.87	100

项目三

企业财务效率分析

知识目标

1. 了解偿债能力、营运能力、盈利能力、发展能力的含义。
2. 理解影响企业偿债能力、营运能力、盈利能力、发展能力的因素。
3. 明确企业财务效率分析的目的和内容。
4. 掌握衡量企业财务效率指标的计算方法。
5. 掌握企业财务效率的分析、评价方法。

能力目标

1. 能够正确计算衡量企业的短期、长期偿债能力的分析指标。
2. 能够评价企业的偿债能力。
3. 能够正确计算衡量企业营运能力的财务指标。
4. 能够评价企业的营运能力。
5. 能够正确计算衡量企业盈利能力的财务指标。
6. 能够评价企业的盈利能力，洞察企业的盈利质量。
7. 能够分析和评价企业的发展能力。

任务一　企业偿债能力分析

理论讲解

一、偿债能力分析的目的和内容

（一）偿债能力分析的目的

偿债能力是指企业偿还各种债务的能力。企业的负债按偿还期的长短，分为流动负债和非流动负债两大类。其中，反映企业偿付流动负债能力的是短期偿债能力，反映企业偿付非流动负债能力的是长期偿债能力。

企业偿债能力是反映企业财务状况的重要内容。偿债能力是企业经营者、投资人、债权人都十分关心的问题，角度不同，分析的目的也有所区别。

① 债权人最关心企业的偿债能力。债权人对企业偿债能力的分析，目的在于作出正确的借贷决策，保证其资金安全。在进行借贷决策时，债权人首先要对借款企业的财务状况，特别是偿债能力状况进行深入细致的分析。只有企业具有较强的偿债能力，才能使他们的债务及时收回，并能按期取得利息。

② 投资人最关心企业的盈利能力。投资人不仅关注其投入的资产能否增值，更关注其投入的资产能否保全。因此，他们同样关注企业的偿债能力。投资者分析企业的偿债能力，有助于作出正确的投资决策。如果一家企业拥有良好的财务环境和较强的偿债能力，则有利于提高企业的盈利能力。

③ 企业经营者对企业偿债能力的分析，目的在于进行正确的经营决策。通过对企业偿债能力的分析，了解企业的财务状况，揭示企业所承担的财务风险程度，预测企业筹资前景，为企业进行各种理财活动提供参考。

④ 企业其他关联方与企业产生各种经济联系。从政府及相关管理部门来说，通过对其偿债能力的分析，可以了解企业经营的安全性，从而制定相应的财政金融政策；对于业务关联企业，通过对长期偿债能力的分析，可以了解企业是否具有长期的支付能力，借以判断企业信用状况和未来业务能力，并作出是否建立长期稳定的业务合作关系的决定。

可见，企业偿债能力的强弱，不仅是企业自身关心的问题，也是各方利益相关者都非常重视的问题。

（二）偿债能力分析的内容

偿债能力分析分为短期偿债能力分析和长期偿债能力分析。

1. 短期偿债能力分析

短期偿债能力是指企业以流动资产偿还流动负债的能力。它反映企业偿付日常到期债务的能力。进行企业短期偿债能力分析，首先要明确影响短期偿债能力的因素，对反映短期偿债能力的指标进行计算与分析，评价企业的短期偿债能力。

2. 长期偿债能力分析

长期偿债能力是指企业对债务的承担能力和对偿还债务的保障能力。对企业长期偿债能力进行分析，应明确影响企业长期偿债能力的因素，对反映企业长期偿债能力的指标进行计算与分析，了解企业长期偿债能力的强弱及其变化情况，说明企业整体财务状况和债务负担及偿债能力的保障程度。

二、短期偿债能力分析

（一）影响短期偿债能力的因素

流动资产的规模与质量、经营现金流量水平、流动负债的规模和构成项目等方面是影响短期偿债能力的主要因素。

1. 流动资产的规模与质量

在进行短期偿债能力分析时，财务分析人员通常是将企业的流动资产与流动负债进行比较，计算其比率的大小，并以此作为评价企业短期偿债能力强弱的依据。一般来说，流动资产规模越大，企业短期偿债能力越强。人们把资产看作企业对负债的一种保证，然而却忽视了非现金资产变现价值的不确定性，财务报表上披露的数据并不能代表企业资产变现偿债时的市场价值。因此，流动资产的质量，即流动性显得尤为重要。资产的流动性是指企业资产转换成现金的能力，包括是否能不受损失地转换为现金及转换需要的时间。流动资产是企业进行经营活动的短期资源准备，流动资产的质量也影响着今后经营活动中产生现金的能力，它是偿还流动负债的物质保证。因此，流动资产的流动性从根本上决定了企业偿还流动负债的能力。在企业常见的流动资产中，根据变现能力由强到弱的顺序通常为：货币资金—短期投资、应收账款和应收票据—存货—预付账款。其中，应收账款和存货的变现能力往往是影响流动资产变现能力的重要因素。

2. 企业的经营现金流量水平

现金是流动性最强的资产，大多数短期债务都需要通过现金来偿还。因此，现金流入与流出的数量会直接影响企业的短期偿债能力。现金流量包括经营活动、投资活动及筹资活动带来的现金流量。其中，经营活动带来的现金流量是指企业日常的生产经营活动带来的现金流量。由于经营活动带来的现金流量在各期之间波动不是很大，能够相对稳定地满足企业的短期现金支付，所以经营活动现金流量与企业流动性和短期偿债能力的关系最为密切。当企业经营现金流量水平较高时，能获得持续和稳定的现金收入，从根本上保障了债权人的权益；当企业经营现金流入不足以抵补现金流出时，会造成营运资本缺乏，现金短缺，偿债能力必然下降。

3. 流动负债的规模与结构

流动负债的规模与结构也是影响企业短期偿债能力的重要因素，因为短期负债规模越大，短期内企业需要偿还的债务负担就越重；而流动负债的结构也直接影响企业的短期偿债能力，如流动负债是以现金偿还是以劳务偿还，表现为偿还方式结构，还有流动负债的期限结构。一般情况下，时间刚性强的债务会对企业造成实际的偿债压力，而时间刚性弱的债务会减轻企业的偿债压力。

在进行企业偿债能力分析时，除从财务报表中取得资料外，还需要分析财务报表资料中没有反映出来的因素，以作出正确的判断。对于企业而言，有增加变现能力的因素，如有可动用的银行贷款指标、准备很快变现的长期资产和企业较好的偿债能力的声誉等；也有降低企业短期偿债能力的因素，如与担保有关的或有负债，如果它的数额较大并且可能发生，就应在评价偿债能力时给予关注；有无存在已贴现商业承兑汇票形成的或有负债、未决诉讼、仲裁形成的或有负债；经营租赁合同中承诺的付款，很可能是需要偿付的义务；还有建造合同、长期资产购置合同中的分阶段付款，也是一种承诺，应视同需要偿还的债务，等等。

小知识

偿债能力衡量方法

偿债能力的衡量方法有两种：一种是比较可供偿债资产与债务的存量，如果资产存量超过债务存量较多，则认为偿债能力较强；另一种是比较经营活动现金流量和偿债所需现金，如果产生的现金超过需要的现金较多，则认为偿债能力较强。可偿债资产的存量是指资产负债表中列示的流动资产年末余额；短期债务的存量是指资产负债表中列示的流动负债年末余额。两者比较可以反映短期偿债能力。流动资产与流动负债的存量比较有两种方法：一种是差额比较，两者相减的差额称为营运资本（营运资本即为流动资产超过流动负债的部分）；另一种是比率比较，两者相除的比率称为短期债务的存量比率。

当流动资产大于流动负债时，营运资本为正数，表明长期资本的数额大于长期资产，超出部分被用于流动资产。营运资本的数额越大，财务状况越稳定。简而言之，当全部流动资产没有依靠任何流动负债提供资金来源，而全部由长期资本提供时，企业没有任何短期偿债压力。当流动资产小于流动负债时，营运资本为负数，表明长期资本小于长期资产，有部分长期资产由流动负债提供资金来源。由于流动负债在一年或一个营业周期内需要偿还，而长期资产在一年或一个营业周期内不能变现，偿债所需现金不足，必须设法另外筹资，这意味着财务状况不稳定。

本部分重点介绍反映偿债能力的有关比率指标。

（二）短期偿债能力指标计算与分析

反映企业短期偿债能力的主要指标包括流动比率、速动比率、现金比率和现金流动负债比率等。

1. 流动比率

流动比率是流动资产与流动负债的比值，是衡量企业短期偿债能力的核心比率，用来反映企业短期偿债能力的强弱。其计算公式为：

$$流动比率=\frac{流动资产}{流动负债}$$

通常认为，流动比率越高，企业的短期偿债能力越强，债权人利益保障程度越高。但流动比率过高，将导致企业流动资产的闲置，降低企业的盈利能力。造成企业流动比率过高的原因有很多，主要是：企业对资金未能有效利用；企业赊销过多，流动资产中有大量的应收账款；企业销售不力，致使在产品、产成品积压，库存商品过多等。

一般认为，流动比率的合理比值为2，即流动负债要用流动资产来偿还，而流动资产中，存货占一半左右。这是因为流动资产中变现能力最差的存货金额约占流动资产总额的一半，剩下的流动性较强的流动资产至少要等于流动负债，这样企业的短期偿债能力才会有保证。格雷厄姆在《聪明的投资者（第4版）》中提出的防御型投资者选股标准是：对于工业企业而言，流动资产应该至少是流动负债的2倍，即流动比率不低于2。但实际中，由于行业不同，不能教条地要求企业流动比率都要达到2。正常情况下，部分行业的流动比率参考值为：汽车1.1、房地产1.2、制药1.25、建材1.25、化工1.2、家电1.5、啤酒1.75、计算机 2、电子 1.45、商业 1.65、机械 1.8、玻璃 1.3、食品大于 2、饭店大于 2。

另外，流动资产能否用于偿债，还要看它们是否能顺利地转换成现金。通过报表附注，可以了解各项流动资产的变现能力，并据此对计算口径进行调整。

根据 HS 公司资产负债表（见表 2.2 ）提供的资料，可以计算出公司 2016 年、2017 年的流动比率。

$$2016\text{年流动比率}=\frac{89\ 009}{37\ 327}=2.38$$

$$2017\text{年流动比率}=\frac{89\ 079}{36\ 292}=2.45$$

公司 2016 年、2017 年的流动比率都超过 2，表明该公司短期偿债能力较强。

小知识

流动比率并非越高越好

企业短期债务的期限短，一般只能用变现时间短的流动资产来偿付。因此，一般用流动资产对流动负债及时足额偿还的保证程度，来衡量企业的短期偿债能力。其主要衡量指标有流动比率、速动比率和现金比率。流动比率是流动资产与流动负债之比。一般认为，工业生产性企业合理的流动比率最低应该是 2。但这是一个长期以来形成的经验性标准，并不能从理论上证明，也无法在实践中形成统一标准。尤其需要说明的是，流动比率不低于 2，适用于一般性的企业，但并不完全适用于巴菲特最喜欢选择的具有强大持续性竞争优势的超级明星公司。

巴菲特持股的很多具有持续性竞争优势的超级明星公司，流动比率都低于 2，甚至低于 1。例如，IBM 为 1.26、可口可乐为 1.1、沃尔玛为 0.88、卡夫为 0.85、宝洁为 0.83。一般的企业流动比率低于 2，意味着可能面临偿还短期债务的困难。但这些超级明星公司具有强大的销售渠道，销售回款速度很快，能够产生充足的现金流量，保证按期偿还流动负债。而且公司盈利能力非常强，能够快速产生较多的利润，足以保证还债的能力。同时，公司信用评级很高，短期融资能力巨大，公司可以利用短期商业票据或信用贷款等手段迅速融资还债。越是赚钱的公司，流动资产周转速度越快，流动资产占用资金量越小，流动比率反而越低，低于 2，甚至低于 1。当然，这只限于少数非常优秀的公司。

另外，不同行业的流动比率差别较大。因此，计算出来的流动比率，需要与同行业平均流动比率进行比较，并与本企业的历史流动比率进行比较，才能判断公司的流动比率是否过高或过低。在此基础上，进一步分析流动资产和流动负债所包括的项目及经营上的因素，才能确定流动比率过高或过低的原因。一般情况下，营业周期、流动资产中的应收账款和存货的周转速度是影响流动比率的主要因素。

流动比率高，一般表明偿债保证程度较强。但是有些企业虽然流动比率较高，但账上却没有多少真正能够迅速用来偿债的现金和存款，其流动资产中大部分是变现速度较慢的存货、应收账款、待摊费用等。因此，在分析流动比率时，还需进一步分析流动资产的构成项目，计算并比较公司的速动比率和现金比率。

2. 速动比率

速动比率，又称酸性测验比率，是指速动资产对流动负债的比率。它是衡量企业流动资产中可以立即变现用于偿还流动负债的能力。速动比率的内涵是每 1 元流动负债有多少元速动资产做保障。速动比率的计算公式为：

$$速动比率=\frac{速动资产}{流动负债}$$

所谓速动资产是指现金和易于变现、几乎可以随时用来偿还债务的流动资产。计算方法为流动资产减去变现能力较差且不稳定的存货、预付账款、一年内到期的非流动资产和其他流动资产等之后的余额。也就是说，存货、预付账款、一年内到期的非流动资产和其他流动资产不属于速动资产。

在计算速动比率时要把存货从流动资产中剔除。其主要原因是：①在流动资产中存货的变现速度最慢；②由于某种原因，存货中可能含有已损失报废但还没作处理的不能变现的存货；③部分存货可能已抵押给某债权人；④存货估价还存在着成本与合理市价相差悬殊的问题。综合上述原因，以及排除使人产生种种误解因素的情况下，把存货从流动资产总额中减去而计算出的速动比率反映的短期偿债能力更加可信。

速动比率也有其局限性：第一，速动比率只是揭示了速动资产与流动负债的关系，是一项静态指标；第二，速动资产中包含了流动性较差的应收账款，使速动比率所反映的偿债能力受到怀疑，特别是当速动资产中含有大量不良应收账款时，必然会减弱企业的短期偿债能力。

一般来说，速动比率越高，说明企业的流动性越强，流动负债的安全程度越高。但与流动比率类似，从企业角度看，速动比率也不是越高越好，对速动比率的分析要具体情况具体分析。根据经验，通常认为正常的速动比率为 1，低于 1 的速动比率被认为是短期偿债能力偏低。这仅是一般的看法，因为行业不同，速动比率会有很大的差别，没有统一标准的速动比率。例如，采用大量现金销售的商店，几乎没有应收账款，大大低于 1 的速动比率是很正常的。相反，一些应收账款较多的企业，影响速动比率可信性的重要因素是应收账款的变现能力。账面上的应收账款不一定都能变成现金，实际坏账可能比计提的准备要多；季节性的变化，可能使报表的应收账款数额不能反映平均水平。

部分行业的速动比率参考值为：汽车 0.85、房地产 0.65、制药 0.90、建材 0.90、化工 0.90、啤酒 0.90、计算机 1.25、电子 0.95、商业 0.45、机械 0.90、玻璃 0.45。

根据 HS 公司资产负债表（见表 2.2）提供的资料，可以计算公司 2016 年、2017 年的速动比率。

$$2016年速动比率=\frac{89\ 009-19\ 197-247}{37\ 327}=1.86$$

$$2017年速动比率=\frac{89\ 079-15\ 537-287}{36\ 292}=2.02$$

该公司 2017 年速动比率高于 2016 年，且两年均大大高于 1。这与该公司属计算机应用服务行业有关。该比率表明此公司短期偿债能力极强，但由于可变现资产（除存货）数额较大，说明企业资金的运作能力比较差。

3. 现金比率

现金比率是现金类资产与流动负债的比值。它最能反映企业直接偿付流动负债的能力。现金类资产包括货币资金和交易性金融资产。现金比率的计算公式为：

$$现金比率=\frac{货币资金+交易性金融资产}{流动负债}$$

现金比率反映企业的即时付现能力，也就是随时可以还债的能力。企业保持一定的合理的现金比率是很必要的。一般认为，现金比率越高，表明企业可立即用于支付债务的现金类资产越多，对到期的流动负债保障度越高。但这一比率过高，将意味着企业流动资产未能得到合理运用，而现金类资产获利能力低，这类资产金额太高会导致企业机会成本增加，所以并不鼓励企业保留过多的现金类资产，一般认为这一比率应在 20% 左右。

根据 HS 公司资产负债表（见表 2.2）提供的资料，可以计算公司 2016 年、2017 年的现金比率。

$$2016年现金比率=\frac{41\ 145+18\ 790}{37\ 327}=1.61$$

$$2017年现金比率=\frac{52\ 876+2\ 516}{36\ 292}=1.53$$

计算结果显示，企业 2016 年、2017 年均表现为现金比率居高不下。过高的比率反映了企业资金利用率较低，不利于盈利水平的提高。虽然期末比率较期初有所下降，但是下降幅度较小，说明公司对现金类资产管理不够，后期应该加强对现金类资产的管理。

小知识

流动比率、速动比率与现金比率的相互关系

第一，以全部流动资产作为偿付流动负债的基础，所计算的指标是流动比率。

第二，速动比率以流动资产扣除变现能力较差的存货和不能变现的待摊费用作为偿付流动负债的基础。它弥补了流动比率的不足。

第三，现金比率以现金类资产（货币资金+交易性金融资产）作为偿付流动负债的基础。但现金持有量过大会对企业资产利用效果产生负作用，这种指标仅在企业面临财务危机时使用，相对于流动比率和速动比率来说，其作用力度较小。

第四，速动比率与流动比率一样，反映的都是单位资产的流动性，以及快速偿还到期负债的能力和水平。一般而言，流动比率是 2，速动比率为 1。但是实务分析中，该比率往往在不同的行业差别非常大。

第五，速动比率相对流动比率而言，扣除了一些流动性非常差的资产。另外，考虑存货的毁损、所有权、现值等因素，其变现价值可能与账面价值的差别非常大。因此，将存货也从流动比率中扣除。这样的结果是，速动比率非常苛刻地反映了一个单位能够立即还债的能力和水平。

实务演练

案例资料：N公司资产负债表如表3.1所示。

表3.1 N公司资产负债表

2016年12月31日 万元

资 产	年末余额	年初余额	负债及股东权益	年末余额	年初余额
流动资产：			流动负债：		
货币资金	44	25	短期借款	60	45
交易性金融资产	6	12	交易性金融负债	28	10
应收票据	14	11	应付票据	5	4
应收账款	398	199	应付账欺	100	109
预付账款	22	4	预收账款	10	4
应收利息	0	0	应付职工薪酬	2	1
应收股利	0	0	应交税费	5	4
其他应收款	12	22	应付利息	12	16
存货	119	326	应付股利	0	0
一年内到期的非流动资产	77	11	其他应付款	25	22
其他流动资产	8	0	预计负债	2	4
流动资产合计	700	610	一年内到期的非流动负债	0	0
非流动资产：			其他流动负债	53	5
可供出售金融资产	0	45	流动负债合计	300	220
持有至到期投资	0	0	非流动负债：		
长期应收款	0	0	长期借款	450	245
长期股权投资	30	0	应付债券	240	260
固定资产	1.238	955	长期应付款	50	60
在建工程	18	35	专项应付款	0	0
固定资产清理	0	12	预计负债	0	0
无形资产	6	8	递延所得税负债	0	0
开发支出	0	0	其他非流动负债	0	15
商誉	6	8	非流动负债合计	750	580
长期待摊费用	5	15	负债合计	1 040	800
递延所得税资产	0	0	股东权益：		
其他非流动资产	3	0	股本	100	100
非流动资产合计	1 300	1 070	资本公积	10	10
			减：库存股	0	0
			盈余公积	60	40
			未分配利润	790	730
			股东权益合计	960	880
资产总计	2 000	1 680	负债及股东权益总计	2 000	1 680

要求：计算N公司2016年和2017年的流动比率、速动比率和现金比率，并进行简要评价（计算结果保留两位小数）。

4. 现金流动负债比率

现金流动负债比率的计算公式为：

$$现金流动负债比率=\frac{经营现金净流量}{年末流动负债}\times 100\%$$

该指标从现金流入和流出的动态角度对企业的实际偿债能力进行考察，直观地反映企业偿还流动负债的实际能力。它评价企业短期偿债能力比流动比率和速动比率更谨慎。

根据HS公司资产负债表（见表2.2）、现金流量表（见表2.48）提供的资料，可以计算公司2016年、2017年的现金流动负债比率。

$$2016年现金流动负债比率=\frac{17\,339}{37\,327}\times 100\%=46.45\%$$

$$2017年现金流动负债比率=\frac{19\,609}{36\,292}\times 100\%=54.03\%$$

该指标越大，表明企业经营活动产生的现金净流量越多，越能保障企业按期偿还到期债务。计算结果显示，该企业2016年、2017年现金流动负债比率均在40%以上，指标值较高，企业短期偿债能力强。但指标过大也表明企业流动资金利用不充分，盈利能力不强。

小知识

短期偿债能力的分析方法

短期偿债能力分析主要采用相关比率的同业比较、历史比较和预算比较分析方法。

第一，同业比较分析。同业比较包括同业先进水平、同业平均水平和竞争对手比较3类。它们的原理是一样的，只是比较标准不同。同业比较分析有两个重要的前提：一是如何确定同类企业，二是如何确定行业标准。短期偿债能力的同业比较程序如下所述。

1）计算反映短期偿债能力的核心指标——流动比率，将实际指标值与行业标准值进行比较，并得出比较结论。

2）分解流动资产，关注流动资产的构成，目的是考察流动比率的质量。

3）如果存货所占比重较大，可进一步计算速动比率，考察企业速动比率的水平和质量，并与行业标准值比较，并得出结论。

4）如果速动比率低于同行业水平，说明应收账款周转速度慢，可进一步计算现金比率，并与行业标准值比较，得出结论。

5）通过上述比较，综合评价企业短期偿债能力。

第二，历史比较分析。短期偿债能力的历史比较分析采用的比较标准是过去某一时点的短期偿债能力的实际指标值。比较标准可以是企业历史最好水平，也可以是企业正常经营条件下的实际值。在分析时，经常采用与上年实际指标进行对比。

采用历史比较分析的优点是：一是比较基础可靠，历史指标是企业曾经达到的水平，通过比较，可以观察企业偿债能力的变动趋势；二是具有较强的可比性，便于找出问题。

其缺点是：一是历史指标只能代表过去的实际水平，不能代表合理水平，所以历史比较分析主要通过比较，揭示差异，分析原因，推断趋势；二是经营环境变动后，也会减弱历史比较的可比性。

第三，预算比较分析。预算比较分析是指对企业指标的本期实际值与预算值进行的比较分析。预算比较分析采用的比较标准是反映企业偿债能力的预算标准。预算标准是企业根据自身经营条件和经营状况制定的目标。

实务演练

案例资料： W公司2016年实际指标值及同行业标准值如表3.2所示。

表3.2　W公司2016年指标值对比

指　标	企业实际值	行业标准值
流动比率	1.59	1.67
应收账款周转率	7.80	24.09
存货周转率	6.00	6.91
速动比率	1.06	1.15
现金比率	0.25	0.50

要求： 请根据上述资料，按照一定短期偿债能力同业比较分析的程序，对W公司进行比率的同业比较分析，并得出分析结论。

提示： W公司的短期偿债能力低于行业平均水平，主要问题出在应收账款项目，其占用过大，是主要矛盾，应重点进行深入分析。

三、长期偿债能力分析

（一）影响企业长期偿债能力的因素

长期偿债能力是指企业对债务的承担能力和对偿还债务的保障能力。长期偿债能力分析是企业债权人、投资者、经营者和与企业有关联的各方等都十分关注的重要问题。

分析一个企业长期偿债能力，主要是为了确定该企业偿还债务本金和支付债务利息的能力。影响企业长期偿债能力的因素有企业的资本结构和企业的获利能力两个方面。

1. 企业的资本结构

资本结构是指企业各种资本的构成及其比例关系。在西方资本结构理论中，由于短期债务资本的易变性，而将其作为营业资本管理。西方的资本结构仅指各种长期资本的构成及其比例关系。在我国，从广义上理解资本结构的概念更为恰当，资本结构包括企业各种资本的构成及比例。其主要原因有两个方面：一是我国目前企业的流动负债比例很大，如果单纯从长期资本的角度分析，难以得出正确的结论；二是从广义的角度理解资本结构这一概念，已在我国理论与实务界达成共识。

目前，企业筹资的渠道和方式尽管多种多样，但企业全部资本归结起来不外乎包含权益资本和债务资本两大部分。

权益资本和债务资本的作用不同。权益资本是企业创立和发展最基本的因素，是企业拥有的净资产，它不需要偿还，可以在企业经营中永久使用。同时，权益资本也是股东承担民事责任的限度，如果借款不能按时归还，法院可以强制债务人出售财产偿债。因此，权益资本就成为借款的基础。权益资本越多，债权人越有保障；权益资本越少，债权人蒙受损失的可能性越大。在资金市场上，能否借入资金及借入多少资金，在很大程度上取决于企业的权益资本实力。

由于单凭自有资金很难满足企业的需要，实际中很少有企业不利用债务资本进行生产经营活动的，负债经营是企业普遍存在的现象。从另一个角度看，债务资本不仅能从数量上补充企业资金的不足，而且由于企业支付给债务资本的债权人收益（如债券的利息）国家允许在所得税前扣除，就降低了融资资金成本。同时，由于负债的利息是固定的，不管企业是否盈利及盈利多少，都要按约定的利率支付利息。这样，如果企业经营得好，就有可能获取财务杠杆利益。这些都会使企业维持一定的债务比例。企业的债务资本在全部资本中所占的比重越大，财务杠杆发挥的作用就越明显。一般情况下，负债筹资资金成本较低，弹性较大，是企业灵活调动资金余缺的重要手段。但是，负债是要偿还本金和利息的，无论企业的经营业绩如何，负债都有可能给企业带来财务风险。可见，资本结构对企业长期偿债能力的影响一方面体现在权益资本是承担长期债务的基础，另一方面体现在债务资本的存在可能带给企业财务风险，进而影响企业的偿债能力。

在实际工作中，企业主要存在如下 3 种融资结构。

第 1 种是保守型融资结构。这种资本结构表现为企业主要采取权益资本融资，且在负债融资结构中又以长期负债融资为主。在这种融资结构下，企业对流动负债的依赖性较低，从而减轻了短期偿债的压力，财务风险较低；同时，权益资本和长期负债融资的成本较高，企业的资金成本较大。可见，这是一种低财务风险、高资金成本的融资结构。

第 2 种是中庸型融资结构。在这种资本结构中，权益资本与债务资本融资的比重主要根据资金的使用用途来确定，即用于长期资产的资金由权益资本融资和长期负债融资提供，而用于流动资产的资金主要由流动负债融资提供，使权益资本融资与债务资本融资的比重保持在较为合理的水平上。这种结构是一种中等财务风险和资金成本的融资结构。

第 3 种是风险型融资结构。这是指在资本结构中主要（甚至全部）采用负债融资，流动负债也被大量长期资产所占用。显然，这是一种高财务风险、低资金成本的融资结构。

企业的资本结构是影响企业长期偿债能力的重要因素。

2. 企业的获利能力

企业能否有充足的现金流入供偿债使用，在很大程度上取决于企业的获利能力。企业举债，必然要承担两种责任：一是偿还债务本金的责任；二是支付债务利息的责任。短期债务可以通过流动资产变现来偿付，因为大多数流动资产的取得往往以短期负债为其资金来源。而企业的长期负债大多用于长期资产投资，在企业正常生产经营条件下，长期资产投资形成企业的固定资产能力，一般来讲企业不可能靠出售资产作为偿债的资金来源，只能依靠企业生产经营所得。另外，企业支付给长期债权人的利息支出，也要从所融通资金创造的收益中予以偿付。可见，企业的长期偿债能力是与企业的获利能力密切相关的。一个长期亏损的企业，正常生产经营活动都不能进行，保全其权益资本肯定是困难的事情，保持正常的长期偿债能力也就更无保障了。一般来说，企业的获利能力越强，长期偿债能力越强；反之，则长期偿债能力越弱。如果企业长期亏损，则必须通过变卖资产才能清偿债务，最终要影响投资者和债权人的利益。因此，企业的盈利能力是影响长期偿债能力的重要因素。

应该特别指出，现金流量状况决定了偿债能力的保证程度，现金流量对长期偿债能力必然产生重要影响。这在现金流量表比率分析部分已经进行了阐述。

除此之外，影响长期偿债能力的其他因素有长期租赁、债务担保和未决诉讼等。当企业急需某种设备或厂房而又缺乏足够资金时，可以通过租赁的方式解决。财产租赁的形式包括融资租赁和经营租赁。融资租赁形成的负债会反映在资产负债表中，而经营租赁的负债则未反映在资产负债表中。当企业经营租赁额比较大、期限比较长或具有经常性时，经营租赁实际上就构成了一种长期性融资。因此，经营租赁也是一种表外融资。这种长期融资，到期时必须支付租金，会对企业偿债能力产生影响。而企业进行债务担保，由于担保项目的时间长短不一，有的涉及企业的长期负债，有的涉及企业的流动负债，在分析企业长期偿债能力时，应根据有关资料判断担保责任带来的潜在长期负债问题。另外，如果企业涉及诉讼，未决诉讼一旦判决败诉，便会影响企业的偿债能力。因此，在评价企业长期偿债能力时要考虑其潜在影响。

（二）长期偿债能力指标计算与分析

反映企业长期偿债能力的主要指标包括资产负债率、产权比率、有形净值债务率、权益乘数、利息保障倍数等。

1. 资产负债率

资产负债率是全部负债总额除以全部资产总额的百分比，也就是负债总额与资产总额的比例关系（也称之为债务比率）。资产负债率的计算公式为：

$$资产负债率=\frac{负债总额}{资产总额}\times 100\%$$

资产负债率反映总资产中有多大比例是通过负债取得的，可以衡量企业清算时对债权人利益的保护程度。资产负债率越低，企业偿债越有保证，贷款越安全。资产负债率还代表企业的举债能力：一个企业的资产负债率越低，举债越容易；如果资产负债率高到一定程度，没有人愿意提供贷款了，则表明企业的举债能力已经用尽。

一般认为，资产负债率的适宜水平是 40%～60%。对于经营风险比较高的企业，为减少财务风险应选择比较低的资产负债率；对于经营风险低的企业，为增加股东收益应选择比较高的资产负债率。如果企业的资产负债率大于 100%，则表明企业已经资不抵债，视为达到破产的警戒线。

在分析资产负债率时，可以从以下几个方面进行。

① 从债权人的角度看，资产负债率越低越好。对于债权人而言，其关注的是债权的安全和利息能否足额、及时地给付。资产负债率低，债权人提供的资金与企业资本总额相比，所占比例低，企业不能偿债的可能性小，企业的风险主要由股东承担，这对债权人来讲，是十分有利的。当企业的资产负债率超过 50% 时，债权人在企业清算时，就有可能出现本金得不到清偿的情况，所以希望企业资产负债率越低越好。

② 从股东的角度看，希望保持较高的资产负债率水平。这是因为，股东的目标是提高投资收益水平。该指标越大，说明利用较少的自有资本形成了较多的生产经营用资产，不仅扩大了经营规模，而且还可以利用财务杠杆利益得到更多的投资利润，同时不会稀释股权，所以投资者期望利用债务来扩大经营，以便赚取更多的超出利息的利润。对股东而言，在全部资本利润率高于借款利息率时，负债比例越高越好。

③ 从经营者的角度看，必须将资产负债率控制在适度水平上。他们关心的是在充分利用借入资本给企业带来好处的同时，尽可能降低财务风险。在考虑资金成本负担能力的同时，还要考虑通过适度负债满足企业发展对资金的需求，既不能过于保守，也不能盲目举债，而应该适当负债。

根据 HS 公司资产负债表（见表 2.2）提供的资料，可以计算公司 2016 年、2017 年的资产负债率。

$$2016\text{年资产负债率}=\frac{51\ 563}{159\ 868}\times 100\%=32.25\%$$

$$2017\text{年资产负债率}=\frac{44\ 290}{174\ 678}\times 100\%=25.35\%$$

计算结果表明，HS 公司两年的资产负债率均不高，说明公司长期偿债能力较强，有助于增强债权人对公司出借资金的信心。

2. 产权比率

产权比率是指企业负债总额与所有者权益总额之间的比率，也称之为负债与股东权益比率、债务股权比率。这是企业财务结构稳健与否的重要标志，反映企业所有者对债权人权益的保障程度。其计算公式为：

$$\text{产权比率}=\frac{\text{负债总额}}{\text{所有者权益总额}}\times 100\%$$

公式中的“所有者权益”在股份有限公司是指“股东权益”。

一般情况下，产权比率越低，说明企业长期偿债能力越强，债权人权益的保障程度越高、承担的风险越小，但企业不能充分发挥负债的财务杠杆效应。因此，企业在评价产权比率适度与否时，应从获利能力与增强偿债能力两个方面综合进行。即在保障债务偿还安全的前提下，尽可能提高产权比率。产权比率高，企业是高风险、高报酬的财务结构；产权比率低，企业是低风险、低报酬的财务结构。

产权比率与资产负债率对评价偿债能力的作用基本相同，两者的主要区别是资产负债表侧重于债务偿付安全性的物质保障程度，产权比率则侧重于揭示财务结构的稳定程度及自有资金对偿付风险的承受能力。

根据 HS 公司资产负债表（见表 2.2）提供的资料，可以计算公司 2016 年、2017 年的产权比率。

$$2016\text{年产权比率}=\frac{51\ 563}{108\ 305}\times 100\%=47.61\%$$

$$2017年产权比率=\frac{44\ 290}{130\ 388}\times100\%=33.97\%$$

计算结果表明，HS 公司这两年的产权比率均低于 50%，而且有下降趋势，企业长期偿债能力在增强，对债权人的保障程度在提高。但企业财务结构略显保守，未能充分发挥负债的财务杠杆效应。

3. 有形净值债务率

有形净值债务率是企业负债总额与有形净值的百分比。有形净值是所有者权益减去无形资产净值后的余额，即所有者享有所有权的有形资产净值。有形净值债务率用于揭示企业的长期偿债能力，表明债权人在企业破产时的被保护程度。其计算公式为：

$$有形净值债务率=\frac{负债总额}{所有者权益-无形资产净值}\times100\%$$

有形净值债务率主要用于衡量企业的风险程度和对债务的偿还能力。这个指标越大，表明风险越大；反之，则越小。同理，该指标越小，表明企业长期偿债能力越强；反之，则越弱。

对有形净值债务率的分析，可以从以下几个方面进行。

① 有形净值债务率揭示了负债总额与有形资产净值之间的关系，能够计量债权人在企业处于破产清算时能获得多少有形财产保障。从长期偿债能力来讲，该指标越低越好。

② 有形净值债务率指标最大的特点是在可用于偿还债务的净资产中扣除了无形资产。这主要是由于无形资产的计量缺乏可靠的基础，在企业清算时不可能作为偿还债务的资源。

③ 有形净值债务率指标实质上是产权比率指标的延伸，更为谨慎、保守地反映了在企业清算时债权人投入的资本受到股东权益的保障程度。有形净值债务率指标的分析与产权比率分析相同，负债总额与有形资产净值应维持 1∶1 的比例。

根据 HS 公司资产负债表（见表 2.2）提供的资料，可以计算公司 2016 年、2017 年的有形净值债务率。

$$2016年有形净值债务率=\frac{51\ 563}{108\ 305-5\ 367}\times100\%=50.09\%$$

$$2017年有形净值债务率=\frac{44\ 290}{130\ 388-4\ 892}\times100\%=35.29\%$$

计算结果表明，HS 公司近两年的有形净值债务率均保持较低的水平。2017 年明显降低，表明债权人承担的风险较低，企业长期偿债能力又得到加强，这与产权比率是一致的表现。

4. 权益乘数

权益乘数是指资产总额相当于所有者权益的倍数。权益乘数越大，表明所有者投入企业的资本占全部资产的比重越小，企业负债的程度越高；反之，该比率越小，表明所有者投入企业的资本占全部资产的比重越大，企业的负债程度越低，债权人权益受保护的程度越高，企业的偿债能力也就越强。其计算公式为：

$$权益乘数=\frac{资产总额}{所有者权益总额}=\frac{1}{1-资产负债率}$$

权益乘数的倒数称为所有者权益比率（即股东权益比率），表明企业的资产中有多少是所有者投入资本形成的。所有者权益比率的计算公式为：

$$所有者权益比率=\frac{所有者权益总额}{资产总额}\times 100\%$$

权益乘数和所有者权益比率都是对资产负债表的补充说明，可以结合起来运用。按相同口径计算的所有者权益比率与资产负债率之和为 1。该比率越大，资产负债率越小，企业的财务风险也越小，长期偿债能力越强。

根据 HS 公司资产负债表（见表 2.2）提供的资料，可以计算公司 2016 年、2017 年的权益乘数和所有者权益比率。

$$2016年权益乘数=\frac{159\,868}{108\,305}=1.48$$

$$2017年权益乘数=\frac{174\,678}{130\,388}=1.34$$

$$2016年所有者权益比率=\frac{108\,305}{159\,868}\times 100\%=67.75\%$$

$$2017年所有者权益比率=\frac{130\,388}{174\,678}\times 100\%=74.65\%$$

计算结果表明，HS 公司权益乘数有所降低，所有者权益比率有所上升，但变化幅度不大，企业的偿债能力有所增强。

5. 利息保障倍数

利息保障倍数又称已获利息倍数，是指企业息税前利润对利息费用的倍数。它表明企业经营业务收益相当于利息费用的多少倍，其数额越大，企业的偿债能力越强。其计算公式为：

$$利息保障倍数=\frac{息税前利润}{利息费用}$$

其中，息税前利润＝净利润＋所得税＋利息费用。式中的“利息费用”是指本期发生的全部应付利息，不仅包括财务费用中的利息费用，还应包括计入固定资产成本的资本化利息。在我国财务分析实务中，外部报表使用者采用“利润总额加财务费用”来计算息税前利润。

对于利息保障倍数的分析，应从以下几个方面进行。

① 利息保障倍数指标越高，表明企业的债务偿还越有保障；相反，则表明企业没有足够的资金来源偿还债务利息，企业偿债能力低下。

② 因企业所处的行业不同，利息保障倍数有不同的标准界限，一般公认的利息偿付倍数为 3。如果利息保障倍数小于 1，表明自身产生的经营收益不能支持现有的债务规模。利息倍数等于 1 也很危险，因为息税前利润受经营风险的影响，很不稳定，而利息支付却是

固定的。利息保障倍数越大，公司拥有的偿还利息的缓冲资金就越多。

③ 从稳健的角度出发，应选择几年中最低的利息保障倍数指标，作为最基本的标准。

④ 在利用利息保障倍数指标分析企业的偿债能力时，还要注意一些非付现费用问题。从长期来看，企业必须拥有支付其所有费用的资金，而从短期来看，企业的固定资产折旧费、无形资产摊销费等非付现费用，并不需要资金支付，但抵减了当期利润。因此，有些企业即使在已获利息倍数低于 1 时，也能偿还其债务利息。

根据 HS 公司资产负债表（见表 2.2）和利润表（见表 2.21）提供的资料，我们发现公司 2016 年财务费用为 −64 万元，企业的利息收入大于利息支出，这时利息保障倍数就无意义了。计算公司 2017 年的利息保障倍数如下。

$$2017\text{年利息保障倍数}=\frac{26\,201+2\,384+102}{102}=281.25$$

上式表明，公司 2017 年利息保障倍数极高，表现出企业较强的竞争实力和偿债能力。当然，还应结合企业的行业特点来衡量，与行业平均值相比较进行评价。

实务演练

案例资料 1： Z 公司 2016 年度利润表如表 3.3 所示。

表 3.3　利润表

编制单位：Z 公司　　　　2016 年度　　　　万元

项　目	本年金额	上年金额
一、营业收入	3 000	2 850
减：营业成本	2 644	2 503
税金及附加	28	28
销售费用	22	20
管理费用	46	40
财务费用	110	96
资产减值损失	0	0
加：公允价值变动收益	0	0
投资收益	6	0
二、营业利润	156	163
加：营业外收入	45	72
减：营业外支出	1	0
三、利润总额	200	235
减：所得税费用	64	75
四、净利润	136	100

案例资料 2： 上市公司偿债能力降至历史低点，感叹：还钱太难！

在宽松货币政策推动中国债券收益率跌至历史低点之际，中国上市公司的偿债能力却降至纪录低点。

根据彭博新闻社汇编的 1992 年以来上海和深圳两地证交所非金融类上市公司的数据，

目前上市公司的经营利润仅为债务利息的2倍，远低于2010年时的近6倍。油气类公司情况最差，只为24%，之后是金属和采矿类上市公司，为52%。

自从2014年以来，中国央行已经下调基准利率6次，推动债市出现创纪录上涨。然而，中国经济增长速度降至25年以来最低，2015年上市公司利润增幅只有3%，低于2014年的11%。债务负担上升已经导致至少7家公司今年未能按时偿付债券，违约公司数量已经达到去年全年水平。

“如果利息保障倍数进一步下降，我们可能会看到一波破产和重组浪潮。”西班牙对外银行（BBVA）驻香港的亚洲首席经济学家夏乐表示。“由于债务增加，中国公司的资产回报率在下降。许多行业产能过剩也造成企业盈利放缓，削弱了它们的偿债能力。”

根据彭博新闻社对经济学家的调查，第一季度中国经济增长速度可能从去年第四季度的6.8%放慢至6.7%。Fidelity International驻伦敦的全球研究负责人Henk-Jan Rikkerink表示，随着经济的转型，中国出现了两极分化的局面，那些着重创新或者刺激本地消费的地区经济发展良好，而严重依赖资源的地区则因为需求下降而状况艰难。

表现最好的行业是生命科学，其利息保障倍数为34倍。软件类公司的利息保障倍数上升到8.5倍。

大宗商品类公司遭受压力。数据显示，煤炭企业河南大有能源的经营亏损达到利息费用的33倍，而青海金瑞矿业的该比率为－3.8。根据彭博汇编的数据，金瑞矿业明年将有6 900万元人民币、票面利率7.9%的债券到期。大有能源没有立即回复寻求置评的电子邮件。记者两次致电该公司的媒体部门，均无人接听。记者两次致电青海金瑞矿业的总机，也无人应答。

4月5日，东北特钢在2个星期之内第2次违约。上海清算所在4月6日表示，没有收到中煤集团山西华昱能源有限公司为其6亿元人民币（9 270万美元）、票面利率6.3%的短期融资券支付的付息兑付资金。

知情人士3月份透露，在信贷压力攀升之际，中国正在起草方案，以使银行更容易将贷款转换为对债务企业的股权。另一位人士上周表示，中国最早可能在4月份批准不超过1万亿元人民币的债转股计划。

恶性循环

债务违约迄今为止对融资成本的影响不大。在中国央行货币宽松政策推动下，中国5年期AA级企业债的收益率过去一年下降了1.3个百分点，达到6.13%，接近3月份创下的历史低点5.96%。

华侨银行驻新加坡经济学家谢栋铭表示，中国的高储蓄率和庞大外汇储备应当有助于防止企业信用基本面恶化的情况演变为系统风险，但信用事件可能会进一步扩散。

澳新银行驻香港的高级经济学家Raymond Yeung表示，这可能会导致恶性循环，违约现象增加将会导致信贷条件收紧，更多企业将因此遭遇现金流问题。

鉴于借贷成本低下，企业面临着筹借更多现金来维持生存的诱惑。中国最广泛的新增信贷指标社会融资总量在1月份创下历史新高。今年中国国内的人民币债券发行额激增 67%，达到 2.8 万亿元人民币。

Natixis 驻香港的大中华区高级经济学家 Iris Pang 表示，对一些企业而言，杠杆水平上升是盈利下降的结果，许多企业现在需要通过借新债才能还旧债，或者需要对现有债务进行重组以延长还款期限。

资料来源：凤凰国际，2016-4-12.

要求：

（1）根据资料 1，计算该公司近两年的利息保障倍数，并作出简要评价。

（2）阅读资料 2，在课后尝试挑选一家上市公司进行企业偿债能力的简要评价并交流心得。

任务检测 3-1

选择题

1. 反映企业资本结构的财务比率是（　　）。

A. 资产负债率　　B. 产权比率

C. 流动比率　　D. 有形净值债务比率

在线自测

2. 能够分析企业长期偿债能力的指标有（　　）。

A. 利息保障倍数　　B. 资产负债率

C. 产权比率　　D. 有形净值债务率

3. （　　）指标越高，说明企业长期偿债能力越强。

A. 产权比率　　B. 资产负债率

C. 利息保障倍数　　D. 权益乘数

4. （　　）指标越低，说明企业长期债务的保障越强。

A. 所有者权益比率　　B. 资产负债率

C. 流动比率　　D. 利息保障倍数

配套实训

实训 3-1　短期偿债能力分析

实训目标

明确企业偿债能力分析的重要意义；熟悉企业偿债能力分析的指标，理解各种分析指标的作用及不足，并能够运用各种财务比率对企业财务状况、风险程度及偿债保障程度进行分析和评价。

实训资料

1. 蓝田股份造假回顾：刘姝威与 600 字报告

蓝田事件是中国证券市场一系列欺诈案之一，被称为“老牌绩优”的蓝田巨大泡沫的破碎，是继银广夏之后，中国股市上演的又一出丑剧，成为 2002 年中国经济界一个重大事件。与银广夏相同的是，蓝田股份用的也是编造业绩神话的伎俩。

蓝田股份曾经创造了中国股市长盛不衰的绩优神话。这家以养殖、旅游和饮料为主的上市公司，一亮相就颠覆了行业规律和市场法则。1996 年发行上市以后，在财务数字上一直保持着神奇的增长速度：总资产规模从上市前的 2.66 亿元发展到 2000 年末的 28.38 亿元，增长了 9 倍，历年年报的业绩都在每股 0.60 元以上，最高达到 1.15 元。即使遭遇了 1998 年特大洪灾，每股收益也达到了不可思议的 0.81 元。5 年间股本扩张了 360%，创造了中国农业企业罕见的“蓝田神话”。

和讯财经刘姝威，是中央财经大学研究所研究员，将目光瞄准了蓝田股份。蓝田，这个上市 5 年的公司撞到了刘姝威的“枪口”上。

2001 年 10 月 8 日，蓝田发了一个公告，称“公司已接受中国证监会对本公司有关事项进行的调查”。这引起了刘姝威的注意。2001 年 10 月 9 日起，刘姝威对蓝田的财务报告进行了分析，得出的结论是：2000 年蓝田的流动比率已经下降到 0.77，净营运资金已经下降到 −1.27 亿元。这几个简单的数字在刘姝威看来，说明的是：蓝田在一年内难以偿还流动债务，有 1.27 亿元的短期债务无法偿还。这令刘姝威震惊，蓝田已经失去了创造现金流量的能力，完全是在依靠银行的贷款维持生存——它是一个空壳！

10 月 23 日，刘姝威毫不犹豫地将《应立即停止对蓝田股份发放贷款》的 600 字报告传真给了《金融内参》编辑部，2 天之后顺利刊发。

蓝田神话破灭。来自专业财经媒体的报道称，蓝田股份涉嫌业绩造假金额高达 10 亿元，相关各方借此从股市大肆“圈钱”。而生态农业、蓝田经济开发公司（蓝田股份原第一大股东）及蓝田总公司（蓝田经济开发公司的母公司）所欠银行贷款的总数曾一度高达 30 亿元。2005 年 12 月 30 日，83 位股民起诉蓝田股份，一审胜诉，法院判令“蓝田股份”等被告赔偿 540 余万元。根据《刑法》第一百六十一条规定，公司向股东和社会公众提供虚假的或隐瞒重要事实的财务会计报告，严重损害股东或者其他人利益的，对其直接负责的主管人员和其他直接责任人员，处 3 年以下有期徒刑或拘役，并处以罚金。《刑法》第一百七十七条也明示，伪造、变造金融票证的，处 5 年以下有期徒刑或拘役；情节严重的，处 5 年以上 10 年以下有期徒刑；情节特别严重的，处 10 年以上有期徒刑或无期徒刑。

2．蓝田之谜——刘姝威

运用国际通用的分析方法，我分析了从蓝田股份的招股说明书到 2001 年中期报告的全部财务报告及其他公开资料。根据对蓝田股份会计报表的研究推理，我写了一篇 600 多字的研究推理短文《应立即停止对蓝田股份发放贷款》发给《金融内参》。

现在，我公开发表蓝田股份会计报表的研究推理摘要，我将非常感谢大家评论我的研究推理。

在对借款企业发放贷款前和发放贷款后，银行必须分析借款企业的财务报告。如果财务分析结果显示企业的风险度超过银行的风险承受能力，那么银行可以立即停止向企业发放贷款。

（1）蓝田股份的偿债能力分析

2000 年蓝田股份的流动比率是 0.77。这说明蓝田股份短期可转换成现金的流动资产不足以偿还到期流动负债，偿还短期债务能力弱。

2000 年蓝田股份的速动比率是 0.35。这说明扣除存货后，蓝田股份的流动资产只能偿还 35%的到期流动负债。

2000 年蓝田股份的净营运资金是 −1.3 亿元。这说明蓝田股份将不能按时偿还 1.3 亿元的到期流动负债。

从 1997 年至 2000 年，蓝田股份的固定资产周转率和流动比率逐年下降，到 2000 年二者均小于 1。这说明蓝田股份的偿还短期债务能力越来越弱。

2000 年蓝田股份的主营产品是农副水产品和饮料。2000 年蓝田股份“货币资金”和“现金及现金等价物净增加额”，以及流动比率、速动比率、净营运资金和现金流动负债比率均位于“A07 渔业”上市公司的同业最低水平。其中，流动比率和速动比率分别是“A07 渔业”上市公司的同业平均值大约 20%和 10%。这说明，在“A07 渔业”上市公司中，蓝田股份的现金流量是最短缺的，短期偿债能力也是最低的。

2000 年蓝田股份的流动比率、速动比率和现金流动负债比率均处于“C0 食品、饮料”上市公司的同业最低水平，分别是同业平均值的 50%、20% 和 30%。这说明，在“C0 食品、饮料”行业上市公司中，蓝田股份的现金流量是最短缺的，偿还短期债务能力也是最低的。

（2）蓝田股份的农副水产品销售收入分析

2000 年蓝田股份的农副水产品收入占主营业务收入的 69%，饮料收入占主营业务收入的 29%，二者合计占主营业务收入的 98%。

2001 年 8 月 29 日蓝田股份发布公告称：由于公司基地地处洪湖市瞿家湾镇，占公司产品 70%的水产品在养殖基地现场成交，上门提货的客户中个体比重大，所以“钱货两清”成为惯例，应收款占主营业务收入比重较低。

2000 年蓝田股份的水产品收入位于“A07 渔业”上市公司的同业最高水平，高于同业平均值 3 倍。

2000 年蓝田股份的应收款回收期位于“A07 渔业”上市公司的同业最低水平，是同业平均值的大约 3.3%。这说明，在“A07 渔业”上市公司中，蓝田股份给予买主的赊销期是最短的，销售条件是最严格的。

作为海洋渔业生产企业，华龙集团以应收款回收期 7 天（相当于给予客户 7 天赊销期）的销售方式，只销售价值相当于蓝田股份水产品收入 5%的水产品；中水渔业以应收款回收期 187 天（相当于给予客户 187 天赊销期，比蓝田股份“钱货两清”销售方式更优惠，对客户更有吸引力）的销售方式，只销售价值相当于蓝田股份水产品收入 26% 的水产品。

蓝田股份的农副水产品生产基地位于湖北省洪湖市，公司生产区是一个几十万亩的天然水产种养场。武昌鱼公司位于湖北省鄂州市，距洪湖的直线距离 200 千米左右，其主营业务是淡水鱼类及其他水产品养殖，应收款回收期是 577 天，比蓝田股份应收款回收期长

95 倍，但是其水产品收入只是蓝田股份水产品收入的 8%。洞庭水殖位于湖南省常德市，距洪湖的直线距离 200 千米左右，其主营产品是淡水鱼及特种水产品，产销量在湖南省位于前列，其应收款回收期是 178 天，比蓝田股份应收款回收期长 30 倍，这相当于给予客户 178 天赊销期，但是其水产品收入只是蓝田股份的 4%。在方圆 200 千米以内，武昌鱼和洞庭水殖与蓝田股份的淡水产品收入出现了巨大的差距。

武昌鱼和洞庭水殖与蓝田股份都生产淡水产品，产品的差异性很小，人们不会只喜欢洪湖里的鱼，而不喜欢武昌鱼或洞庭湖里的鱼。蓝田股份采取“钱货两清”和客户上门提货的销售方式，与过去渔民在湖边卖鱼的传统销售方式是相同的。蓝田股份的传统销售方式不能支持其水产品收入异常高于同业企业，除非蓝田股份大幅度降低产品价格，巨大的价格差异才能对客户产生特殊的吸引力。但是，蓝田股份与武昌鱼和洞庭水殖位于同一地区，自然地理和人文条件相同，生产成本不会存在巨大的差异，如果蓝田股份大幅度降低产品价格，将面临亏损。

根据以上分析，我研究推理：蓝田股份不可能以“钱货两清”和客户上门提货的销售方式，一年销售 12.7 亿元水产品。

（3）蓝田股份的现金流量分析

2000 年蓝田股份的“销售商品、提供劳务收到的现金”超过了“主营业务收入”，但是其短期偿债能力却位于同业最低水平。这种矛盾来源于“购建固定资产、无形资产和其他长期资产所支付的现金”是“经营活动产生的现金流量净额”的 92%。2000 年蓝田股份的在建工程增加投资 7.1 亿元。其中，“生态基地”“鱼塘升级改造”和“大湖开发项目”3 个项目占 75%。在建工程增加投资的资金来源是自有资金，这意味着 2000 年蓝田股份经营活动产生的净现金流量大部分转换成在建工程本期增加投资。

根据 2001 年 8 月 29 日蓝田股份发布的公告，2000 年蓝田股份的农副水产品收入 12.7 亿元应该是现金收入。

我从事商业银行研究，了解我国的商业银行，如果蓝田股份水产品基地瞿家湾每年有 12.7 亿元销售水产品收到的现金，各家银行会争先恐后地在瞿家湾设立分支机构，会为争取这“12.7 亿元销售水产品收到的现金”业务而展开激烈的竞争。银行会采取各种措施，绝不会让“12.7 亿元销售水产品收到的现金”游离于银行系统之外。银行会专门为方便个体户到瞿家湾购买水产品而设计银行业务和工具，促进个体户与蓝田股份的水产品交易。与发达国家的银行相比，我国商业银行确实存在差距，但是我国的商业银行还没有迟钝到面对“瞿家湾每年有 12.7 亿元销售水产品收到的现金”而无动于衷的地步。

根据以上分析，我研究推理：2000 年蓝田股份的农副水产品收入 12.7 亿元的数据是虚假的。

（4）蓝田股份的资产结构分析

蓝田股份的流动资产逐年下降，应收款逐年下降，到 2000 年流动资产主要由存货和货币资金构成，到 2000 年在产品占存货的 82%；蓝田股份的资产逐年上升主要由于固定资产逐年上升，到2000年资产主要由固定资产构成。

2000年蓝田股份的流动资产占资产百分比位于“A07渔业”上市公司的同业最低水平，是同业平均值约30%，而存货占流动资产百分比位于“A07渔业”上市公司的同业最高水平，高于同业平均值约3倍。

2000年蓝田股份的固定资产占资产百分比位于“A07渔业”上市公司的同业最高水平，高于同业平均值1倍多。

2000年蓝田股份的在产品占存货百分比位于“A07渔业”上市公司的同业最高水平，高于同业平均值1倍；在产品绝对值位于同业最高水平，高于同业平均值3倍。

2000年蓝田股份的存货占流动资产百分比位于“C0食品、饮料”上市公司的同业最高水平，高于同业平均值1倍。

2000年蓝田股份的在产品占存货百分比位于“C0食品、饮料”上市公司的同业最高水平，高于同业平均值约3倍。

根据以上分析，我研究推理：蓝田股份的在产品占存货百分比和固定资产占资产百分比异常高于同业平均水平，蓝田股份的在产品和固定资产的数据是虚假的。

（5）我的研究推理

根据以上分析，我研究推理：蓝田股份的偿债能力越来越恶化；扣除各项成本和费用后，蓝田股份没有净收入来源；蓝田股份不能创造足够的现金流量以便维持正常经营活动和保证按时偿还银行贷款的本金和利息；银行应该立即停止对蓝田股份发放贷款。

3．ABC公司2016年某有关资料（见表3.4和表3.5）

表3.4　ABC公司2016年报表资料

百万元

项　目	金　额	项　目	金　额
货币资金	300	短期借款	300
交易性金融资产	200	应付账款	200
应收票据	102	长期负债	600
应收账款	98（年初82）	所有者权益	1 025（年初775）
存货	480（年初480）	营业收入	3 000
长期待摊费用	20	营业成本	2 400
固定资产	1 286	利润总额	90
无形资产	14	税后利润	54

表3.5　ABC公司同行业财务比率平均水平资料

比率名称	同行业水平分析
流动比率	2.0
速动比率	1.0
现金比率	20%

实训要求

（1）根据实训资料1和实训资料2，说明分析企业偿债能力的意义及对你的启示。

（2）根据实训资料3，计算ABC公司2016年的流动比率、速动比率、现金比率，并与同行业平均水平比较，对公司财务状况作简要评价。

实训3-2　长期偿债能力分析

实训目标

熟悉企业长期偿债能力分析的指标，理解各种分析指标的作用及不足，并能够运用各种财务比率对企业财务状况、管理水平及发展能力进行分析和评价。

实训资料

甲公司2016年度利润表和2016年12月31日资产负债表如表3.6和表3.7所示。

表3.6　利润表（简表）

2016年度

万元

项　目	本年金额
一、营业收入	8 700
减：营业成本	4 450
税金及附加	300
销售费用	50
管理费用	100
财务费用	300
资产减值损失	0
加：公允价值变动收益（损失以“－”号填列）	0
投资收益（损失以“－”号填列）	0
其中：对联营企业和合营企业的投资收益	0
二、营业利润（亏损以“－”号填列）	3 500
加：营业外收入	0
减：营业外支出	0
三、利润总额（亏损总额以“－”号填列）	3 500
减：所得税费用	900
四、净利润（净亏损以“－”号填写）	2 600

表3.7　资产负债表（简表）

2016年12月31日

万元

资　产	期末余额	年初余额	负债和所有者权益（或股东权益）	期末余额	年初余额
流动资产：			流动负债：		
货币资金	1 000	3 000	应付票据	1 000	1 000
应收票据	1 400	1 000	应付账款	3 000	2 000
应收账款	1 800	1 300	预收款项	200	300
预付款项	770	0	应付职工薪酬	1 000	2 100
存货	1 000	3 800	应交税费	800	1 000
流动资产合计	5 970	9 100	流动负债合计	6 000	6 400
非流动资产：			非流动负债：		

（续表）

资　产	期末余额	年初余额	负债和所有者权益（或股东权益）	期末余额	年初余额
持有至到期投资	200	200	长期借款	2 000	2 000
长期股权投资	4 700	1 700	应付债券	600	600
固定资产	4 100	3 300	非流动负债合计	2 600	2 600
无形资产	630	700	负债合计	8 600	9 000
			所有者权益（或股东权益）：		
			实收资本（或股本）	4 000	4 000
			资本公积	800	800
			盈余公积	1 000	732
			未分配利润	1 200	468
非流动资产合计	9 630	5 900	所有者权益合计	7 000	6 000
资产总计	15 600	15 000	负债和所有者权益总计	15 600	15 000

实训要求

（1）对甲公司的短期偿债能力进行分析，主要侧重分析、计算流动比率、速动比率、现金比率，并结合流动资产和流动负债项目中的具体项目对甲公司的短期偿债能力进行评价。

（2）对甲公司的长期偿债能力进行分析，主要侧重分析资产负债率、股东权益比率、权益乘数、已获利息倍数等指标，并对其长期偿债能力进行评价。

（3）在企业财务分析实践中评价短期偿债能力应注意哪些问题？你认为甲公司的短期偿债能力如何？

（4）在企业财务分析实践中评价长期偿债能力时是否应对企业盈利能力进行分析？长期偿债能力与盈利能力之间有何矛盾？如何解决这一矛盾？结合甲公司的盈利性，你认为其长期偿债能力如何？

提示：分析长期偿债能力，既要评价资产负债表所反映的长期财务状况，又要分析利润表所反映的盈利能力。公司有大量的流动资金可提高偿债能力，但是盈利能力随之降低；流动资金减少，可提高投资比例，增强企业后劲，但会影响企业偿债能力。解决这一矛盾的关键在于企业自身的发展战略。

任务二　企业营运能力分析

理论讲解

一、营运能力分析的目的和内容

（一）营运能力分析的目的

营运能力是指企业营运资产的效率与效益。效率通常指企业资产所占用资金的周转速度，反映企业资金利用的效率，表明企业管理人员经营管理、运用资金的能力；效益是指营运资产的利用效果。因此，营运能力的强弱取决于资产的周转速度、资产运行状况、资产管理水平等多种因素。一般而言，周转速度越快，资产的使用效率越高，资产营运能力越强；反之，营运能力就越差。

不同报表使用人衡量与分析资产营运能力的目的各不相同。

① 股东通过资产营运能力分析，有助于判断企业财务安全性及资产的收益能力，以进行相应的投资决策。

② 债权人通过资产营运能力分析，有助于判明其债权的物质保障程度或其安全性，从而进行相应的信用决策。

③ 管理者通过资产营运能力分析，可以发现闲置资产和利用不充分的资产，从而处理闲置资产以节约资金，或者提高资产利用效率以改善经营业绩。

综上所述，营运能力分析就是通过计算反映企业资产经营效率与效益的指标，来评价企业资产经营的效果，发现在资产营运过程中存在的问题，为企业提高经济效益指明方向。

企业营运能力与偿债能力和盈利能力之间有着密切的联系：资产周转的快慢直接影响着企业的流动性，周转越快的资产，流动性越强；资产只有在周转运用中才能带来收益，资产周转越快，同样的时间内就能为企业带来更多的收益。

（二）营运能力分析的内容

1. 影响企业营运能力的因素

影响企业营运能力的因素包括外部因素和内部因素。

① 外部因素主要是指企业的行业特性与经营背景。不同的行业具备不同的经营特征，资产占用的规模呈现较大的差异。例如，制造业的资产占用量较大，资产周转相对较慢；服务业或知识密集型企业，除人力资本外，其他资产占用量就很少，资产周转也就相对较快。企业的经营背景不同，其营运能力也会有差异。例如，企业在存货管理上，是运用传统的存货管理方法还是现代存货管理方法，其资产运用效率差异较大。因此，在分析企业营运能力时，必须考虑到行业之间存在的差异。

② 内部因素主要是企业的资产管理政策与方法。首先，企业资产结构的安排会影响到资产的营运能力；其次，对单个资产项目的管理政策也会影响到各项资产的周转情况。例如，企业应收账款的周转速度与企业制定的信用政策之间联系密切。一般情况下，企业制定了严格的信用政策，收款的速度会加快，应收账款的周转速度就越快。

2. 营运能力分析的内容

企业营运能力分析可以分3个方面进行：流动资产营运能力分析、非流动资产营运能力分析和总资产营运能力分析。

（1）流动资产营运能力分析

流动资产营运能力是指企业在经营管理活动中运用流动资产的能力，反映企业流动资金利用效率的情况。

（2）非流动资产营运能力分析

非流动资产营运能力反映非流动资产的使用效率。对非流动资产使用效率影响最大的是固定资产，因此，非流动资产营运能力分析应着重分析固定资产的使用情况、固定资产的周转速度等内容。

（3）总资产营运能力分析

企业总资产的营运能力集中反映在总资产的周转速度上。总资产周转率可以用来分析企业全部资产的使用效率。如果企业总资产周转率较高，说明企业运用全部资产进行经营的效果好，效率高；如果总资产周转率长期处于较低的状态，企业就应当采取措施以增加营业收入和提高各项资产的利用程度，以加快资产的周转。

实务演练

案例资料：Model 3 光鲜背后难掩特斯拉隐忧：人均绩效过低、库存周转越来越慢。

2017 年才投产的特斯拉 Model 3，单靠发布会就占据了各媒体头条，但绚丽的发布会无法掩盖残酷的现实。作为一家上市以来持续亏损的公众公司，特斯拉公司所面临的处境远不如产品发布上所展示的那样光鲜亮丽。通过对比特斯拉及其他一些公司近年的财务数据，本文从另一个视角来透视这家炙手可热却在资本市场上面临重重争议的公司。

巨额亏损背后：人均绩效垫底

特斯拉自创立以来持续亏损。2010 年登陆纳斯达克之后，亏损越演越烈。根据财报数据，2015 财年，特斯拉亏损约 8.89 亿美元，较上一年的 2.94 亿美元亏损大幅度增加。2010—2015 年，特斯拉累计亏损超过 20.6 亿美元，以当年汇率折合超过 132 亿元人民币。

汽车行业本身就是一个高投入、长周期的行业，对于一家新创立的汽车公司而言，初期的亏损也许并不值得惊讶。真正的问题在于，特斯拉的人均绩效远低于其他汽车公司，让人很难相信这是一家高效运营的新锐科技公司。

根据公开的数据，截至 2015 年底，特斯拉全球共有员工 13 058 名；依照 2015 年约 40 亿美元的销售收入计算，人均销售收入不足 31 万美元。而同期，在美国上市的福特、通用、本田和丰田汽车 4 家的人均销售收入为 66.4 万美元。特斯拉的人均绩效连美股四大车企平均值的一半都不到。

这种人均绩效的差距，并不能仅仅用规模差异来解释。上述四大车企中任何一家 2015 年销售收入都在特斯拉的 25 倍以上，与特斯拉的确不在一个数量级。但是，法拉利 2015 年的销售收入为 31.19 亿美元，比特斯拉还要低 9 亿多美元。而法拉利仅有 2 998 名员工，人均销售收入 104 万美元，绩效水平是特斯拉的 3 倍多。很难说法拉利相对于特斯拉的高人均绩效来自于规模优势。

无论是与体量更大、产品更大众化的巨头相比，还是与体量更小、更高端的跑车公司相比，特斯拉的效率都太低。

更重要的是，最近 3 年，伴随着营业收入的增加，特斯拉的人均绩效不仅没有上升，反而有所下降。面包财经根据公开数据计算出，最近 3 年，特斯拉的人均营业收入分别约为 34.4 万美元、31.5 万美元和 31 万美元；特斯拉的人均绩效逐年下跌。

特斯拉的老板马斯克同时还经营着发射火箭的 SpaceX，并在全球范围内推销其火星移民计划。不过即便是马斯克在火星上召开特斯拉的产品发布会，也改变不了一个残酷的现实：公司必须为每个员工按期支付薪水，而薪水和利润最终来源于销售收入。如果不能提高公司的人均绩效，不要说去火星，在地球上生存都困难。

库存周转速度垫底：一车难求还是库存压顶？

根据特斯拉的官方数据，2015 年销量约为 5.05 万辆，远低于此前市场的预期。不过比销量更值得关注的是，特斯拉的库存周转速度在已发布 2015 年财报的美股汽车类上市公司中垫底，并且最近 3 年以来持续恶化。

库存周转天数是衡量周转速度的一个核心指标，天数越多，代表周转越慢。2015 年特斯拉的库存周转天数超过 128 天，而同期福特和通用的周转天数仅为 23.5 天和 38.4 天；丰田汽车和本田汽车的周转天数也仅有 34.7 天和 49.4 天。

更严重的是，最近 3 年特斯拉的周转速度持续在变慢，2013 年的库存周转天数约为 70 天，2014 年约为 100 天。

如果和大型车企的比较不能完全说明问题的话，那可以与法拉利作对比。作为超级跑车，法拉利是需要高度定制的，而法拉利 2015 年的库存周转天数仅为 71 天。

造成特斯拉公司库存周转天数远高于大型车厂的原因很多，公司管理层能找出的理由更多；但任何理由都不重要，库存与员工薪酬一样，不会因为理由和 CEO 登上杂志封面而消失。

最新发布的 Model 3 起步定价 35 000 美元，远低于特斯拉前几款车的定价。这意味着如果达成同样的销售收入，特斯拉必须卖出更多的车。如果周转不能加快，则意味着更大的库存。号称走向大众化的特斯拉，能解决库存周转问题吗？

资料来源：虎嗅网，2016-4-5.

要求：

（1）影响车企营运能力的因素有哪些？特斯拉库存周转天数高出其他竞争对手的主要原因是什么？

（2）如何提升车企的营运能力？针对其他行业还可以采用哪些提升资产营运能力的方法？

二、营运能力指标分析与评价

营运能力分析就是要分析评价资产的周转速度。资产周转速度通常用周转率和周转期来表示。所谓周转率，即企业在一定时期内资产的周转额与平均余额的比率，反映企业资产在一定时期的周转次数。周转次数越多，表明周转速度越快，资产营运能力越强。这一指标的反指标是周转天数，它是周转次数的倒数与计算期天数的乘积，反映资产周转一次需要的天数。周转天数越少，表明周转速度越快，资产营运能力越强。两者的公式分别为：

$$资产周转率（周转次数）=\frac{计算期资产周转额}{计算期资产平均占用额}$$

$$资产周转期（周转天数）=\frac{计算期天数}{资产周转率（周转次数）}$$

周转率（也称周转次数）的单位为“次”；周转天数的计算期以 360 天来计算，单位为“天”。

计算周转率时，将与该指标有关的项目作为分子（如营业收入、营业成本等），相应的指标项目作为分母（如应收账款、存货、流动资产、固定资产、总资产等平均余额）。

营运能力比率是衡量企业资产管理效率的财务比率，其常见的有：应收账款周转率、存货周转率、流动资产周转率、固定资产周转率和总资产周转率等。

（一）应收账款周转率

应收款项周转率是企业一定时期营业收入与平均应收款项余额的比值，是反映应收款项周转速度的一项指标。其计算公式为：

$$应收账款周转率（周转次数）=\frac{营业收入}{平均应收账款余额}$$

$$应收账款周转期（周转天数）=\frac{平均应收账款余额\times 360}{营业收入}$$

式中，

$$平均应收账款余额=（应收账款余额年初数+应收账款余额年末数）\div 2$$

应收账款周转率反映了企业应收账款变现速度的快慢及管理效率的高低，周转率越高表明：①收账迅速，账龄较短；②资产流动性强，短期偿债能力强；③可以减少收账费用和坏账损失，从而相对增加企业流动资产的投资收益。同时，借助应收账款周转期与企业信用期限的比较，还可以评价购买单位的信用程度，以及企业原定的信用条件是否适当。但是，在评价一个企业应收款项周转率是否合理时，应与同行业的平均水平相比较而定。

在计算和使用应收账款周转率时应注意以下几点。

① 计算应收账款周转率时，公式中的“应收账款”包括会计核算中应收账款和应收票据等全部赊销账款。应收票据如果已向银行办理了贴现手续，则不应包括在应收账款余额内。

② 计算时应使用赊销额而非销售收入。但是，外部分析者无法取得赊销数据，只能直接使用销售收入进行计算，也就是相当于假设现销是收现时间等于 0 的应收账款。

③ 使用年初和年末的应收账款平均数，减少季节性、偶然性和人为因素影响。如果应收账款余额的波动性较大，应尽可能使用更详尽的计算资料，如按每月的应收账款余额来计算其平均占用额。

④ 计算该指标时，一般直接使用报表中列示的应收账款数据。但报表中列示的数据，是应收账款扣除了坏账准备后的净额。由于销售收入并未相应减少，结果导致计提的坏账准备越多，应收账款周转次数越多，天数占用越少。这显然不是业绩改善的结果，反而说明应收账款管理欠佳。因此，如果坏账准备金额较大，应将报表附注中披露的应收账款坏账准备信息作为调整的依据，而按未计提坏账准备的应收账款进行计算。

根据 HS 公司资产负债表（见表 2.2）和利润表（见表 2.21）提供的资料，同时假定 HS 公司 2015 年末应收账款余额为 7 048 万元，则该公司 2016 年、2017 年的应收账款周转率的计算如表 3.8 所示。

表 3.8 应收账款周转率计算

万元

项 目	2015 年	2016 年	2017 年
营业收入		86 723	104 819
应收账款年末余额	7 048	8 472	16 795
平均应收账款		7 760	12 633.50
应收账款周转率/次		11.18	8.30
应收账款周转期/天		32.21	43.37

以上结果表明，该公司2016年度、2017年度应收账款周转率较高，但2017年度有所降低，公司的营运能力在下降，需要引起管理层的关注。

（二）存货周转率

存货周转率是企业一定时期营业成本与平均存货余额的比率，是反映企业流动资产流动性的一个指标，也是衡量企业生产经营各环节存货营运效率的一个综合性指标。其计算公式为：

$$存货周转率（周转次数）=\frac{营业成本}{平均存货余额}$$

$$存货周转期（周转天数）=\frac{平均存货余额\times 360}{营业成本}$$

式中，

$$平均存货余额=（存货余额年初数+存货余额年末数）\div 2$$

存货周转速度的快慢，不仅能反映出企业采购、储存、生产、销售各环节管理工作状况的好坏，而且对企业的偿债能力及获利能力也能产生决定性的影响。一般来说，存货周转率越高越好。存货周转率越高，表明其变现的速度越快，周转额越大，资金占用水平越低。存货占用水平低，存货积压的风险就小，企业的变现能力及资金使用效率就高。

在计算和使用存货周转率时应注意以下几个方面。

① 剔除存货计价方法不同所产生的影响，分析企业不同时期或不同企业的存货周转率时，应注意存货计价方法的口径是否一致。

② 分子、分母的数据应注意时间的对应性。

③ 存货周转天数并不是越少越好。存货过多会浪费资金，存货过少不能满足流转需要，在特定的生产经营条件下存在最佳的存货水平。因此，存货不是越少越好。

④ 应关注构成存货的原材料、在产品、半成品、产成品等之间的比例关系。

小知识

存货周转率计算的两种口径

计算存货周转率时，除了使用营业成本作为周转额外，还可以使用营业收入作为周转额。在短期偿债能力分析中，为了评估资产的变现能力，需要计量存货转换为现金的金额和时间，就可以采用营业收入作为周转额。在分解总资产周转率时，为系统分析各项资产的周转情况并识别主要的影响因素，应统一使用营业收入计算周转率。如果是为了评估存货管理的业绩，应当使用营业成本计算存货周转率，使分子和分母保持口径一致。

根据 HS 公司资产负债表（见表 2.2）和利润表（见表 2.21）提供的资料，同时假定 HS 公司 2015 年末存货余额为 7 048 万元，则该公司 2016 年、2017 年的存货周转率的计算如表 3.9 所示。

表 3.9　存货周转率计算

万元

项　目	2015 年	2016 年	2017 年
营业成本		21 417	21 370
存货年末余额	29 743	19 197	15 537
平均存货余额		24 470	17 367
存货周转率/次		0.88	1.23
存货周转期/天		411.32	292.57

以上结果表明，该公司 2016 年度和 2017 年度存货周转率均较低，反映出存货管理效率不高。但 2017 年度存货周转率比 2016 年度有所加快，存货周转率由 0.88 次增加为 1.23 次，周转天数由 411.32 天降为 292.57 天，其原因主要表现为存货占用资金水平的下降。

（三）流动资产周转率

流动资产周转率是企业一定时期营业收入与平均流动资产总额的比率，是反映流动资产周转速度的一个指标。其计算公式为：

$$流动资产周转率（周转次数）=\frac{营业收入}{平均流动资产总额}$$

$$流动资产周转期（周转天数）=\frac{平均流动资产总额\times 360}{营业收入}$$

式中，

$$平均流动资产余额=（流动资产总额年初数+流动资产总额年末数）\div 2$$

在一定时期内，流动资产周转越多，表明以相同的流动资产完成的周转额越多，流动资产利用效果越好。从流动资产周转天数来看，周转 1 次所需要的天数越少，表明流动资产在经历生产和销售各阶段时所占用的时间越短。生产经营任何工作环节的改善，都会反映到周转天数的缩短上来。

流动资产周转情况的分析要依据企业的历史水平或同行业水平来判断，同时还要结合应收账款周转率和存货周转率等进行分析，以进一步揭示影响流动资产周转的因素。

根据 HS 公司资产负债表（见表 2.2）和利润表（见表 2.21）提供的资料，同时假定 HS 公司 2015 年末流动资产余额为 93 879 万元，则该公司 2016 年、2017 年的流动资产周转率的计算如表 3.10 所示。

以上结果表明，该公司 2016 年度和 2017 年度流动资产周转率较低，反映出流动资产管理效率较低。但 2017 年度流动资产周转率比 2016 年度有所加快，流动资产周转次数由 0.95 次增加为 1.18 次，周转天数由 379.60 天降为 305.82 天。其原因除了营业收入的增长外，在 2017 年度公司流动资产的流动性有所提高，加快了流动资产的周转，进而有利于公司偿债能力和盈利能力的加强。

表 3.10　流动资产周转率计算　　万元

项　目	2015 年	2016 年	2017 年
营业收入		86 723	104 819
流动资产年末总额	93 879	89 009	89 079
平均流动资产总额		91 444	89 044
流动资产周转率/次		0.95	1.18
流动资产周转期/天		379.60	305.82

（四）固定资产周转率

固定资产周转率是企业一定时期营业收入与固定资产平均净值的比率，是衡量固定资产利用效率的一项指标。其计算公式为：

$$固定资产周转率（周转次数）=\frac{营业收入}{平均固定资产净值}$$

$$固定资产周转期（周转天数）=\frac{平均固定资产净值\times 360}{营业收入}$$

式中，

$$平均固定资产净值=（固定资产净值年初数+固定资产净值年末数）\div 2$$

固定资产周转率高，不仅表明了企业充分利用了固定资产，同时也表明企业固定资产投资得当，固定资产结构合理，能够充分发挥其效率；反之，固定资产周转率低，表明固定资产使用效率不高，提供的生产成果不多，企业的营运能力欠佳。

在计算和使用固定资产周转率时应注意以下几点。

① 该公式的分母是平均固定资产净值，而非固定资产原价或固定资产净额。

② 在实际分析时，应剔除某些因素的影响：一方面，固定资产的净值随着折旧计提而逐渐减少，如果固定资产更新，净值会突然增加；另一方面，由于折旧方法不同，固定资产净值缺乏可比性。

小知识

固定资产原价、固定资产净值与固定资产净额

与固定资产有关的价值指标有固定资产原价、固定资产净值和固定资产净额等。其中，固定资产原价是指固定资产的历史成本；固定资产净值为固定资产原价扣除已计提的累计折旧后的金额（即：固定资产净值=固定资产原价-累计折旧）；固定资产净额则是固定资产原价扣除已计提的累计折旧及已计提的减值准备后的余额（即：固定资产净额=固定资产原价-累计折旧-已计提减值准备）。

根据 HS 公司资产负债表（见表 2.2）和利润表（见表 2.21）提供的资料，同时假定 HS 公司 2015 年末固定资产净值为 9 736 万元，则该公司 2016 年、2017 年的固定资产周转率的计算如表 3.11 所示。

表 3.11　固定资产周转率计算　　万元

项　目	2015 年	2016 年	2017 年
营业收入		86 723	104 819
固定资产年末净值	9 736	8 760	8 889
平均固定资产净值		9 248	8 824.50
固定资产周转率/次		9.38	11.88
固定资产周转期/天		38.39	30.31

以上结果表明，公司 2017 年度固定资产周转率比 2016 年度有所加快，固定资产周转次数由 9.38 次增加为 11.88 次，固定资产周转天数由 38.39 天降为 30.31 天，其主要原因应是 2017 年度固定资产平均净值减少，而营业收入却有一定的增长幅度所致，表明公司的营运能力有所提高。

（五）总资产周转率

总资产周转率是企业一定时期营业收入与平均资产总额的比率，是综合评价资产管理或资本利用效率的重要指标。其计算公式为：

$$总资产周转率（周转次数）=\frac{营业收入}{平均资产总额}$$

$$总资产周转期（周转天数）=\frac{平均资产总额\times 360}{营业收入}$$

式中，

$$平均资产总额=（资产总额年初数+资产总额年末数）\div 2$$

总资产周转率反映了企业全部资产的使用效率。该周转率高，说明全部资产的经营效率高，取得的收入多；该周转率低，说明全部资产的经营效率低，取得的收入少，最终会影响企业的盈利能力。企业应采取各项措施来提高企业的资产利用程度，如提高销售收入或处理多余的资产。

根据 HS 公司资产负债表（见表 2.2）和利润表（见表 2.21）提供的资料，同时假定 HS 公司 2015 年末总资产余额为 9 736 万元，则该公司 2016 年、2017 年的总资产周转率的计算如表 3.12 所示。

表 3.12　总资产周转率计算　　万元

项　目	2015 年	2016 年	2017 年
营业收入		86 723	104 819
总资产年末余额	133 744	159 868	174 678
平均资产总额		146 806	167 273
总资产周转率/次		0.59	0.63
总资产周转期/天		609.41	574.50

以上结果表明，公司 2017 年度总资产周转率比 2016 年度有所加快，总资产周转次数由 0.59 次增加为 0.63 次，总资产周转天数由 609.41 天降为 574.50 天。这是因为该公司存货平均余额、固定资产平均净值降低，而营业收入却有一定幅度的增长所致，使得总资产的利用效果得到大幅提高。

实务演练

案例资料：M 公司 2016 年主要会计报表如表 3.13、表 3.14 所示。

表 3.13　资产负债表

编制单位：M 公司　　2016 年 12 月 31 日　　万元

资　产	期末余额	年初余额	负债和所有者权益（或股东权益）	期末余额	年初余额
流动资产：			流动负债：		
货币资金	900	800	短期借款	2 300	2 000
交易性金融资产	500	1 000	应付账款	1 200	1 000
应收账款	1 300	1 200	预收账款	400	300
预付账款	70	40	其他应付款	100	100
存货	5 200	4 000	流动负债合计	4 000	3 400
其他流动资产	80	60	非流动负债：		
流动资产合计	8 050	7 100	长期借款	2 500	2 000
非流动资产：			非流动负债合计	2 500	2 000
持有至到期投资	400	400	负债合计	6 500	5 400
固定资产	14 000	12 000	股东权益：		
在建工程	550	500	股本	12 000	12 000
非流动资产合计	14 950	12 900	盈余公积	1 600	1 600
			未分配利润	2 900	1 000
			股东权益合计	16 500	14 600
资产总计	23 000	20 000	负债及股东权益总计	23 000	20 000

表 3.14　利润表

编制单位：M 公司　　2016 年度　　万元

项　目	本年金额	上年金额
一、营业收入	21 200	18 800
减：营业成本	12 400	10 900
税金及附加	1 200	1 080
销售费用	1 900	1 620
管理费用	1 000	800
财务费用	300	200
加：投资收益	300	300
二、营业利润	4 700	4 500
加：营业外收入	150	100
减：营业外支出	650	600
三、利润总额	4 200	4 000
减：所得税费用	1 386	1 320
四、净利润	2 814	2 680

要求：

（1）根据上述资料，计算企业应收账款、存货、流动资产、固定资产和总资产的营运能力指标（假定 2015 年初资产负债表的有关数据与年末数相同）。

（2）对该企业的营运能力进行简要分析和评价。

任务检测 3-2

在线自测

选择题

1．假设其他条件不变，计算方法的改变会导致应收账款周转天数减少的有（　　）。

A．从使用赊销额改为使用销售收入进行计算

B．从使用应收账款平均余额改为使用应收账款平均净额进行计算

C．从使用应收账款全年日平均余额改为使用应收账款旺季的日平均余额进行计算

D．从使用已核销应收账款坏账损失后的平均余额改为核销应收账款坏账损失前的平均余额进行计算

2．两家商业企业本期销售收入、存货平均余额相同，但毛利率不同，则毛利率高的企业存货周转率（以销售成本为基础计算）（　　）。

A．高　　B．低　　C．不变　　D．难以判断

配套实训

实训 3-3　总资产营运能力分析

实训目标

明确企业资产营运能力分析的重要意义，了解影响企业资产营运能力的各项因素，能进行企业营运能力分析指标的计算和评价，并为企业提高资产利用效率提出合理化建议。

实训资料

作为世界最负盛名的汽车制造企业之一，丰田公司创立的独具特色的适时制生产方式被业内人士津津乐道。20 世纪 70 年代，日本爆发的能源危机使汽车制造业陷入窘境。但是，丰田公司极力推行适时制生产方式，这种方式表现出了巨大的优越性，有效控制了成本，带领丰田走出了危机。这种生产方式顺应了时代的发展和市场的变化，它虽然发展于丰田公司，但又不仅仅适用于汽车制造业。运用这种方式节约了相关人员费用、仓储保管费用，降低了生产成本，提高了企业的盈利水平。

作为一种彻底追求生产过程合理性、高效性和灵活性的生产管理技术，适时制生产已被运用于众多企业中。它的基本思想是：只在需要的时候按需要的量生产所需的产品，力图通过彻底消除浪费以达到降低成本、提高企业生产效率的目的。日本的门田安宏教授曾指出："适时制生产方式是一个完整的技术综合体，而看板管理仅仅是适时制生产的工具之一。把看板管理等同于适时制生产是非常错误的认识。"适时制生产方式的核心是：消除一切无效的劳动和浪费，在市场竞争中永无止境地追求尽善尽美。它十分重视客户的个性化需求，要求进行全面质量管理，重视设备预防性维护与对物流的控制，主张授权员工参与

管理和解决实际问题。这种生产方式具有内在自我完善机制，通过不断缩小加工批量和减少在产品储存，使问题不断暴露出来，然后又不断进行完善提高从而达到成本控制的目的。

适时制生产方式一直是日本丰田公司核心竞争力与高效率的来源。自从能源危机引进这种生产方式以来，丰田公司跻身于世界汽车制造业的领先地位。公司为充分发挥适时制的作用特意创造了两个条件：一是使零部件供应商及其装配厂尽可能靠近销售市场，这样直接降低了产品的运输成本，也减少了因库存时间太长而浪费了储存成本；二是产品规格变化小。它们一面提高汽车标准件程度，一面宣传这样做所要付出的额外成本。这样虽然提高了汽车销售价格，但却又不会增加零部件在生产上的复杂性，从而有利于采用适时制的生产流水线。

丰田公司采用适时制方式，从中受益良多。它提高了库存的周转次数，尽量避免等待装配的时间上的浪费。据丰田公司统计，该厂某部件全年需要量为9 000件，自从库存周转率提高到原来的3倍之后，最高库存量减少为3 000件，并且这3 000件又能够快速投入使用，可见适时制带来的好处十分明显。另一方面，适时制降低了装配用的零部件库存量，从而减少了库存占用的流动资金和仓库空间，有效避免了货物因贬值带来的额外风险。丰田公司曾这样描述适时制带给它们的好处：流水线可以为客户单独定制的汽车进行生产，而客户等候的时间少于1天（平均汽车的装配时间为8分钟）。在1990年，丰田公司宣布20世纪末将把丰田汽车的平均制造成本下降到1990年的1/3。这项宣布的经济学含义是以人力资本为核心的丰田管理模式，不仅可以大范围地为每一位客户制造出具有个人特色的汽车，而且可以进一步降低单位产品的生产成本。从图3.1可以看出，丰田公司的劳动生产率、供货缺陷率（由于供应链不良的产品质量导致的财务损失比率）和存货周转率对适时制生产方式的敏感指标都比其他地区要优秀。这些数据表明，适时制对丰田公司的成本控制发挥了极大的作用，使得该公司在激烈的国际市场竞争中保持领先地位。

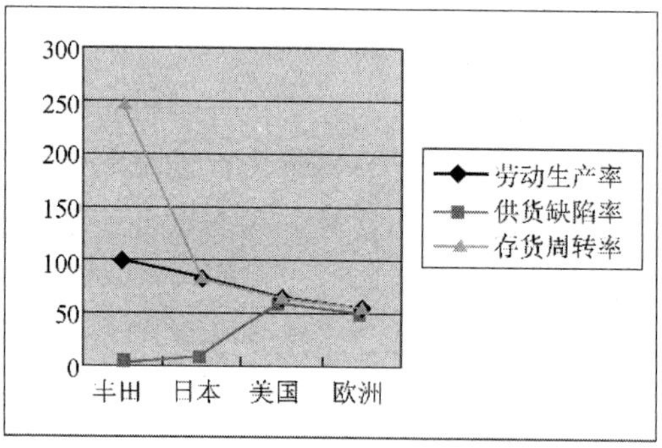

图3.1 丰田公司和其他地区平均指标比较

实训要求

（1）谈谈丰田公司实行适时制对你的启发。

（2）除了适时制，你还了解哪些存货的管理方法？请分享知识。

（3）适时制的实行是否有利于企业提升对资产的营运能力？为什么？

实训 3-4　流动资产营运能力分析

实训目标

明确企业流动资产营运能力分析的重要意义，能进行企业流动资产营运能力分析指标的计算和评价，并为企业提高资产周转效率提出合理化建议。

实训资料

大华科技 3 年的主要资产及营业收入、成本数据如表 3.15 所示。

表 3.15　主要财务数据资料　　万元

项　目	2016 年	2015 年	2014 年	2014 年初
应收账款	41 920.43	45 574.13	63 411.70	48 982.30
存货	114 456.82	94 535.54	119 603.36	118 609.04
流动资产合计	246 765.62	211 863.65	230 031.15	226 365.52
固定资产	94 119.51	62 332.92	51 243.94	58 891.15
资产总计	363 823.26	302 407.63	326 818.71	316 402.28
营业收入	335 420.93	326 632.04	258 407.49	308 434.81
营业成本	309 027.57	301 891.09	231 249.44	281 698.95

实训要求

根据资料，计算大华科技 3 年的资产营运能力分析指标，填入表 3.16，并进行该企业营运能力评价。

表 3.16　资产营运能力指标计算

项　目	2014 年	2015 年	2016 年
应收账款周转率			
存货周转率			
流动资产周转率			
固定资产周转率			
总资产周转率			

实训 3-5　资产营运能力提升分析

实训目标

明确企业资产营运能力分析的重要意义，能进行企业资产周转率、周转天数指标的计算和评价，并为企业提高资产营运能力提出建议。

实训资料

1．小天鹅 A：营运能力优化改善，增持评级。

事件：

2016 年上半年公司实现营业收入 79.85 亿元，同比增长 30.86%，实现归属于母公司所有者的净利润为 5.81 亿元，较上年同期增长 34.86%；第二季度单季实现营收同比增长 33.37%，归属于母公司所有者的净利润同比增长 40.02%，增速较第一季度环比提升。

点评：

公司增速持续高于行业，产业在线数据显示 2016 年上半年洗衣机总销量 2 749.73 万台，同比增长 3.82%，其中内销销量 1 899.82 万台，同比增长 4.34%；出口销量849.91万台，同比增长2.67%。公司增速持续高于行业，这受益于公司产品结构持续优化及运营效率稳步提升，公司的经营质量持续改善。上半年公司整体毛利率27.2%，同比提升0.25个百分点。截至2016年6月底，公司的预收款项余额9.93亿元，较去年同期大幅提升93%，代理商打款备货积极，看好后续产品竞争力。

电商业务上半年实现翻番增长。公司继续大力推动电商业务发展，深化与各大电商平台合作，推动小天鹅商城上线。上半年公司全网零售额突破18.3亿元，同比增长101.1%，在内销业务中占比达到31.57%，占公司营业收入的比重达到22.91%。公司积极引导代理商向平台运营商转型，以推动渠道进一步扁平化。

营运能力优化改善推动渠道库存共享，整合全渠道库存统筹调配。推行T+3客户订单制新型产销模式，报告期内，公司产销90%以上使用T+3订单制，下线直发比例超过30%，公司的存货周转率及应收账款周转率较去年同期均有明显改善。

渤海证券看好公司持续的有质量的增长，维持“增持”的投资评级。

资料来源：渤海证券，2016-8-10.

2．提高资产周转率

资产周转率是指企业在一定时期内销售收入与平均资产总额的比率。它是综合评价企业全部资产经营质量和利用效率的重要指标，在财务分析指标体系中具有重要地位。它体现了企业经营期间全部资产从投入到产出的流转速度，反映了企业全部资产的管理质量和利用效率。通过对该指标的对比、分析，可以反映企业本年度及以前年度总资产的运营效率和变化，发现企业与同类企业在资产利用上的差距，促进企业挖掘潜力、积极创收、提高产品市场占有率、提高资产利用效率。一般情况下，该数值越高，表明企业总资产周转速度越快，销售能力越强，资产利用效率越高。

（1）提高资产周转率是企业经营管理的一个重要方面

① 市场要求企业必须提高资产周转率。任何一个企业都渴望得到市场的承认，而优胜劣汰是一条自然法则——现实的市场就是那么大，潜在的市场要企业自己去开拓。要使资产规模与经营规模相适应，就应在提高资产使用效果上狠下功夫，这样同样的资产规模，收益率大的，自然优先被市场承认。

② 提高资产周转率是提高经济效益的必然措施。企业生产经营首先必须正确组织资金供应，保证生产经营合理需要。资金运用取决于生产，生产发展必须有一定的资金保证。在一定数量资金条件下，正确合理地运用资金，安排得当，结构合理，就可以利用原有的资产增加生产、改进技术、降低成本，做到增产不增资金。同样，在现有生产规模条件下，加速资产周转率就能相对节约资金。这部分因周转率提高而节约的资金并非闲置不用，而是继续参与企业的生产经营。一定时期内，周转次数越多，表明周转速度越快，利用效果越好。这里周转1次，表明企业资金从货币形态开始，经历了供、产、销3个环节，又以货币形态结束完成1次循环。提高资产周转率，就能使企业资金在经历货币—实物—货币的过程中，实现有效快速增值，反之则不能。

③ 提高资产周转率是企业更新和扩大再生产的重要手段。就固定资产而言，它的占用

数量和利用效果反映了企业的技术装备和固定资产利用程度，是决定企业生产规模和工艺过程的重要因素；流动资产的占用和利用效果则反映企业的物资供应、生产技术和产品运销、结算工作等的组织水平。企业在生产一定量产品的条件下，不仅要在量的耗费上，而且要在资产占用上结构合理，这就要求企业努力加强管理，节能降耗，提高劳动生产率，提高资产周转率。同时，还要使企业技术不断进步，产品不断更新换代，在资产的有效周转中，通过提取折旧，实现固定资产的更新。

④ 提高资产周转率是企业走出低谷、摆脱债务链的有效措施。一些企业长期徘徊，资金利用率低，一个重要的原因就是资产周转慢，设备老化不能更新，产品积压不能推向市场，造成固定资产、流动资产相对贬值，应收账款长期拖欠；呆账坏账损失增加，债务不能近期收回，直接影响了企业的发展。

（2）提高企业资产周转率的措施

① 强化内部管理是提高企业资产周转率的首要环节。

以销定产、以销促产，全力打开销售渠道，加强市场促销；合理采购，既不允许超过范围购进，也不能顾此失彼。对库存材料实行 ABC 管理法：A 类材料数量占总数 20%以下，而利用价值却占总价值的 80%，应予重点考虑和保证；C 类材料数量占到 80%，而年利用价值为 20% 以下，可以粗略控制；其余为 B 类，作一般控制。这种分类能有效地对重点材料进行管理，既保证供应又不致积压。之所以强化供应管理，是由市场价格决定的——要作好市场预测，盲目采购大量原材料很可能要吃市场价格的亏，造成成本大幅度上升，无法与同类产品进行市场竞争。当然，预测材料涨价时应适量购进，或者采取预支订金的办法签订合同来稳住价格，而不能一成不变，要把握住市场的脉搏。

② 依靠法律，保护企业合法权益。

随着法规的不断完善，依靠法律是收回外欠资金的有效途径。一些企业利用不正当手段逃避债务，靠企业仅有的手段难以收回，因而必须依法行事；在营销过程中，应运用经济合同法规达到双方平等协作的目的，因此加强经济合同的管理十分必要。企业与外界发生责、权、利等方面的经济关系，确立这些经济关系的主要形式是签订书面经济合同。企业根据自身需要对外签订经济合同，建立稳定的产供销渠道和合作关系，使企业在资金借贷、原材料供应、商品销售等方面得到保证，这就为企业资金正常运行铺设了轨道。签订合法的经济合同，有利于防止合同纠纷，从而维护企业利益，对提高企业资产周转速度起着积极的作用。

③ 加大科技投入，提高人的素质。

企业经营需要有先进营销理念的人去支配，先进的设备需要有一定技术素质的人去管理，科技的力量最终通过管理者和技术人员来实现。

一是要克服短期行为，加大对提高职工素质的投入，通过多种方式和手段，提高员工的业务和技术水平；二是要提高工艺、设备技术含量，采用先进的工艺流程；三是要加强对企业业务人员的管理，从购销业务机制上调动其积极性。只有人的素质提高，企业资产才能避免浪费和重复使用，更好地发挥资金的最大效益。

④ 及时盘活资产，提高资产收益

如果企业的总资产周转率较低，且长期处于较低的状态，企业应采取措施提高各项资产的利用效率，处置多余、闲置不用的资产，提高销售收入，从而提高总资产周转率。要定期对本单位的资产、负债进行全面清理，尤其要对资产进行深入分析，划分出有效资产、无效资产、闲置资产及租赁的资产。对长期闲置不用的资产要尽快拿出如何处置的可行性意见，有开发价值的适时开发；既无开发价值，又不能租赁的要及时处置变现；同时对租赁资产要考虑市场变化因素，适时调整租赁合同、租金收入。再者，要认真分析影响收入、费用的各项主客观因素，分析负债的合理程度，力争最大限度地达到资产盘活、业务扩展，提高收入、降低费用、增加收益的目标。

实训要求

（1）根据实训资料1，搜集小天鹅公司2016年度报表资料，对公司资产周转情况进行分析评价。

（2）根据实训资料2，谈谈营运能力分析对企业加强资产管理、提高资产利用效率的重要性。除了文中的观点，你认为还可以采取哪些措施提升企业资产的营运能力？

任务三　企业盈利能力分析

理论讲解

一、盈利能力分析的目的和内容

（一）盈利能力分析的目的

盈利是企业的重要经营目标，是企业生存和发展的物质基础。企业的所有者、债权人和经营管理者都非常关心企业的盈利能力。盈利能力分析就是通过一定的分析方法，判断企业获取利润的能力。它包含两个层次的内容：一是企业在一个会计期间内从事生产经营活动的盈利能力的分析；二是企业在一个较长期间内稳定地获得较高利润能力的分析。也就是说，盈利能力涉及盈利水平的高低、盈利的稳定性和持久性。盈利能力分析是企业财务分析的重点，企业经营的好坏最终都可以通过盈利能力表现出来。它也是企业利益相关单位了解企业、认识企业及企业内部改进经营管理的重要手段之一。企业进行盈利能力分析的主要目的表现为以下几个方面。

① 揭示利润表及相关项目的内涵。

② 了解企业盈利能力的变动情况及变动原因。

③ 解释、评价和预测企业未来的经济效益。

④ 有关单位了解企业、评价企业及企业内部改进经营管理的重要手段。

小知识

企业生产经营的最终目的是使利润最大化。只有不断地寻找提升盈利水平的途径，才能满足投资者、债权人和经营管理者的需要。盈利能力的分析是投资者最为关心的内容。

（二）盈利能力分析的内容

盈利能力分析是企业财务分析的核心。通过分析，可以发现企业在经营管理中存在的问题，有利于企业及时改善财务结构，提高企业营运及偿债能力，促进企业持续稳定发展。盈利能力分析主要通过不同的利润率分析来满足各方对财务信息的需求。其主要内容包括以下几点。

① 销售盈利能力分析指标。它包括营业毛利率、营业利润率、营业净利率、成本费用利润率等指标。企业的利润主要来源于销售商品，通过销售盈利能力指标的分析，有助于了解企业市场占有率，增强产品的市场竞争能力。

② 资本与资产经营盈利能力分析指标。它包括净资产收益率、总资产报酬率、总资产净利率等指标。通过对资本与资产经营盈利能力的指标分析，有利于了解企业资本与资产的利用效率，分析其因素变化对利润的影响程度。

③ 上市公司盈利能力分析指标。它包括每股收益、每股股利、股利支付率、市盈率、每股净资产等指标。通过对上市公司的盈利能力指标进行分析，有利于了解上市公司的盈利水平，预测企业未来的经营成果和财务发展状况。

二、盈利能力指标分析与评价

（一）销售盈利能力分析

企业经营的目标是使利润最大化，只有盈利才能使企业更好地生存和发展。因此，销售盈利能力指标是财务报表使用者较为关注的能力指标，也是考核同一行业管理水平的重要依据。反映销售盈利能力的指标主要包括营业毛利率、营业利润率、营业净利率、成本费用利润率等。

1. 营业毛利率

营业毛利率又名销售毛利率。营业毛利是指企业销售收入扣除销售成本以后的差额，在一定程度上反映企业销售环节获利的效率高低。营业毛利率是指营业毛利与营业收入的比例关系。通常，营业毛利率指标越高，说明在销售收入中销售成本所占的比重越小，企业的销售盈利能力就越强，其产品在市场上的竞争能力也越强。营业毛利是企业销售净利润的基础，没有足够大的毛利率便不可能盈利。营业毛利率的计算公式为：

$$营业毛利率=\frac{营业毛利}{营业收入净额}\times 100\%$$

$$营业毛利=营业收入-营业成本$$

根据 HS 公司利润表（见表 2.21）提供的资料，可以计算公司 2017 年的营业毛利率。

营业毛利率＝营业毛利÷营业收入净额×100%＝（104819－21370）÷104819×100%
＝79 476÷104 819×100%＝79.61%

营业毛利率的高低与企业产品定价政策有关，并且不同行业间的营业毛利率有很大差别。一般来说，营业周期长、固定费用高的行业，如工业企业，会有较高的毛利率，这样会弥补其较高的营业成本；营业周期短、固定费用低的行业，如商品流通企业，其毛利率会低一些。为了公正地评价企业的盈利能力，应将该指标与行业的平均水平或先进水平进行比较，并结合企业的目标毛利率来分析，以便更好地发现问题并寻找原因，提高企业的盈利能力。

2. 营业利润率

营业利润率是企业在一定时间内营业利润与营业收入的比率。营业利润率反映了企业每单位营业收入能带来多少营业利润，表明了企业经营业务的销售盈利能力。营业利润率是衡量企业创利能力高低的一个重要财务指标，该指标越高，表明企业营业创利能力越强，未来收益的发展前景越可观。营业利润率的计算公式为：

$$营业利润率=\frac{营业利润}{营业收入净额}\times 100\%$$

根据 HS 公司利润表（见表 2.21）提供的资料，可以计算公司 2017 年的营业利润率。

营业利润率＝营业利润÷营业收入净额×100%＝21 671÷104 819×100%＝20.67%

该比率越高，表明企业的营业活动为社会创造的价值越多，贡献也就越大。同时，该指标也反映了企业经营活动获利能力的高低。营业利润率的水平高低与行业有关，因此，在分析时应参照同行业的平均水平或先进水平进行评价。

3. 营业净利率

营业净利率，又称销售净利率，是指企业净利润与营业收入的比率。通常用以衡量企业在一定时期销售收入获取利润的能力。营业净利率指标越高，说明企业销售的盈利能力越强。但也并非是营业净利率越高越好，因为除此之外还必须看企业的销售增长情况和净利润的变动情况。营业净利率的计算公式为：

$$营业净利率=\frac{净利额}{营业收入净额}\times 100\%$$

根据 HS 公司利润表（见表 2.21）提供的资料，可以计算公司 2017 年的营业净利率。

营业净利率＝净利润÷营业收入净额×100%＝26 201÷104 819×100%＝25.00%

由于影响企业净利润的因素有多种，所以不能简单地通过这一比率来说明企业管理水平的高低。另外，营业净利率指标的高低还需要结合行业的特点，不同行业的企业间的营业净利率大不相同。在使用该指标进行分析时，要考虑企业在扩大营业收入的同时还要获得更多的净利润，才能使这一指标保持不变，或者提高。

4. 成本费用利润率

按照会计核算中配比性原则的基本要求，当企业确认收入时，需要同时结转属于当期的成本和费用，用来衡量企业的盈利状态。因此，通过分析成本费用与利润的关系，也能了解企业的盈利能力。与成本费用相关的盈利能力指标是成本费用利润率。

成本费用利润率是企业一定期间的利润总额与成本、费用总额的比率。成本费用利润率指标表明每付出 1 元成本费用可获得多少利润，体现了经营耗费所带来的经营成果。该项指标越高，利润就越大，反映企业的经济效益越好。

成本费用利润率的计算公式为：

$$成本费用利润率=\frac{利润总额}{成本费用总额}\times 100\%$$

式中的利润总额和成本费用总额来自企业的利润表。成本费用总额一般指营业成本、税金及附加和 3 项期间费用（销售费用、管理费用、财务费用）。

根据 HS 公司利润表（见表 2.21）提供的资料，可以计算公司 2017 年的成本费用利润率。

$$\begin{aligned}成本费用利润率&=利润总额\div 成本费用总额\times 100\%\\&=28\,585\div(21\,370+3\,973+17\,433+42\,143+102)\times 100\%\\&=33.62\%\end{aligned}$$

从成本费用利润率计算公式可以看出，其分母直接是企业本期内所有耗费的汇总，只要降低分母的数值，企业的成本费用利润率就能提高。也就是说，只要企业实施增收节支、增产节能，提高效率，其盈利能力就能提高。这一指标也能直接用于考核企业是否有效地扩大销售和节约费用开支。

（二）资本与资产经营盈利能力分析

小知识

资本经营与资产经营

所谓资本经营型，其特点是围绕资本保值增值进行经营管理，把资本收益作为管理的核心，资产经营、商品经营和产品经营都服从于资本经营的目标。资本经营型企业的管理目标是资本保值与增值或追求资本盈利能力最大化。因此，资本经营的内涵是指企业以资本为基础，通过优化配置来提高资本经营效益的经营活动。其活动领域包括资本流动、收购、重组、参股和控股等能实现资本增值的领域，从而使企业以一定的资本投入，取得尽可能多的资本收益。

所谓资产经营型，其基本特点是把资产作为企业资源投入，并围绕资产的配置、重组、使用等进行管理。资产经营型企业的管理目标是追求资产的增值和资产盈利能力的最大化。因此，资产经营的基本内涵是合理配置与使用资产，以一定的资产投入，取得尽可能多的收益。

它们的区别是：①经营内容不同，资产经营主要强调资产的配置、重组及有效使用，资本经营主要强调资本流动收购重组、参股和控股等；②经营出发点不同，资产经营从整个企业出发，强调全部资源的运营，而不考虑资源的产权问题，资本经营则在产权清晰基础上从企业所有者出发，强调资本的运营，把资产经营看作是资本经营的环节或组成部分。

它们的联系是：①资本与资产的关系决定了二者之间相互依存、相互作用，资本经营要以资产经营为依托，资本经营不能离开资产经营而孤立存在；②资本经营是企业经营的最高层次，资本经营是资产经营的进步。

反映企业资本经营盈利能力的主要指标是净资产收益率；反映企业资产经营盈利能力的主要指标是总资产报酬率。

1. 净资产收益率

净资产收益率又称股东权益报酬率、净值报酬率、权益报酬率、权益净利率、净资产报酬率，是站在所有者的立场来衡量企业盈利能力的高低，也是最被投资者关注的指标分析内容。投资者投资企业的最终目的是获取利润，通过对净资产收益率的计算，可以判断企业的投资效益，了解企业潜在的投资者的投资倾向，进而预测企业的筹资规模、筹资方式及发展方向。

净资产收益率是指企业一定时期的净利润与平均净资产的比率。该指标表明企业所有者权益所获报酬的水平，是反映投资者资本获利能力的指标。净资产收益率的计算公式为：

$$净资产收益率=\frac{净利润}{平均所有者权益}\times 100\%$$

根据HS公司资产负债表（见表2.2）和利润表（见表2.21）提供的资料，可以计算公司2017年的净资产收益率。

$$\begin{aligned}净资产收益率&=净利润\div 所有者权益平均值\times 100\%\\&=26\,201\div[(108\,305+130\,387)\div 2]\times 100\%\\&=22.95\%\end{aligned}$$

这一比率越高，说明企业运用资本创造利润的效果越好；反之，则说明资本的利用效果较差。

2. 总资产报酬率

总资产报酬率主要用来衡量企业利用总资产获得利润的能力，反映了企业总资产的利用效率。在分析这一指标时，通常要结合同行业平均水平或先进水平，以及企业前期的水平进行对比分析，才能判断企业总资产报酬率的变动对企业的影响，从而了解企业总资产的利用效率，发现企业在经营管理中存在的问题，挖掘潜力、调整经营方针，以达到提高总资产利用效率的目的。

总资产报酬率是指企业在一定时期内息税前利润与平均总资产的比率。总资产报酬率的计算公式为：

$$\begin{aligned}总资产报酬率&=\frac{息税前利润}{平均总资产}\times 100\%\\&=\frac{利润总额+利息支出}{平均总资产}\times 100\%\end{aligned}$$

根据HS公司资产负债表（见表2.2）和利润表（见表2.21）提供的资料，可以计算公司2017年的总资产报酬率。

$$总资产报酬率=\frac{利润总额+利息支出}{平均总资产}\times 100\%=\frac{28585+102}{(174678+159868)\div 2}\times 100\%=17.15\%$$

总资产报酬率反映了企业资金的利用效果，以较少的资金占用获得较高的利润回报，是企业管理者最期望出现的结果，即“所费”和“所得”的关系。总资产报酬率的高低验证了企业经营管理水平的高低，通过对总资产报酬率的分析，能够了解企业供、产、销各环节的工作效率和质量，有利于明确各有关部门的责任，发现问题，改正错误，从而调动各部门改善经营管理的积极性，提高经济效益。

3. 总资产净利率

总资产净利率是指公司净利润与平均资产总额的百分比。该指标反映的是公司运用全部资产所获得利润的水平，即公司每占用1元的资产平均能获得多少元的利润。该指标越高，表明公司投入产出水平越高，资产运营越有效，成本费用的控制水平越高。体现出企业管理水平的高低。

总资产净利率的计算公式为：

$$总资产净利率=\frac{净利润}{平均总资产}\times 100\%$$

根据HS公司资产负债表（见表2.2）和利润表（见表2.21）提供的资料，可以计算公司2017年的总资产净利率。

$$总资产净利率=\frac{净利润}{平均总资产}\times 100\%=\frac{26201}{(174678+159868)\div 2}\times 100\%=15.66\%$$

该指标值越高，表明企业的资产利用效率越高。利用该指标可以与企业历史资料、与计划、与同行业平均水平或先进水平进行对比，分析形成差异的原因，进一步分析经营中存在的问题，加速资金周转，提升企业盈利能力。

盈利能力是企业在一定时期内获取利润的能力，是评价企业经营管理水平的重要依据。盈利能力的大小是一个相对的概念，即利润是相对于一定的资源投入、一定的收入而言的。利润率越高，盈利能力越强；利润率越低，盈利能力越差。企业的盈利能力越强，给投资者带来的回报越高，企业价值越大。同时，企业盈利能力越强，带来的现金流量越多，企业的偿债能力就会得以加强。

实务演练

案例资料：三山股份公司是一家以资本运作为主要业务的财务公司，它所投资的实体公司非常少。为了规避金融危机，三山股份公司的赵总越来越意识到，纯粹的资本运作链条的另一端似乎是一个无底的深渊。因此，2017年初，他非常渴望调整公司的战略投资方向，希望一方面发挥资本运作的优势，另一方面也要找到长期投资的实体经济运作的靠山。

红日股份是他少数的实体投资企业之一。最近3年来，三山股份公司一直拥有红日股份的20%有表决权的资本控制权，红日股份带来的回报也一直令人满意。赵总现在正慎重地考虑是否要对红日股份追加投资，毕竟在资本市场翻云覆雨的境况下，稳定回报的企业并不多见。当然，在赵总的概念当中，一直认为盈利能力比财务状况运营能力更重要。因为他希望通过投资获取更多的利润，而如果发现财务状况不好，他还可以琢磨一些新的资本运作方法，包装后总是能找到比较成功的脱手方式。因此，他委托公司的财务部门张经理认真研究红日股份的盈利能力，看看今年到底要不要对它追加投资。

张经理把资料搜集起来，如表3.17、表3.18和表3.19所示。

表 3.17　利润表

编制单位：红日股份有限公司　　2016 年度　　千元

项　目	行次	上年累计	本年累计
一、营业收入	1	1 200 000	1 500 000
减：营业成本	2	1 050 000	1 100 000
税金及附加	3	8 000	15 000
销售费用	4	2 000	3 000
管理费用	5	12 000	15 000
财务费用（收益以“－”号填列）	6	4 000	1 000
资产减值损失	7	1 000	2 000
加：公允价值变动净收益（净损失以“－”号填列）	8	0	0
投资收益（净损失以“－”号填列）	9	2 000	5 000
其中：对联营企业与合营企业的投资收益	10	0	0
二、营业利润（亏损以“－”号填列）	11	125 000	369 000
加：营业外收入	12	8 200	30 100
减：营业外支出	13	18 000	6 000
其中：非流动资产处置净损失（净收益以“－”号填列）	14	0	0
三、利润总额（亏损总额以“－”号填列）	15	115 200	393 100
减：所得税费用	16	38 016	130 383
四、净利润（净亏损以“－”号填列）	17	77 184	262 717

表 3.18　财务费用

千元

项　目	2015 年	2016 年
利息支出	5 000	8 000
减：利息收入	2 893	10 039
汇兑损失	3 108	3 809
减：汇兑收益	1 320	956
其他	105	186
财务费用合计	4 000	1 000

表 3.19　有关资产负债及所有者权益的资料

千元

项　目	2015 年平均	2016 年平均
总资产	2 815 000	3 205 000
净资产	1 063 000	1 885 000

要求：根据上述资料，协助张经理做好以下工作，以便作出投资决策。

（1）计算反映资产经营盈利能力和资本经营盈利能力的指标。

（2）采用因素分析法分析总资产报酬率变动的原因。

（3）评价企业盈利能力状况。

提示：根据总资产报酬率指标的经济内容，可将其作如下分解。

$$\text{总资产报酬率}=\frac{\text{销售收入}}{\text{平均总资产}}\times\frac{\text{利润总额}+\text{利息支出}}{\text{销售收入}}$$

$$=\text{总资产周转率}\times\text{销售息税前利润率}$$

影响总资产报酬率的因素有两个：一是总资产周转率，该指标作为反映企业运营能力的指标，可用于说明企业资产的运用效率，是企业资产经营效果的直接体现；二是销售息税前利润率，该指标反映了企业商品生产经营的盈利能力，产品盈利能力越强，销售利润率越高。可见，资产经营盈利能力受商品经营盈利能力和资产运营效率两方面影响。

在上述总资产报酬率因素分解式的基础上，运用连环替代法或差额分析法分析总资产周转率和销售息税前利润率变动对总资产报酬率的影响。

三、上市公司盈利能力分析与评价

对上市公司的盈利能力进行分析，主要是通过分析每股收益、每股股利、股利支付率、市盈率、每股净资产等指标来进行的。

1. 每股收益

每股收益也称每股盈余或每股利润，是指普通股每股利润或每股盈余，表现为普通股股东每持有 1 股所能享有的企业利润或需承担的企业亏损。每股收益通常被用于反映企业的经营成果，衡量普通股的获利水平及投资风险，是投资者等信息使用者据以评价企业盈利能力，预测企业成长潜力，进而作出相关经济决策的重要的财务指标之一。它也是衡量上市公司盈利能力的重要财务指标，对于公司股票市价、股利支付能力等均有重要影响，因而是股票投资人最为关心的指标之一。将历年每股收益进行比较，观察其变化趋势，对于投资决策很有帮助。

根据《企业会计准则第 34 号——每股收益》的规定，每股收益的计算公式为：

$$\text{每股收益}=\frac{\text{净利润}-\text{优先股股利}}{\text{平均发行在外的普通股股数}}$$

每股收益是股份公司发行在外的普通股每股所取得的利润，可以反映公司盈利能力的强弱。该指标值越高，表明每股股票所获得的利润就越多，股东的投资效率就越好，其盈利能力越强；反之，则越差。

对投资者而言，每股收益的高低比公司财务状况的好坏或其他收益率指标更重要，也更为直观。但是在使用每股收益分析公司盈利能力时，要注意以下 3 个问题。

① 每股收益并不反映股票所含的风险。对于不同的上市公司，仅仅从每股收益去衡量盈利水平是不够的，还应注意每股股价的高低。例如，有两家上市公司，它们同期的每股收益都是 0.5 元，但两家公司的股价一个是 10 元，一个是 5 元，显然投资两家公司的风险与报酬是不一样的。

② 每股收益只是一个绝对数指标，并不决定实际收益。尽管每股收益可以直观地反映股份公司的经营成果及股东的报酬，但它是一个绝对指标，每股收益高并不等于分红就多。因此，在分析时，应结合流通在外的股数和分配政策。如果公司采用股本扩张的政策，大量配股或以股票股利的形式分配股利，未来的每股收益可能会受到“稀释”。

③ 每股收益的高低并不能直接衡量上市公司的盈利水平和资金利用效果。这是因为公司通过生产经营活动所获得税后利润，并非只动用了股本，而是使用了所筹集的全部资金。不同股票的每一股在经济上不等量，它们所含的净资产和市价不同，这就限制了每股收益的公司间的比较。

根据 HS 公司利润表（见表 2.21）提供的资料，公司 2017 年净利润为 26 201 万元，并且已知公司本年平均发行在外的普通股股数为 62 375 万股，因而可以计算公司 2017 年的普通股每股收益。

每股收益＝（净利润－优先股股利）÷发行在外普通股股数
＝26 201÷62 375
＝0.42（元/股）

小知识

基本每股收益与稀释每股收益

所谓基本每股收益是指企业应当按照属于普通股股东的当期净利润，除以发行在外普通股的加权平均数从而计算出的每股收益。

在计算归属于普通股股东的当期净利润时，应当考虑公司是否存在优先股。如果不存在优先股，那么公司当期净利润就是归属于普通股股东的当期净利润；如果存在优先股，在优先股是非累积优先股的情况下，应从公司当期净利润中扣除当期已支付或宣告的优先股股利；在优先股是累积优先股的情况下，公司净利润中应扣除至本期止应支付的股利。在我国，公司暂不存在优先股，所以公司当期净利润就是归属于普通股股东的当期净利润。

发行在外普通股加权平均数＝期初发行在外普通股股数＋当期新发行普通股股数×
已发行时间÷报告期时间－当期回购普通股股数×
已回购时间÷报告期时间

存在稀释性潜在普通股的，应当计算稀释每股收益。潜在普通股主要包括可转换公司债券、认股权证和股份期权等。如果没有潜在普通股，稀释每股收益就等于基本每股收益。

可转换公司债券

对于可转换公司债券，计算稀释每股收益时，分子的调整项目为可转换公司债券当期已确认为费用的利息等的税后影响额；分母的调整项目为假定可转换公司债券当期期初或发行日转换为普通股的股数加权平均数。

认股权证和股份期权

根据规定，认股权证、股份期权等的行权价格低于当期普通股平均市场价格时，应当考虑其稀释性。计算稀释每股收益时，作为分子的净利润金额一般不变；分母的调整项目为计算的增加的普通股股数，同时还应考虑时间权数。公式中的行权价格和拟行权时转换的普通股股数，按照有关认股权证合同和股份期权合约确定。公式中的当期普通股平均市场价格，通常按照每周或每月具有代表性的股票交易价格进行简单算术平均计算。在股票价格比较平稳的情况下，可以采用每周或每月股票的收盘价作为代表性价格；在股票价格波动较大的情况下，可以采用每周或每月股票最高价与最低价的平均值作为代表性价格。无论采用何种方法计算平均市场价格，一经确定，不得随意变更，除非有确凿证据表明原计算方法不再适用。当期发行认股权证或股份期权的，普通股平均市场价格应当自认股权证或股份期权的发行日起计算。

2. 每股股利

每股股利是指普通股现金股利总额与发行在外的普通股股数的比值，反映普通股每股获得现金股利的多少。其计算公式为：

$$每股股利=\frac{现金股利总额-优先股股利}{发行在外的普通股股数}$$

公式中的股利总额是指用于分配普通股的现金股利总额。该公式表明在某一时期内每股普通股能够获得的股利收益。

该指标的数值越高，不仅能够体现公司具有较强的获利能力，而且体现公司的股利政策和现金是否充足。每股股利的高低取决于上市公司盈利能力的强弱，同时，每股股利分配政策和现金是否恰当、充足，也决定了每股股利的高低。倾向于分配现金股利的投资者，应注意比较分析公司历年的每股股利，从而了解公司的股利政策。一般认为，每股股利如果能逐年持续稳定地增长，就能提高该股票的质量。

假定 HS 公司 2017 年无优先股，支付的普通股股利总额为 6 400 万元，发行在外的普通股股数为 62 375 万股，则计算其普通股每股股利为：

每股股利＝（现金股利总额－优先股股利）÷发行在外普通股股数

＝6 400÷62 375＝0.10（元/股）

3. 股利支付率

股利支付率也称股利发放率，是指普通股每股股利与普通股每股收益的比率，用于衡量普通股的每股收益中有多少比例用于支付股利。股利支付率没有一个固定标准，公司可以根据自己的股利政策及股东大会决议支付股利。其计算公式为：

$$股利支付率=\frac{每股股利}{每股收益}\times 100\%$$

假定 HS 公司 2017 年普通股每股股利为 0.10 元，普通股每股收益为 0.42 元，则计算其股利支付率为：

股利支付率＝每股股利÷每股收益×100%＝0.10÷0.42×100%＝23.81%

该指标反映了普通股股东从每股收益中实际分到了多少收益，即上市公司在当年的净利润中拿出多少利润分配给股东。它比每股收益更能直接体现股东的收益。该比率越大，说明公司当期对股东发放的股利越多。股利支付率主要取决于公司的股利分配政策，其大小并不能表明企业的经济效益。当然，企业的经营政策在很大程度上也影响着股利的分配政策。

4. 市盈率

市盈率又称价格盈余比率或收益比率，是指在一个考察期(通常为 12 个月的时间)内，普通股每股市价与每股收益的比值。其计算公式为：

$$市盈率=\frac{普通股每股市价}{普通股每股收益}$$

假定 HS 公司 2017 年普通股每股市价为 4.20 元，普通股每股收益为 0.42 元，则计算其市盈率为：

市盈率＝普通股每股市价÷普通股每股收益×100%＝4.20÷0.42×100%＝10

市盈率指标是衡量上市公司盈利能力的重要指标之一。它反映了投资者对每 1 元净利润所愿支付的价格，可以用来估计股票的投资报酬与风险。较高的市盈率说明上市公司具有潜在的成长能力。一般说来，市盈率越高，公众对该公司的股票评价越高，但投资风险也会加大。分析市盈率时，应结合其他相关指标，因为某些异常的原因也会引起股票市价的变动，造成市盈率的不正常变动。另外，该指标不应用于不同行业公司间的比较。

5. 每股净资产

每股净资产也称每股账面价值，是股东权益总额与发行在外的普通股股数的比值。其计算公式为：

$$每股净资产=\frac{股东权益总额-优先股股权}{期末发行在外的普通股总股数}$$

每股净资产指标表明发行在外的每股股票所代表的的净资产的账面比值。它在理论上提供了股票的最低价值，可以用来估计其上市股票或拟上市股票的合理市价，判断投资价值及投资风险的大小。利用该指标进行纵向和横向的对比及结构分析等，可以衡量公司的发展进度、发展潜力，间接地表明企业盈利能力的大小。也就是说，在公司性质相同、股票市价相近的条件下，某公司股票每股净资产越高，则该公司发展潜力与股票的投资价值越大，投资者所承受的风险越小。

根据HS公司的资产负债表（见表2.2），公司2017年股东权益总额为130 387万元。已知公司发行在外普通股股数为62 375万股，则计算其每股净资产为：

$$\begin{aligned}每股净资产&=股东权益总额\div发行在外普通股股数\\&=130\,387\div62\,375\times100\%=2.09（元）\end{aligned}$$

小知识

市净率

对上市公司的评价还经常运用市净率指标。市净率是普通股每股市价与每股净资产的比例关系。其中，每股净资产是指股东权益总额减去优先股权益后的余额与发行在外的普通股股数的比值，也称为每股账面价值。

由于每股净资产是根据历史成本数据计算的，因此在投资分析中只能有限度地使用每股净资产指标。市净率小于1，表明这个企业没有发展前景；反之，市净率则会大于1，表明投资者对股票的前景感到乐观。市净率越大，说明投资者普遍看好该企业，认为这个企业有希望、有足够的发展潜力。

市净率指标与市盈率指标不同，市盈率指标主要从股票的盈利性角度进行考虑，而市净率则主要从股票的账面价值角度考虑。但两者又有不少相似之处，它们都不是简单的越高越好或越低越好的指标，都代表着投资者对某股票或某企业未来发展潜力的判断。同时，与市盈率指标一样，市净率指标也必须在完善、健全的资本市场上，才能据此对企业作出正确、合理的分析和评价。

实务演练

案例资料：市盈率，多高合适？

股指节节攀升，撩动了很多人的心，有人希望继续凯歌高唱，也有人说泡沫来了要打压。

泡沫论者的理论依据是市场的市盈率高了。有知名财经评论员表示，在处于 4 300 点一线时，44.89% 的股票市盈率大于 100倍，一半以上股票的市盈率高于 86.64 倍，70% 以上股票的市盈率高于 52.58倍；A 股有 70% 的股票估值水平已超过中石油，风险已大面积存在。这里所说的 100 倍市盈率，指的就是市盈率超过 100倍。那么，什么是市盈率呢？

用某只股票的价格除以这只股票的每股盈利就是市盈率。假设一个公司的股票价格是每股 20 元，而该公司的每股盈利是 0.5 元，那该公司的市盈率就是 20 元除以 0.5 元等于 40 倍。可能有些人以为，买市盈率越低的股票越安全。但事实上，股票市场中一些市盈率高的股票反而上涨很快，而一些市盈率低的股票却涨不动。这又是为什么呢？

通过研究可以发现，股市中市盈率高的股票多属于新兴行业，虽然市盈率高，但具有发展空间，如与互联网有关的行业。而市盈率低的股票大多属于成熟行业，成熟行业未来发展空间有限，所以虽然市盈率低，但还是上涨较慢。这个时候，你就会发现，其实市场是有效的。因为在股票市场上，不会将一个成熟行业股票的市盈率炒得很高，也不会将一个具有成长空间行业的股票的市盈率炒得很低。

记得学术界有关于“财务管理的目标是什么”的讨论，有的理论说是股东财富最大化，有的说是企业价值最大化，也有的说是相关者利益最大化。无论哪种理论，绕不开的是：只有股价上涨了才有股东、企业和相关者的利益最大化。

在未来资本市场发展可期的当下，谈股市泡沫破裂为时尚早。举个例子，如果之前投资者在海外市场投资腾讯、阿里巴巴之类公司的股票，虽然市盈率可能超过 50 倍、100 倍，但是它们具备成长空间，又怎么能因为市盈率高就说有泡沫呢？股民炒股，其实就是通过资本市场为实体经济输血。公司募集资金之后，随着未来的成长也能消化当前“有泡沫”的市盈率。与其说市场有泡沫，还不如呵护这个刚刚聚集人气的证券市场。更需要关注的其实是资本市场如何为实体经济输血，监管者如何更好地加强监管，建设一个公开、公平、公正的证券市场，保护中小投资者的利益。

资料来源：经济日报，2015-5-8.

要求：阅读案例资料，回答以下问题。

（1）有人说：买高市盈率股票的结果很可能是低收益率甚至是亏损？你怎么看？

（2）近年来，中小板、创业板股票动辄以 100 多倍市盈率发行上市，且很多企业的业绩都有较明显的过度包装痕迹。请搜集相关资料，分析投资者面临的风险。

提示：北大光华管理学院副院长刘俏就美国股市市盈率作出了如下分析，给我们很多启示。2015 年 4 月 15 日，纳斯达克 2 599 家上市公司平均市盈率 21 倍，中国深圳 429 家创业板公司市盈率 95 倍。但纳斯达克扣除苹果、谷歌、微软后市值小于 300 亿元人民币的公司有 2 353 家，平均市盈利 88 倍；市值小于 200 亿元人民币的公司有 2 264 家，平均市盈率 112 倍；市值小于 100 亿元人民币的公司有 2 043 家，平均市盈率 572 倍。不仅每个市场的总体构成不同，每个公司的体量、质量、前景也大不相同。简单拿某个市场的数据去套另外一个市场，可能会面临重重问题。

四、上市公司股利政策分析

（一）股利政策的概念

股利政策是指公司股东大会或董事会对一切与股利有关的事项所采取的较具原则性的做法，是关于公司是否发放股利、发放多少股利及何时发放股利等方面的方针和策略，所涉及的主要是公司对其收益进行分配，还是留存以用于再投资的策略问题。

股利政策作为企业的核心财务问题之一，一直受到各方的关注。因为股利的发放既关系到公司股东和债权人的利益，又关系到公司的未来发展。如果支付较高的股利，一方面可使股东获得可观的投资收益，另一方面还会引起公司股票市价上升。但是过高的股利，将使公司留存利润减少，或者影响公司未来发展，或者因举债、增发新股而增加资本成本，最终影响公司未来收益。而较低的股利，虽然使公司有较多的发展资金，但与公司股东的愿望相违背，会使股票价格下降，公司形象受损。因此，如何制定股利政策，使股利的发放与公司的未来持续发展相适应，并使公司股票价格稳中有升，便成为公司管理层的终极目标。

（二）影响股利政策的因素

1. 法律法规限制

我国的法律法规对公司股利政策的影响有如下 3 种情况。

第一，《公司法》的规定。《公司法》第一百三十条规定股份的发行必须同股同权，同股同利；第一百七十七条规定了股利分配的顺序，即公司分配当年税后利润时，应当先提取法定公积金、法定公益金（提取法定公积金和法定公益金之前应当先利用当年利润弥补亏损），然后才可按股东持有的股份比例分配；第一百七十九条规定股份有限公司经股东大会决议将法定公积金转为资本时，所留存的该项公积金不得少于注册资本的 25%。

第二，《个人所得税法》的规定。按照《个人所得税法》和国家税务总局《关于征收个人所得税若干问题的通知》，个人拥有的股权取得的股息、红利和股票股利应征收 20% 的所得税。

第三，《关于规范上市公司若干问题的通知》的规定。①上市公司确实必须进行中期分红派息的，其分配方案必须在中期财务报告经过具有从事证券业务资格的会计师事务所审计后制定；公布中期分配方案的日期不得先于上市公司中期报告的公布日期；中期分配方案经股东大会批准后，公司董事会应当在股东大会召开两个月内完成股利（或股份）的派发事项。②制定公平的分配方案，不得向一部分股东派发现金股利，而向其他股东派发股票股利。③上市公司制定配股方案同时制定分红方案的，不得以配股作为分红的先决条件。④上市公司的送股方案必须将以利润送红股和以公积金转为股本明确区分，并在股东大会上分别作出决议，分项披露，不得将二者均表述为送红股。

2. 国家宏观经济环境

一国经济的发展具有周期性。当一国经济处在不同的发展周期时，对该国企业股利政策的制定也有不同的影响。相应地，我国上市公司在制定股利政策时，同样受到宏观经济环境的影响。当前，在形式上表现为由前几年的大比例送配股，到近年来现金股利的逐年增加。

3. 通货膨胀

当发生通货膨胀时，折旧储备的资金往往不能满足重置资产的需要。公司为了维持其原有生产能力，需要从留存利润中予以补足，这时管理当局可能调整其股利政策，导致股利支付水平下降。

4. 企业的融资环境

当客观上存在一个较为宽松的融资环境时，企业可以发放债务融资性的股利和权益融资性的股利，亦即公司借新债或发新股来为股利融资。一般来说，企业规模越大，实力越雄厚，其在资本市场融资的能力就越强，财务灵活性也越大，当然其支付股利的能力也就越强。但对于许多小公司或新成立的公司而言，难以采取融资性的股利政策。

5. 市场的成熟程度

衡量市场的成熟程度，通常可划分为 3 种形式：弱式有效市场、半强式有效市场和强式有效市场。市场越有效，其成熟度也就越高。实证研究结果显示，在比较成熟的资本市场（半强式有效市场）中，现金股利是最重要的一种股利形式，股票股利则呈下降趋势。我国尚系新兴的资本市场，与成熟的市场相比，股票股利仍属一种重要的股利形式。

6. 企业所在的行业

股利政策具有明显的行业特征。一般来说，成熟产业的股利支付率高于新兴产业，公用事业公司的股利支付率高于其他行业的公司。经验表明，行业的平均股利支付率同该行业的投资机会呈负相关关系。

7. 企业资产的流动性

所谓资产的流动性是指企业资产转换为现金的难易程度。企业的现金流量与资产整体流动性越好，其支付现金股利的能力就越强。而成长中的、盈利性较好的企业，如果其大部分资金投在固定资产和永久性营运资金上，则它们通常不愿意支付现金股利而危及企业的安全。

8. 企业的生命周期

我们通常把企业的生命周期划分为初创阶段、成长阶段、发展阶段和成熟阶段。在不同的阶段，企业的股利政策会受到不同的影响。在初创阶段，企业一般不考虑股利的发放；在成长阶段，企业急需资金投入，一般来讲，股利支付率相对较低；在发展阶段，公司开始能以较大的股利支付比率把收益转移给股东；到成熟阶段，由于投入产出相对稳定，股利支付率和股票收益率都将几乎保持不变。

9. 企业的投资机会

股利政策在很大程度上受投资机会所左右。如果公司有较多的有利可图的投资机会，往往采用低股利、高留存利润的政策；反之，如果投资机会较少，就可能采用高股利政策。当然，在采用低股利政策时，公司管理层必须向股东充分披露已留存利润投资于盈利高的项目，以取得股东的信任和支持。

（三）股利政策的选择

目前，除部分企业选择不分配股利的政策外，常见的股利政策有以下几种形式。

1. 剩余股利政策

剩余股利政策是指在公司有着良好的投资机会时，根据一定的目标资本结构，测算出投资所需的权益资本，先从盈余当中留用，然后将剩余的盈余作为股利予以分配。剩余股利政策的特点是把企业的股利分配政策完全作为一个筹资决策来考虑，只要公司有了其预期投资收益率超过资本成本率的投资方案，公司就会用留存利润来为这一方案融资。剩余股利政策比较适合于新成立的或处于高速成长期的企业。

假定 HS 公司上年税后利润为 600 万元，今年年初公司讨论决定股利分配的数额。预计今年需要增加投资资本 800 万元，公司的目标资本结构是权益资本占 60%，债务资本占 40%，今年继续保持。按法律规定，至少要提取 10% 的公积金。公司采用剩余股利政策，筹资的优先顺序是留存利润—借款—增发股份。公司当年应分配的股利计算如下。

$$留存收益=未来投资资本\times目标权益比重=800\times60\%=480（万元）$$

$$股利分配=600-480=120（万元）$$

采用剩余股利政策的根本原因在于保持理想的资本结构，使加权平均资本成本最低。

2. 稳定的股利政策

稳定的股利政策是指在一段时间内公司保证每股股利金额的相对稳定。这里所说的稳定是指企业的股利支付呈线性趋势，尤其是呈向上的趋势。采用这一政策，不论经济状况如何，也不论企业经营业绩好坏，都将每期的股利固定在某一水平上保持不变。只有当管理层认为未来盈利将显著地、不可逆转地增长时，才会提高股利的支付水平。

该股利政策的优点有：①稳定的股利向市场传递公司正常发展的信息，有利于树立公司良好的形象，增强投资者对公司的信心，稳定股票的价格；②有利于投资者安排股利收入和支出。

其缺点有：①股利支付与盈余脱节；②不能像剩余股利政策那样保持较低的资本成本。

一般来说，想要取得收入的投资者更喜欢能支付稳定股利的企业，而不喜欢支付不稳定股利的企业。总之，稳定股利政策对有收入意识的投资者会产生正的效用。另外，一些机构投资者，包括证券投资基金、养老基金、保险公司及其他一些机构，也比较欣赏能够支付稳定股利的公司。因此，大多数成熟的、盈利比较好的公司通常采用稳定的股利政策。

3. 固定股利支付率政策

固定股利支付率政策是公司确定一个股利占盈余的比率，长期按该比率支付股利的政策。其特点是：能使股利与公司盈余紧密配合，以体现多盈多分，少盈少分，无盈不分的原则。但是，这种政策下各年的股利变动较大。

采用固定支付比率的股利政策，使得企业的股利支付极不稳定，容易造成企业的信用地位下降、股票价格下跌与股东信心动摇的局面。因此，国外采用固定比率股利政策的公司较少。

4. 低正常股利加额外股利政策

低正常股利加额外股利政策是公司一般情况下每年只支付一个固定的、数额较低的股利，在盈余较多的年份，再根据实际情况向股东发放额外股利。但额外股利并不固定化，不意味着公司永久地提高了规定的股利率。

采用该政策的理由是：具有较大灵活性，使一些依靠股利度日的股东每年至少可以得到虽然较低但比较稳定的股利收入，从而吸引住这部分股东。

低正常股利加额外股利政策尤其适合于盈利经常波动的企业。

小知识

股票分红、股息与股利

股票分红是指投资者购买一家上市公司的股票，对该公司进行投资，同时享受公司分红的权利。一般来说，上市公司分红有两种形式：向股东派发现金股利和股票股利。上市公司可根据情况选择其中一种形式进行分红，也可以两种形式同时使用。

股息即股票的利息，是指股份公司从提取了公积金、公益金的税后利润中，按照股息率派发给股东的收益。股息的利率是相对的固定的，特别是对优先股而言。

股利是股息和红利的简称，也是一种统称。换言之，股利由股息和红利两部分构成。它指股东依靠其所拥有的公司股份从公司分得利润，也是董事会正式宣布从公司净利中分配给股东，作为每一个股东在公司投资的报酬。

公司股票分为普通股票和优先股票两大类。普通股票的股东得红利，优先股票的股东得股息。普通股票的红利率不是事先约定的，每个普通股股东在公司营业年度内能分得红利数量的多少完全取决于公司当年的盈利状况，是不固定的。而优先股票的股息率是按照事先确定的固定比例向股东分配的公司盈余，在一定的时间内是不变的。

尽管股息和红利都是股东向公司投资所获得的资金报酬，它们都是股利的表现形式，但二者是两个不同的概念，即股息通常是对优先股而言，而红利则是对普通股而言。股利是股息和红利的合并后的简化称呼。

（四）股利支付的方式

① 现金股利。它是以现金支付的股利，是股利支付的主要方式。公司支付现金股利除了要有累计盈余（特殊情况下可用弥补亏损后的盈余公积金支付）外，还要有足够的现金，所以公司在支付现金股利前需筹备充足的现金。

② 财产股利。它是以现金以外的资产支付的股利，主要是以公司所拥有的其他企业的有价证券，如债券、股票，作为股利支付给股东。

③ 负债股利。它是公司以负债支付的股利，通常以公司的应付票据支付给股东，不得已情况下也有发行公司债券抵付股利的。财产股利和负债股利实际上是现金股利的替代。

④ 股票股利。它是公司以增发的股票作为股利的支付方式。

实务演练

案例资料： 股利支付率 9 589%，新三板公司高额派现为哪般？

2016 年 5 月 21 日，无锡海航发布分红预案公告称，以 2015 年 12 月 31 日公司总股本 500 万股为基准，拟向全体股东每 10 股转 9.78 股送 20.22 红股派 4.8 元，共计现金分红 240 万元，利润分配完成后公司总股本为 2000 万股。

同日，浙江国祥、林格贝、集美新材、广咨国际、微动天下、九九华立、朗德金燕等 7 家新三板公司也同时发布了分红预案。

距离 5 月份结束还有 1 周，新三板市场已有 77 家公司发布分红预案，其中，上周二至周六共发布 30 起。

随着 2015 年年报的收官，新三板成长性完胜创业板虽已路人皆知，然而如此密集转送派，也是“土豪”得有点出乎意料。

新三板上这些公司最“土豪”

据新三板资本圈记者统计，2016 年至今，已有 821 家新三板挂牌公司发布转送派预案，其中，除 38 家分红难产外，其余都进展顺利。除却 7 家以一季报为报告期外，以 2015 年年报为报告期的转送派公司就达 776 家，占新三板公司总数超过 10%，远超同期主板市场的分红公司占比。

毋庸置疑，无论是论“才气”还是论“财气”，计算机、互联网及其相关行业都必须摘得桂冠。据统计，在分红公司中，软件和信息技术服务业共计 102 家，占比 12%，居排行榜首；计算机、通信和其他电子设备制造业共有 58 家，占比 7%，获得亚军；专用设备制造业 57 家紧随其后。不过以高新技术为核心亮点的新三板，这些公司最“土豪”其实也在情理之中。分红行业公司数量占比如图 3.2 所示。

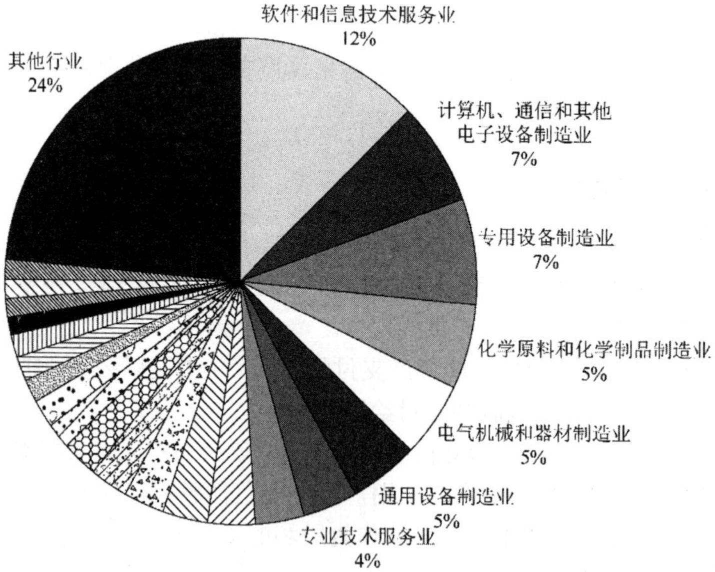

图 3.2　分红行业公司数量占比

参与分红的公司在数量上占优势也就罢了，派送的现金也是足够豪！瞧，10 派 10 元或以上的就有 12 家，最高派现达 25 元。高分红公司排行如表 3.20 所示。

表 3.20　高分红公司排行

代　码	名　称	预案公告日	每股派息（税前）	送股比例	转增比例
831318.OC	信易科技	2016/4/28	2.500 0		
833764.OC	斯达电气	2016/4/27	2.300 0		4.000 0
834383.OC	都邦药业	2016/4/14	2.166 7		0.140 0
833405.OC	原妙医学	2016/4/28	2.000 0	1.000 0	
835609.OC	潜龙股份	2016/4/28	1.515 0		1.000 0
833643.OC	必得科技	2016/4/12	1.500 0		2.000 0
836892.OC	广咨国际	2016/5/21	1.420 0		
833663.OC	百事秦	2016/4/21	1.189 0		1.400 0
430381.OC	阿兰德	2016/4/9	1.074 4		
832311.OC	兆科电子	2016/4/28	1.000 0		
834833.OC	成都文旅	2016/4/21	1.000 0		
831971.OC	开元物业	2016/4/21	1.000 0		2.000 0

“土豪”得不要不要的。只是有人会问，如果公司成长性不及预期，如此“土豪”谁来买单？

新三板派现公司是真豪

新三板公司高转送对公司股东、市场无疑都是利好消息，但事实上，这些高转送的土豪公司，却并非都是赚得盆满钵满的主儿，如优网科技（430343）2015 年分红总额为 440 万元，但其当年净利润仅为 4.59 万元，股利支付率高达 9 589.42%。

无独有偶，林克曼（430031）2015 年净利润为 444.58 万元，但这两年分红两次，金额高达 5 775 万元，股利支付率高达 1 298.99%……

就算公司看好未来收益，如此大手笔也实属罕见。

实际上，诸如此类“土豪”公司在新三板也非屈指可数。据统计，2015 年至今，新三板进行派现的公司共有 542 家，其中，股利支付率高达 100% 以上的公司合计 55 家，占比超过 10%；超过 200% 的也达 15 家。

然而，据不完全统计，A 股 2015 年股息支付率高于 40% 的也寥寥无几，许多公司迫于政策面压力才会走下过场进行现金分红。

与主板市场不少公司账面上有巨额未分配利润却吝于回报投资者相比，新三板高额、高频派现的公司，不管土不土，反正是真豪！股利支付率高于 200% 的新三板公司如表 3.21 所示。

表 3.21　股利支付率高于 200%的新三板公司

代　码	名　称	分红总额/万元	净利润/万元	股利支付率/（%）	2015—2016 分红次数
430343.0C	优网科技	440.00	4.59	9 589.42	1
430031.0C	林克曼	5 775.00	444.58	1 298.99	2
834933.0C	正弦电气	1 290.00	378.65	340.69	1
430530.0C	云铜科技	184.40	54.61	337.68	1
833680.0C	一览网络	3 000.00	964.77	310.95	2
430565.0C	莱力柏	506.00	167.36	302.34	1
430604.0C	三炬生物	600.66	216.72	277.16	1
832475.0C	欣欣饲料	1 861.39	691.02	269.37	1
430116.0C	中矿华沃	100.00	39.19	255.17	1
831673.0C	交联辐照	420.00	168.11	250.33	1
835706.0C	利诚股份	1 920.00	792.84	242.17	1
833570.0C	万全物流	495.00	205.36	241.04	1
832004.0C	海林节能	3 582.00	1 502.57	238.39	1
833637.0C	福建三星	5 616.00	2 703.37	207.74	1
831260.0C	东方碾磨	144.00	69.73	206.50	1

面对如此高额派现，套现者固然洋洋得意，然而谁又会愿意成为下一个接盘侠？

高额派现也好，高频送转也罢，新三板土豪公司频现到底为哪般？

读者须明白，送转股票对投资者来说，总持股市值不变，持仓数量也同比例增加而已。对公司来说，影响也不是很大。转增股本来自于资本公积，它可以不受公司本年度可分配利润的多少限制。

送股是来自于公司的税后利润，将利润转换为股本，对公司的盈利水平有一定的要求。送股后，公司总股本增大了，同时每股净资产降低了。

扩大股本有利于改善公司股本结构，这可以理解；不惜一切代价冲创新层，这也可以理解；但是派现来自财务报表中的未分配利润，对公司现金流将产生较大的影响。

这场数字游戏，谁才是真正的获利者？有些道理你我都明白，但是有些秘密你也未必知晓。

笔者发现，高额派现的公司大多数股权比较集中。以股利支付率超过 95 倍的优网科技为例。2015 年 8 月 8 日，优网科技发布 2015 年半年报，数据显示，公司当期净利润为−128 万元，未分配利润 440 万元。

10 月 17 日发布利润分配方案公告，以截至 2015 年 6 月 30 日的总股本 500 万股为基数，每 10 股派发现金红利 8.8 元（含税），共计分配利润 440 万元。

半年报显示，公司只有 7 位股东，如表 3.22 所示。其中，实际控制人马建功及孟慧智合计持有公司 85.2% 股份，在此次派现中合计分红达 374.88 万元。

表 3.22 优网科技股东构成

股东名称	关联关系	对本公司的持股比例/（%）	对本公司的表决权比例/（%）
马建功	实际控股人	44.70	44.70
孟慧智	实际控股人	40.50	40.50
马倩倩	股东	4.80	4.80
程懿	股东	3.00	3.00
高岸谷	股东	3.00	3.00
孟宪勇	股东	3.00	3.00
曾学军	股东	1.00	1.00
合计		100.00	100.00

值得注意的是，与主板送转派不同的是，主板有高转送热炒概念，送转后的填权行情有时值得一追，但是对于新三板来说，在流动性困局的背景下，流动高溢价是天方夜谭，填权更无从谈起。

因此对于当期净利润为负的公司来说，在可预见的未来其未分配利润累积增长也须谨慎对待。那么问题来了，你愿意成为其接盘侠吗？

资料来源：新三板资本圈，2016-5-24.

要求：

（1）阅读案例资料后，搜集有关信息，了解2016年上市公司采取的股利政策状况。

（2）选择优网科技为样本公司，关注其近5年的股利政策并进行评价。

在线自测

任务检测 3-3

选择题

1．总资产报酬率是指（　　）与平均总资产之间的比率。

A．利润总额　B．息税前利润　C．净利润　D．息前利润

2．（　　）是反映盈利能力的核心指标。

A．总资产报酬率　B．股利发放率

C．总资产周转率　D．净资产收益率

3．某公司采用剩余股利政策分配股利，董事会正在制定2016年度的股利分配方案。在计算股利分配额时，不需要考虑的因素是（　　）。

A．公司的目标资本结构　B．2016年末的货币资金

C．2016年实现的净利润　D．2017年需要的投资资本

4．在股利分配政策中，最有利于股价稳定的是（　　）。

A．剩余股利政策　B．稳定的股利政策

C．固定股利支付率政策　D．低正常股利加额外股利政策

配套实训

实训3-6　资本经营盈利能力分析

实训目标

明确企业资本经营的含义，了解企业资本经营的主要特点；针对影响企业资本经营盈利能力的因素，能进行影响企业资本经营盈利能力因素的分析，并正确评价企业资本经营盈利实力。

实训资料

1．有关资本经营

资本经营是指围绕资本保值增值进行经营管理，把资本收益作为管理的核心，实现资本盈利能力最大化。资本经营的含义有广义和狭义之分。

广义的资本经营是指以资本增值最大化为根本目的，以价值管理为特征，通过企业全部资本与生产要素的优化配置和产业结构的动态调整，对企业的全部资本进行有效运营的一种经营方式。它包括所有以资本增值最大化为目的的企业经营活动，自然也包括产品经营和商品经营。狭义的资本经营是指独立于商品经营而存在的，以价值化、证券化了的资本或可以按价值化、证券化操作的物化资本为基础，通过流动、收购、兼并、战略联盟、股份回购、企业分立、资产剥离、资产重组、破产重组、债转股、租赁经营、托管经营、参股、控股、交易、转让等各种途径优化配置，提高资本运营效率和效益，以实现最大限度增值目标的一种经营方式。

资本经营的内容非常广泛，从不同的方面划分，有以下内容。

① 从资本的运动状态来划分，可以将其划分为存量资本经营和增量资本经营。存量资本经营指的是投入企业的资本形成资产后，以增值为目标而进行的企业的经济活动。资产经营是资本得以增值的必要环节。企业还通过对兼并、联合、股份制、租赁、破产等产权转让方式，促进资本存量的合理流动和优化配置。增量资本经营实质上是企业的投资行为，因此，增量资本经营是对企业的投资活动进行筹划和管理，包括投资方向的选择、投资结构的优化、筹资与投资决策、投资管理等。

② 从资本经营的形式和内容来划分，可以将资本经营分为实业资本经营、金融资本经营、产权资本经营和无形资本经营等。实业资本经营是以实业为对象的资本经营活动；金融资本经营是指以金融商品（或称货币商品）为对象的资本经营活动；产权资本经营是指以产权为对象的资本经营活动；无形资本经营是以无形资本为对象的经营活动。

资本经营与商品经营、资产经营在本质上存在着紧密的联系，但它们之间也存在着区别，不能将资产经营、商品经营与资本经营相等同。资本经营具有以下三大特征。

① 资本经营的流动性。资本是能够带来价值增值的价值，资本的闲置就是资本的损失。资本经营的生命在于运动，资本是有时间价值的，一定量的资本在不同时间具有不同的价值，今天的一定量资本，比未来的同量资本具有更高的价值。

② 资本经营的增值性。实现资本增值，这是资本经营的本质要求，是资本的内在特征。资本的流动与重组的目的是实现资本增值的最大化。企业的资本运动，是资本参与企业再生产过程并不断变换其形式，参与产品价值形成运动，在这种运动中使劳动者的活劳动与

生产资料物化劳动相结合，资本作为活劳动的吸收器，实现资本的增值。

③ 资本经营的不确定性。资本经营活动，风险的不确定性与利益并存。任何投资活动都是某种风险的资本投入，不存在无风险的投资和收益。这就要求经营者要力争在进行资本经营决策时，必须同时考虑资本的增值和存在的风险，并为企业的长远发展着想。企业经营者要尽量分散资本的经营风险，把资本分散出去，同时吸收其他资本参股，实现股权多元化，以优化资本结构来增强资本的抗风险的能力，保证风险一定的情况下收益最大。

资本经营除了上述的 3 个主要的特征之外，还具有资本经营的价值性、市场性和相对性的特征。

2. 影响资本经营盈利能力的因素分析

根据某公司 2016 年、2017 年两个年度的资产负债表、利润表及其附表资料和会计报表附注，摘出以下分析数据，如表 3.23 所示。

表 3.23　主要财务数据资料　　千元

项　目	2016 年	2017 年
平均总资产	9 638	15 231
平均净资产	8 561	11 458
利息支出	146	189
利润总额	821	1 689
所得税税率/（%）	30	25

实训要求

（1）根据实训资料 1，试说明资本经营与资产经营的联系与区别。

（2）根据实训资料 2，用连环替代法计算各因素变动对资本经营能力的影响程度并进行分析评价。

提示：资本经营盈利能力是指企业的所有者通过投入资本经营取得利润的能力。反映资本经营盈利能力的基本指标是净资产收益率，即企业本期净利润与净资产的比率。影响净资产收益率的因素主要有总资产报酬率、负债利息率、企业资本结构和所得税率等。净资产收益率与各影响因素之间的关系用下式表示。

$$净资产收益率=[总资产报酬率+(总资产报酬率-负债利息率)\times(负债\div净资产)]\times(1-所得税税率)$$

公式推导如下：

$$净资产收益率=\frac{净利润}{平均净资产}\times100\%=\frac{利润总额}{平均净资产}\times(1-所得税税率)$$

$$=\frac{\frac{EBIT}{平均资产}\times平均净资产+\frac{EBIT}{平均资产}\times平均负债-利息}{平均净资产}\times(1-所得税税率)$$

$$=\left[\frac{EBIT}{平均资产}+\frac{平均负债}{净资产}\times\left(\frac{EBIT}{平均资产}-\frac{利息}{平均负债}\right)\right]\times(1-所得税率)$$

$$=\left[总资产报酬率+(总资产报酬率-负债利息率)\times\frac{负债}{净资产}\right]\times(1-所得税税率)$$

实训 3-7　资产经营盈利能力分析

实训资料

甲公司 2016 年、2017 年有关资产负债表、利润表项目金额如表 3.24 所示。

表 3.24　财务数据资料

万元

项　目	2017 年	2016 年
营业收入	2 000	1 500
利润总额	180	120
利息支出	12	8
平均总资产	3 840	3 096

实训要求

（1）什么是资产经营？影响企业资产经营盈利能力的因素有哪些？

（2）用因素分析法计算各因素变动对甲公司资产经营能力的影响程度，并进行分析评价。

提示：资产经营盈利能力是指企业运营资产产生利润的能力。反映资产经营盈利能力的指标是总资产报酬率，即息税前利润与平均总资产之间的比率。根据总资产报酬率指标的经济内容，可将其进行分解：

$$\text{总资产报酬率}=\frac{\text{营业收入}}{\text{平均总资产}}\times\frac{\text{利润总额}+\text{利息支出}}{\text{营业收入}}\times 100\%$$

$$=\text{总资产周转率}\times\text{销售息税前利润率}\times 100\%$$

可见，影响总资产报酬率的因素有两个：一是总资产周转率，它是企业资产经营效果的直接体现；二是销售息税前利润率，反映了企业商品生产经营的盈利能力。

实训 3-8　商品经营盈利能力分析

实训目标

明确企业商品经营的含义，掌握分析企业商品经营盈利能力的核心衡量指标；能进行企业商品经营盈利能力的分析评价。

实训资料

大华公司 2016 年度利润表如表 3.25 所示。

表 3.25　利润表

编制单位：大华公司　　　　2017 年度　　　　千元

项　目	2017 年度	2016 年度
一、营业收入	2 316 444	1 798 408
减：营业成本	1 860 734	1 462 935
税金及附加	9 860	9 247
销售费用	87 603	77 122
管理费用	201 140	149 104
财务费用	62 429	87 287
资产减值损失	35 419	0

（续表）

项　目	2017 年度	2016 年度
加：投资收益	−2 259	18 686
其中：对联营企业和合营企业的投资收益	0	0
二、营业利润	57 000	31 399
加：营业外收入	113 903	2 253
减：营业外支出	3 359	1 402
其中：非流动资产处置损失	0	0
三、利润总额	167 544	32 250
减：所得税费用	50 360	−1 496
四、净利润	117 184	33 746
五、每股收益		
基本每股收益	0.40	0.12
稀释每股收益		

实训要求

（1）什么是商品经营？影响企业商品经营盈利能力的因素有哪些？

（2）对大华公司的商品经营盈利能力进行全面分析。

提示：反映商品经营盈利能力的指标可分为两类：一类是各种利润额与收入之间的比率，统称收入利润率；另一类是各种利润额与成本之间的比率，统称成本利润率。反映收入利润率的指标主要有营业收入利润率、营业收入毛利率、总收入利润率、销售净利率和销售息税前利润率；反映成本利润率的指标主要有营业成本利润率、营业费用利润率、全部成本费用利润率等。

$$\text{营业收入利润率}=\frac{\text{营业利润}}{\text{营业收入}}\times 100\%$$

$$\text{营业收入毛利率}=\frac{\text{营业收入}-\text{营业成本}}{\text{营业收入}}\times 100\%$$

$$\text{销售息税前利润率}=\frac{\text{息税前利润}}{\text{营业收入}}\times 100\%$$

$$\text{总收入利润率}=\frac{\text{利润总额}}{\text{总收入}}\times 100\%$$

$$\text{销售净利率}=\frac{\text{净利润}}{\text{营业收入}}\times 100\%$$

$$\text{营业成本利润率}=\frac{\text{营业利润}}{\text{营业成本}}\times 100\%$$

$$\text{营业费用利润率}=\frac{\text{营业利润}}{\text{营业费用}}\times 100\%$$

$$\text{全部成本费用总利润率}=\frac{\text{利润总额}}{\text{营业费用}+\text{营业外支出}}\times 100\%$$

$$\text{全部成本费用净利润率}=\frac{\text{净利润}}{\text{营业费用}+\text{营业外支出}}\times 100\%$$

实训3-9　上市公司市场价值比率分析

实训目标

关注上市公司的信息披露，了解上市公司市场价值的含义，明确市场价值比率分析的内容，熟练掌握市场价值比率分析的各项指标，理解其经济意义，并能够熟练运用。

实训资料

1．关注上市公司年报中的分红预案

对于很多投资者来说，年报看点除了每股收益，就要算分红预案了。分红预案可以包括3项内容：一是利润分配预案；二是资本公积转增股本预案；三是盈余公积转增股本预案。

其中，利润分配又有两种方式可以选择：一是分现金；二是送红股。分现金很容易理解，而送红股实际上是会计科目之间的调整，不涉及现金流出。

资本公积转增股本，严格来讲不属于分红范畴，但由于这一行为的实质与送红股类似，一般都将其视为分红的一种。因此，在上市公司年报中，利润分配预案与资本公积转增预案被放在一起表述。至于盈余公积转增股本预案，虽然在理论上可行，但上市公司极少实施，投资者可暂不予以关注。

（1）利润分配的前提条件

上市公司董事会在年报中提出利润分配预案有两个前提条件。

① 本年度净利润弥补以前年度亏损后仍为正。在实际中，有些上市公司以前年度发生过巨额亏损，导致其账面上“未分配利润”这一会计科目为负值。按照规定，上市公司当年的净利润在进行分配前，先要弥补以前年度亏损。如果弥补后，未分配利润还是负数，上市公司则不能进行利润分配。因此，对未分配利润还留有巨额亏损的上市公司，投资者就不必指望其年报中会出现利润分配预案了。

这里要特别提醒投资者注意的是：在现行的《公司法》实施以前，上市公司可以用资本公积弥补以前年度亏损，因此，弥补以前年度亏损还算容易——多数上市公司的资本公积金都比较充裕。但现行的《公司法》中，禁止了用资本公积弥补以前年度亏损的行为。这样一来，一旦上市公司账面形成巨额亏损，很有可能在几年之内，该公司都难以提出分红预案。

② 本年度盈利。虽然从理论上讲，当年亏损的上市公司仍然有可能分配利润——只要以前年度的未分配利润与本年度亏损相加后仍为正数，但在现实中，这样做的上市公司极为罕见。十几年来，总数也不超过5家。因此，对于那些年报已经预亏的上市公司，投资者也不用指望其推出利润分配预案了。

（2）资本公积转增的前提条件

从理论上讲，资本公积转增股本时，没有如利润分配那样的两个前提条件。也就是说，无论上市公司当期是否赚钱，无论上市公司的未分配利润是正还是负，如果公司的“资本公积”会计科目上有足够的钱，就可以提出资本公积转增的预案。

但在实际操作中，绝大多数上市公司董事会在决定是否提出资本公积转增预案时，还是遵循着利润分配的两个前提条件。前些年，有过一些亏损公司在年报中提出资本公积转增预案，但现在，这一现象已基本绝迹。

（3）能大量现金分红的公司大多很健康

上市公司现金分红是实现投资者投资回报的重要形式，然而与送红股或转增股本相比，投资者对年报现金分红的企盼程度很低。

这一方面是因为，多数投资者觉得从二级市场赚取差价，所得要远远超过现金分红；另一方面，也是多年来国内证券市场中也很少有上市公司能够坚持持续、稳定的现金分红政策，无法树立一批具有示范效应的榜样。但实际上，能送现金，特别是大量送现金，对投资者而言未尝不是一件好事。

（4）能大量送现金的上市公司大都很健康

有些公司看上去赚了不少钱，但这些钱很多是应收账款，实际账上的现金并不多，有的时候，应收账款最后就变成坏账了。因此，能大量送现金，说明上市公司的经营风险不大，不太可能出现突然亏损的情况。

上市公司大量分现金，也说明它对投资者真正负责。有些钱放在公司账上，没什么好项目可以投资，日常经营中暂时也用不上，只好放在银行里吃利息，或者买卖国债，与其这样，不如分给投资者。

而且，投资者分得了现金，也算是真正落袋为安，这跟分到股票不一样，股票虽然多了，但有可能贴权，这样比起来，拿到现金更安全一些。而且，如果真看好这家公司，完全可以用分到的现金接着再买它的股票。

此外，有专家还从多年的实际情况分析得出这样一个结论：那些多年来坚持大量派送现金红利的上市公司，其股价的涨幅明显高于市场平均水平。

由于现金分红对股市健康发展的重要性，证监会也在 2008 年 10 月推出了有关现金分红的新规定。第一，申请增发或配股的公司（注意，不包括定向增发），最近 3 年以现金方式累计分配的利润不少于最近 3 年实现的年均可分配利润的 30%。这项规定，使强有力的现金分红成为再融资的重要前提条件。因此，可以预期，很多以前年度现金分红比例过低的上市公司，很有可能会推出大比例的现金分红预案。第二，证监会要求从 2008 年年报开始，上市公司应当以列表方式明确披露公司前 3 年现金分红的数额与净利润的比率。同时要求，年报盈利但未提出现金利润分配预案的公司，应详细说明未分红的原因、未用于分红的资金留存公司的用途。

2. 案例：高分红个股具备投资价值

2016 年 3 月 24 日，贵州茅台发布了 2015 年年度报告，公司营收和净利润连续 3 年持续增长，并推出了近 3 年最慷慨的分红方案——每 10 股派发现金红利 61.71 元。业内人士指出，随着上市公司年报的披露，越来越多的上市公司推出了分红方案，现金分红使得上市公司的投资价值提升，增加了投资者可掘金高分红个股的机会。

贵州茅台拟每 10 股派 61.71 元

作为蓝筹股代表公司，贵州茅台多年来的高派息率向来惹投资者眼红。根据公司 2015 年的利润分配预案，贵州茅台拟向全体股东每 10 股派发现金红利 61.71 元（含税），共分配利润 77.52 亿元，分红力度超过 2013 年和 2014 年，接近 2012 年每 10 股 64.19 元的分红水平。按照昨日的收盘价格计算，贵州茅台当前的股息率达到了 2.54%，已经远远超过 1.5% 的当前一年期定期存款利率。对于长期投资者而言，贵州茅台的投资价值显著。此前，贵州茅台连续两年推出每 10 股派发 43.74 元（含税）的现金分红方案。

对于贵州茅台的慷慨分配，市场也十分认可，昨日该股大涨 3.27%，收于 242.66 元，股价创出近 8 个月来的新高，单日市值增加了 96.58 亿元。事实上，机构投资者对于贵州茅台一直十分认可，贵州茅台股东名单显示，证金公司持股 3 228.72 万股，汇金公司持有贵州茅台 1 078.73 万股。

现金分红提升 A 股投资价值

贵州茅台年报派发的"大红包"推动股价创出 8 个月来的新高，作为 A 股第一高价股，或将引发市场对于高分红个股的新一轮掘金行情。据统计数据显示，截至昨日，A 股市场总计有 500 多家上市公司发布了 2015 年年度利润分配方案。其中占比达 90% 的上市公司发布了现金分红方案。

数据显示，在进行现金分红的上市公司中，有 120 家上市公司的现金分红总额超过 1 亿元，其中包括万科 A、中国平安、广发证券等在内的 13 家上市公司分红金额超过 10 亿元。万科 A 的现金分红金额约为 79.48 亿元，在已公布现金分红预案上市公司中位居第一。而从每股股利的角度看，华东医药、江铃汽车、四通新材、焦点科技、上海家化等上市公司每股股利较高。此外，在进行现金分红的上市公司中，有 283 家上市公司的分红股息率超 0.35%，超过了当前活期存款利率；有 48 家上市公司的分红股息率超过 1.5%，比一年期定期存款利率还高。

业内人士指出，在股市中稳定的投资回报是股息。一般来说，一家公司的股息率越高，一定程度上说明企业的盈利状况越好。投资高股息率的股票，可以让投资享有足够的安全边际，在一般行情里也能获取不错收益。

资料来源：成都日报，2016-3-25.

3. T公司财务报表相关资料（见表 3.26）

表 3.26 T 公司利润分配及股东权益相关资料 万元

利润分配资料	2014 年	2015 年	2016 年	2017 年
净利润	1 500	1 700	1 860	1 800
加：年初未分配利润	600	800	1 010	1 098
可供分配利润	2 100	2 500	2 870	2 898
减：提取盈余公积	255	255	279	270
可供股东分配的利润	1 875	2 245	2 591	2 628
减：已分配的优先股股利	400	400	400	400
提取任意盈余公积金	75	85	93	90
已分配普通股股利	600	750	1 000	1 300
未分配利润	800	1 010	1 098	838
优先股（面值 0.5 元/股，2 000 万股）	1 000	1 000	1 000	1 000
普通股（2 元/股）	2 500	2 700	3 000	3 050
资本公积	1 600	1 600	1 600	1 600
盈余公积	1 400	1 740	2 112	2 472
未分配利润	800	1 010	1 098	838
股东权益合计	7 300	8 050	8 810	8 960
普通股平均每股市价/元	6	7	8	9
普通股股数/万股	1 250	1 350	1 500	1 525

实训要求

（1）根据你所掌握的最新年度的上市公司信息，试分析某上市公司利润分配状况。

（2）根据实训资料 2，分析贵州茅台股利政策利弊。

（3）根据实训资料 3，计算 T公司的影响市场价值的财务比率，填入表 3.27 中。

（4）根据表 3.27，分析 T公司近几年来的发展变化情况。

表 3.27　T 公司市场价值比率分析计算

市场价值比率	2014 年	2015 年	2016 年	2017 年
每股收益/元				
每股净资产/元				
市盈率				
市净率				
每股股利/元				
股利报酬率/（%）				
普通股权益报酬率/（%）				
股利发放率/（%）				
股利保障倍数				
留存收益比率/（%）				

提示：

$$股利发放(支付率)=\frac{普通股每股股利}{普通股每股收益}\times 100\%$$

$$股利报酬率(市价股利率)=\frac{普通股每股股利}{普通股每股市价}\times 100\%$$

$$普通股权益报酬率=\frac{净利润-优先股股利}{平均普通股权益}\times 100\%$$

$$股利保障倍数=\frac{1}{股利支付率}$$

$$留存收益率=\frac{净利润-现金股利}{净利润}\times 100\%$$

实训 3-10　盈利质量分析

实训目标

了解关于盈利质量的有关论点，明确盈利质量与盈利能力之间的关系；能运用现金流量数据计算反映盈利能力的指标，并能够熟练运用。

实训资料

盈利质量的观念起源于 20 世纪 30 年代的美国。20 世纪 60 年代，美国财务分析专家奥特洛弗出版了颇具影响力的投资咨询报告《盈利质量》，提出公司的盈利质量是对公司盈利能力的进一步评价。目前，由于证券市场中的信息不对称，加之财务舞弊事件日益增多，盈利质量越来越受到各界人士的关注。

目前，关于盈利质量有 3 种主要观点：一是强调盈利可实现性的现金流量观点，但这种观点忽略了盈利的可持续发展能力；二是更加全面的真实性观点，但这种观点仍然忽略了盈利的可持续发展能力；三是强调盈利可持续发展能力的持续性观点，但这种观点却忽略了盈利的真实性。

综合上述分析，可以把盈利质量概括为：企业真实的经营成果、经济效益和发展能力的内在揭示，是对当期企业盈利的盈利性、获现性与成长性的一种综合性评价结果。这样既有助于更加全面地把握盈利质量的本质，又明确了盈利的作用和目的，从而有利于综合分析企业的盈利状况、盈利水平及未来的发展潜能。

与盈利质量紧密相关的概念是盈利能力。盈利能力是企业获取收益的能力，一般以权责发生制为基础，以公司在一定时期内获得利润的多少为评价结果；盈利质量则是以收付实现制为基础，结合现金流量表所列示的经营活动创造现金的能力，对公司盈利指标作进一步的修正和检验，反映公司在一定时期内获取利润的质量好坏。盈利质量与盈利能力是质与量的关系，盈利质量是盈利能力的核心，也就是说一个企业的盈利能力很强，并不能由此推断这个企业的盈利质量很高。

实训要求

请搜集资料，说明应设计哪些反映盈利质量的比率指标补充分析企业的盈利能力。

任务四　企业发展能力分析

理论讲解

一、企业发展能力分析的目的与内容

（一）企业发展能力分析的目的

发展能力是企业通过自身的生产经营活动，用内部形成的资金不断扩大积累而形成的发展潜能。企业未来的获利能力和资本实力是衡量及评价企业持续发展的根据。通过对企业发展能力的分析，能够使经营者更好地了解企业的经济实力和经济能力持续发展的趋势。

① 通过发展能力分析，有利于了解企业的发展状况。企业要想生存和发展，就必须增加营业收入，营业收入不断增长才能使企业的盈利能力得到增强。对营业收入增减变化进行分析，将为企业开发新产品，扩大市场占有率，促进企业的进一步发展奠定基础。

② 通过发展能力分析，有利于了解企业资产规模和发展水平。企业生产经营的增长离不开资产的增长，资产的增长是企业发展的物质保障，也是企业价值增长的基础，企业资产规模的增加反映了企业发展的水平。

③ 通过发展能力分析，有利于了解企业可持续发展的能力。一方面，企业资产规模的不断扩大，表明企业经济实力的提升，能增强投资者的投资信心，为企业进一步筹资提供保障；另一方面，留存收益的积累也为企业的进一步发展提供了条件。

（二）发展能力分析的内容

1. 企业竞争能力分析

企业竞争能力集中表现为企业产品的市场占有情况和产品的竞争能力，同时在分析企业竞争能力时还应对企业所采取的竞争策略进行分析。

2. 企业周期分析

企业的发展过程总是呈现出一定的周期特征，处于不同周期阶段的企业的同一发展能力分析指标计算结果反映不同的发展能力。

3. 企业发展能力的财务比率分析

企业发展能力的财务比率分为企业营业发展能力和企业财务发展能力两个方面。

（1）企业营业发展能力分析

企业营业结果可通过销售收入和资产规模的增长体现出来。因此，企业营业增长能力分析可分为对销售增长的分析和对资产规模增长的分析。

（2）企业财务发展能力分析

从财务角度看，企业发展的结果体现为利润、股利和净资产的增长。因此，企业财务发展能力分析可以分为对净资产规模增长的分析、企业利润增长的分析和企业股利增长的分析 3 个方面。

① 对净资产规模增长的分析。在企业净资产收益率不变的情况下，企业净资产规模与收入之间存在正比例关系。同时，净资产规模的增长反映着企业不断有新的资本加入，表明了所有者对企业的充足信心，并对企业进行负债筹资提供了保障，提高了企业的筹资能力，有利于企业获得进一步发展所需的资金。

② 对利润增长的分析。利润是企业在一定时期内的经营成果的集中体现。因此，企业的发展过程必然体现为利润的增长，通过对利润增长情况的分析，即可从一定程度上把握企业的发展能力。

③ 对股利增长的分析。企业所有者从企业获得的利益可以分为两个方面：一是资本利得（即股价的增长）；二是股利的获得。从长远来看，如果所有的投资者都不退出企业，所有者从企业获得利益的唯一来源便是股利的发放。虽然企业的股利政策要考虑到企业所面临的各方面因素，但股利的持续增长一般也就被投资者理解为企业的持续发展。

在本任务中，我们只介绍发展能力财务比率分析。

二、企业发展能力财务指标分析与评价

（一）营业发展能力分析

从财务状况角度，我们通常关注企业销售的增长和企业资产规模的增长。

从本质上看，企业销售的增长是企业发展的驱动力。因此，企业销售的增长是企业生存和发展的保障，分析企业的发展能力首先要分析企业的销售增长能力。

同时，任何一家企业实现价值的增长必须要拥有一定的资源。因此，分析企业营业发展能力，也要关注资产规模的增长。

1. 销售增长指标

反映企业销售增长情况的财务比率主要有销售（营业）增长率和 3 年销售（营业）平均增长率。

（1）销售（营业）增长率

销售（营业）增长率是指企业本年销售（营业）收入增长额同上年销售（营业）收入总额的比率。销售（营业）率表示与去年相比企业销售（营业）收入的增减变动情况，是评价企业发展状况和发展能力的重要指标。其计算公式为：

$$销售（营业）增长率=\frac{本期营业收入增长额}{前期营业收入}\times 100\%$$

$$=\frac{本期营业收入-前期营业收入}{前期营业收入}\times 100\%$$

HS 公司 2017 年营业收入净额为 104 819 万元，2016 年营业收入净额为 86 723 万元，则其营业增长率为：

营业增长率＝本期营业收入增长额÷前期营业收入×100%

＝（104 819－86 723）÷86 723×100%

＝18 096÷86 723×100%＝20.87%

利用该指标进行企业发展能力分析，需要注意以下几点。

① 销售（营业）增长率是衡量企业经营状况和市场占有能力、预测企业经营业务拓展趋势的重要指标，也是企业增长量和存量资本的重要前提。不断增加的销售（营业）收入，是企业生存的基础和发展条件。

② 如果该指标大于 0，表示企业本年的销售（营业）收入有所增长，指标值越高，表明增长速度越快，企业市场前景越好；如果该指标小于 0，则说明企业或是产品不适销对路、质次价高，或者是在售后服务等方面存在问题，产品销售不出去，市场份额萎缩。

③ 该指标在实际操作时，应结合企业历年的销售（营业）水平、企业市场占有情况、行业未来发展及其他影响企业发展的潜在因素进行潜在性预测，或者结合企业前 3 年的销售（营业）收入增长率作出趋势性分析判断。同时，在分析过程中要确定比较的标准，在比较中可分别以其他相类似的企业、本企业历史水平及行业平均水平等作为比较标准。

④ 销售增长率作为相对量指标，也存在受增长基数影响的问题。如果增长基数，即上年销售（营业）收入额特别小，即使销售（营业）收入出现较小幅度的增长，也会出现较大数值，不利于企业之间进行比较。例如，某企业上年营业额为 10 万元，本年度营业额为 100 万元，则该企业的销售增长率为 900%，但这并不能说明该企业一定具有很高的发展能力。因此，在分析过程中还需要使用销售（营业）收入增长额及 3 年销售（营业）收入平均增长率等指标进行综合判断。

（2）3 年销售（营业）平均增长率

为消除销售（营业）收入短期异常波动对该指标产生的影响，并反映企业较长时期的销售（营业）收入增长情况，可以计算多年的销售（营业）收入平均增长率——实务中一般计算 3 年销售（营业）平均增长率。

3 年销售（营业）收入平均增长率表明的是企业销售（营业）收入连续 3 年的增长情况，体现企业的发展潜力。其计算公式为：

$$3\text{年销售（营业）平均增长率}=\left(\sqrt[3]{\frac{\text{年末销售(营业)收入总额}}{\text{3年前年末销售(营业)收入总额}}}-1\right)\times 100\%$$

HS 公司 2017 年营业收入净额为 104 819 万元，假定 2014 年营业收入净额为 66 000 万元，则其 3 年销售（营业）平均增长率为：

$$3\text{年销售（营业）平均增长率}=\left(\sqrt[3]{\frac{104\,819}{66\,000}}-1\right)\times 100\%=16.66\%$$

利用 3 年销售（营业）增长率指标，能够反映企业的销售（营业）增长趋势和稳定程度，较好地体现企业的发展状况和发展能力，避免因少数年份销售（营业）收入不正常增长而对企业发展潜力作出错误判断。

2. 资产增长指标

反映企业资产增长能力的财务比率包括总资产增长率和固定资产成新率两个指标。

（1）总资产增长率

总资产增长率是指企业一定时期总资产增长额与期初资产总额的比率。在企业销售增长的前提下，一般会导致企业资产的增长，而企业资产的增长体现为企业的投资规模的增长。对于一个健康成长的企业来说，其投资规模应该是呈不断增加的趋势。如果企业处于成长期，通常存在许多良好的投资机会，此时企业会加大投资规模；如果公司处于成熟期或衰退期，通常缺乏投资机会，此时企业一般不会考虑增加投资规模。该指标根据资产规模来衡量企业的发展能力，表明企业规模增长水平对企业发展的影响。其计算公式为：

$$\text{总资产增长率}=\frac{\text{本期总资产增长额}}{\text{期初资产总额}}\times 100\%$$

HS 公司 2017 年资产总额为 174 678 万元，2016 年资产总额为 159 868 万元，则其总资产增长率为：

$$\begin{aligned}\text{总资产增长率}&=\text{本期总资产增长额}\div\text{期初资产总额}\times 100\%\\&=(174\,678-159\,868)\div 159\,868\times 100\%\\&=14\,810\div 159\,868\times 100\%\\&=9.26\%\end{aligned}$$

总资产增长率是用来考核企业资产规模增长幅度的财务指标。总资产增长率大于 0 时，企业本期资产规模增加；如果等于 0，则说明企业资产规模没有发生变化。该指标越高，表明企业在一定经营周期内的资产规模的扩张速度越快。但在分析时，需要关注资产规模扩张的质和量的关系，以及企业的后续发展能力，避免盲目扩张。如果企业能在一个较长时期内持续稳定地保持总资产的增长，则有助于企业增强竞争实力。

（2）固定资产成新率

固定资产成新率是企业当期平均固定资产净值同平均固定资产原值的比率。该指标反映了企业所拥有的固定资产的新旧程度，体现了企业固定资产更新的快慢和持续发展的能力。其计算公式为：

$$固定资产成新率=\frac{平均固定资产净值}{平均固定资产原值}\times 100\%$$

在运用该指标时要注意以下问题。

① 运用该指标分析固定资产新旧程度时，应剔除企业应提未提折旧对房屋、机器设备等固定资产真实状况的影响。

② 加速折旧法下固定资产成新率要低于直线折旧法下的固定资产成新率。

③ 固定资产成新率受周期影响较大，一个处于发展期的企业与一个处于衰退期的企业的固定资产成新率会明显不同。虽然企业处于不同的阶段本身就反映了企业具有不同的发展能力，可以说处于发展期的企业的发展能力要高于处于成熟期或衰退期的企业，但在对企业作出评价时，仍需要考虑到企业所处周期阶段这一因素。

（二）企业财务发展能力分析

1. 资本扩张指标

反映企业资本扩张情况的财务比率有资本积累率、资本保值增值率和 3 年资本平均增长率。

（1）资本积累率

资本积累率是指企业本年所有者权益增长额同年初所有者权益的比率。该指标反映企业所有者权益在当年的变动水平，体现了企业资本的积累情况，是企业发展壮大的标志，也是企业扩大再生产的源泉，展示了企业的发展潜力，是评价企业发展潜力的重要指标。其计算公式为：

$$资本积累率=本年所有者权益增长额\div 年初所有者权益\times 100\%$$

资本积累率反映了投资者投入企业资本的保全性和增长性。该指标越高，表示企业资本积累越多，企业资本保全性越强，应付风险、持续发展的能力越大。

HS 公司 2017 年末所有者权益总额为 130 388 万元，2016 年末所有者权益总额为 108 305 万元，则其资本积累率为：

$$资本积累率=(130\ 388-108\ 305)\div 108\ 305\times 100\%=20.39\%$$

计算结果表明，HS 公司净资产规模在不断增长，公司股东权益方面具有较强的发展能力。

（2）资本保值增值率

资本保值增值率是企业扣除客观因素后的本年末所有者权益总额与年初所有者权益总额的比率，反映企业当年资本在企业自身努力下的实际增减变动情况。其计算公式为：

$$资本保值增值率=\frac{扣除客观因素后的年末所有者权益总额}{年初所有者权益总额}\times 100\%$$

本年末所有者权益扣除的客观增减因素，具体包括国家资本金及其权益因客观因素增加额和国家资本金及其权益因客观因素减少额两大类。

其中，扣除的各种客观因素增加值有：①国家投资等增加国家资本金；②国家专项拨款及各项基金增加的国家资本公积；③按规定税收返还或专项减免增加的国家资本金及资本公积；④按国家规定进行资产重估（评估）增加的国家资本公积；⑤住房周转金转入增加的国家资本公积；⑥接受捐赠增加的国家资本公积；⑦清产核资增加的国家资金及其权益；⑧其他。

扣除的各种客观因素减少值有：①经专项批准核减国家资本金及其权益；②按国家规定重估（评估）减少的国家资本公积；③无偿划出或分立减少的国家资本金及其权益；④清产核资核减的国家资本金与资本公积；⑤其他。

一般认为，资本保值增值率越高，表明企业的资本保全状况越好，所有者权益增长越快，债权人的债务越有保障。该指标通常应大于100%。

如果不考虑客观因素的影响，则：

$$资本保值增值率=1+资本积累率$$

（3）3年资本平均增长率

3年资本平均增长率是表示企业资本连续3年的积累情况，体现企业发展水平和发展趋势。其计算公式为：

$$3年资本平均增长率=\left(\sqrt[3]{\frac{年末所有者权益总额}{3年前年末所有者权益总额}}-1\right)\times100\%$$

利用3年资本平均增长率指标，能够反映企业资本保全增值的历史发展状况，以及企业稳步发展的趋势。该指标越高，表明企业所有者权益得到的保障程度越大，企业可以长期使用的资金越充裕，抗风险和保持连续发展的能力越强。

在对资本扩张情况进行分析时，还要注意所有者权益各类别的增长情况。一般来说，实收资本的快速扩张来源于外部资金的加入，反映企业获得了新的资本，表明企业具备了进一步发展的基础，但并不表明企业过去具有很强的发展能力。如果资本的扩张主要来源于留存收益的增长，反映企业通过自身经营活动不断在积累发展后备资金，既反映了企业在过去经营过程中的发展能力，也反映了企业进一步发展的后劲。

2. 收益增长指标

由于企业的收益可表现为营业利润、利润总额、净利润等指标。因此，相应的收益增长率有多种不同的表现形式。在实际中，通常使用营业利润增长率和净利润增长率这两个指标。

（1）营业利润增长率

营业利润增长率是企业本年营业利润增长额与上年营业利润总额的比率，反映了企业营业利润的增减变动情况。其计算公式为：

$$营业利润增长率=\frac{本年营业利润增长额}{上年营业利润总额}\times100\%$$

利用营业利润增长率可以更好地考察企业利润的成长性。营业利润增长率是本期营业利润增加额与上期营业利润之比。如果上期营业利润为负值，则计算公式的分母也应取其绝对值。该公式反映的是企业营业利润的增长情况。如果营业利润增长率为正数，则说明企业本期营业利润增加，营业利润增长率越大，说明企业收益增长得越多；如果营业利润增长率为负数，则说明企业本期营业利润减少，收益降低。

HS公司2017年营业利润为21 671万元，2016年营业利润为15 590万元，则其营业利润增长率为：

$$营业利润增长率=本年营业利润增长额\div上年营业利润总额\times100\%$$
$$=（21\ 671-15\ 590）\div15\ 590\times100\%$$
$$=6\ 081\div15\ 590\times100\%$$
$$=39\%$$

（2）净利润增长率

净利润增长率是本期净利润增长额与上期净利润的比率。其计算公式为：

$$净利润增长率=\frac{本期净利润增长额}{上期净利润}\times100\%$$

该指标为正数，说明企业本期净利润增加。净利润增长率越大，说明企业收益增长得越多；反之，说明企业本期净利润减少，收益降低。

分析时应注意：如果企业的净利润主要来源于营业利润，则表明企业盈利能力强，具有良好的发展能力；反之，如果企业的净利润不是主要来源于正常业务，而是来自于营业外收入或其他项目，说明企业的持续发展能力并不强。

HS 公司 2017 年净利润为 26 201 万元，2016 年营业利润为 22 168 万元，则其净利润增长率为：

$$净利润增长率=本期净利润增长额\div上期净利润总额\times100\%$$
$$=(26\ 201-22\ 168)\div22\ 168\times100\%$$
$$=4\ 033\div22\ 168\times100\%$$
$$=18.19\%$$

3. 股利增长率

股利增长率是本年发放股利增长额与上年发放股利的比率。该指标反映企业发放股利的增长情况，是衡量企业发展性的一个重要指标。其计算公式为：

$$股利增长率=本年每股股利增长额\div上年每股股利\times100\%$$

企业发展能力分析是企业财务报表分析的一个重要方面。在与财务报表分析其他内容的关系上，企业发展能力的分析既是相对独立的一项内容，又与其他分析密切相关，在分析过程中要结合其他财务分析进行。同时，企业发展能力分析还应特别注意定量分析和定性分析相结合。

实务演练

案例资料：C 公司是国内一家知名家电企业。该公司从一个负债累累的小厂，到营业额上亿元的知名企业，仅用了十几年的时间，其增长速度可谓是一个神话。然而，C 公司在高速增长的同时也伴随着种种质疑。某投资咨询有限公司的投资总监想对 C 公司的增长能力作更进一步的分析，现将 C 公司 2013—2017 年的主要财务指标进行汇总，如表 3.28 所示。

表 3.28　C 公司 2013—2017 年主要财务指标

万元

项　目	2013 年	2014 年	2015 年	2016 年	2017 年
股东权益	250 248	281 016	493 218	508 995	538 897
净利润	31 064	42 409	61 784	39 706	36 895
营业利润	81 903	86 993	190 372	148 851	169 858
营业收入	397 427	482 838	1 144 183	1 155 352	1 168 837
总资产	367 902	393 356	694 241	739 414	737 271

另外，投资分析师根据财政部统计评价司颁布的《企业绩效评价标准手册》和 C 公司的资产规模及主营业务，明确了该公司所从事的业务为大型的家用电器制造业；通过查阅 2016 年企业绩效评价的标准值，了解了大型家用电器制造业收入增长率的平均标准值为 12.8%。

要求：

（1）假如你是该投资咨询有限公司的分析师，请应用企业发展能力分析框架分析 C 公司的增长能力。

（2）请以投资分析师的身份为该投资咨询有限公司的投资总监就投资 C 公司提出相关建议。

在线自测

任务检测 3-4

选择题

1. 评价企业发展能力状况的基本指标是（　　）。

A. 净资产收益率　　B. 总资产周转率

C. 资产负债率　　D. 股利增长率

2. 评价企业财务发展能力分析的指标包括（　　）。

A. 销售增长率　B. 资本积累率　C. 股利增长率　D. 资产增长率

配套实训

实训 3-11　企业发展能力分析

实训目标

了解企业发展能力分析的目的和内容，熟悉衡量企业发展能力的财务指标，能进行企业发展能力财务比率的计算和分析，评价企业的未来增长性。

实训资料

HM 公司 2014—2017 年有关财务指标资料如表 3.29 所示。

表 3.29　HM 公司 2014—2017 年主要财务指标

万元

项　目	2014 年	2015 年	2016 年	2017 年
资产总额	1 369	1 649	2 207	3 103
股东权益	797	988	1 343	1 915
营业收入	4 576	6 194	8 671	12 413
营业利润	674	913	1 298	1 866
净利润	398	550	873	1 293

实训要求

利用以上数据计算下列发展能力指标，填入表3.30中，并分析HM公司的整体发展能力。

表3.30　HM公司2014—2017年增长率计算

万元

项　目	2014年	2015年	2016年	2017年
股东权益				
股东权益增加额				
股东权益增长率				
资产总额				
资产增加额				
资产增长率				
营业收入				
营业收入增加额				
销售增长率				
营业利润				
营业利润增长额				
营业利润增长率				
净利润				
净利润增加额				
净利润增长率				

项目习题

一、单项选择题

在线自测

1. 在短期偿债能力指标中，（　　）不宜用于企业间的比较。
   A. 流动比率　　B. 速动比率
   C. 现金比率　　D. 营运资金

2. 下列哪项长期偿债能力的指标计算时需使用利润表中有关数据？（　　）。
   A. 资产负债率　B. 产权比率　C. 利息保障倍数　D. 长期负债比率

3. 可以减弱企业短期偿债能力的非报表指标包括（　　）。
   A. 可动用的银行贷款指标　　B. 偿债能力的声誉
   C. 或有负债　　D. 将变现的长期资产

4. 关于流动比率，下列说法不正确的有（　　）。
   A. 流动比率过低，说明企业可能有清偿到期债务的困难
   B. 流动比率过高，说明企业有较多不能盈利的闲置流动资产
   C. 流动比率是衡量短期偿债能力的唯一指标
   D. 流动比率为2比较合适

5. 流动比率小于 1 时，赊购原材料会（　　）。

A. 增大流动比率　　B. 降低流动比率

C. 降低资金　　D. 增大营运资金

6. 甲企业的流动比率为 0.9，如果用银行存款偿还应付账款，则对流动比率的影响是（　　）。

A. 提高　　B. 下降　　C. 保持不变　　D. 不一定

7. 一般而言，表明企业的流动负债有足够的流动资产作为保证，其营运资金应为（　　）。

A. 0　　B. 正数　　C. 负数　　D. 小数

8. 最稳健的短期偿债能力指标是（　　）。

A. 流动比率　　B. 速动比率　　C. 现金比率　　D. 营运资金

9. 某企业税后利润为 134 万元，所得税率为 25%，利息费用 70 万元，则该企业的利息保障倍数是（　　）。

A. 3.55　　B. 2.22　　C. 1.91　　D. 2.91

10. 对企业长期偿债能力进行分析时，与资产负债率之和等于 1 的比率是（　　）。

A. 权益乘数　　B. 利息保障倍数　　C. 所有者权益比率　　D. 有形净值债务比率

11. 下列不属于分析企业长期偿债能力的指标是（　　）。

A. 产权比率　　B. 速动比率　　C. 资产负债比率　　D. 利息保障倍数

12. 如果产权比率大于 1，则资产负债率（　　）。

A. 大于 1/2　　B. 小于 1/2　　C. 等于 1/2　　D. 不确定

13. 下列有关利息保障倍数的叙述，不正确的是（　　）。

A. 利息保障倍数是从企业的收益方面考察其长期偿债能力

B. 利息保障倍数越高，表明企业对偿还债务的保障程度就越强

C. 这里的利息费用还包括予以资本化的部分

D. 这里的利息费用不包括予以资本化的部分

14. 产权比率与权益乘数的关系是（　　）。

A. 产权比率×权益乘数＝1

B. 权益乘数＝1÷（1－产权比率）

C. 权益乘数＝（1＋产权比率）÷产权比率

D. 权益乘数＝1＋产权比率

15. 某企业期初应收账款 230 万元，期末应收账款 250 万元，本期产品销售收入为 1 200 万元，本期产品销售成本为 1 000 万元，则该企业应收账款周转期为（　　）。

A. 90 天　　B. 75 天　　C. 84 天　　D. 72 天

16. 下列不属于资产周转速度比率的是（　　）。

A. 总资产周转率　　B. 应收账款周转率

C. 存货周转率　　D. 利息保障倍数

17. 某企业期初存货 200 万元，期末存货 300 万元，本期产品销售收入为 1 500 万元，本期产品销售成本为 1 000 万元，则该企业存货周转率为（　　）。

A. 3.3　　B. 6　　C. 3　　D. 4

18. 已知某存货的周转天数为50天，则该存货的年周转率为（　　）。

A. 7.2次　　B. 7.3次　　C. 72%　　D. 73%

19. （　　）指标越高，说明企业资产的运用效率越好，也意味着企业的资产盈利能力越强。

A. 总资产周转率　　B. 存货周转率

C. 总资产报酬率　　D. 应收账款周转率

20. 股利发放率的计算公式是（　　）。

A. 每股股利÷每股市价　　B. 每股股利÷每股收益

C. 每股股利÷每股账面价值　　D. 每股股利÷每股金额

21. 在企业各收入利润率中，（　　）通常是其他利润率的基础。

A. 产品销售利润率　　B. 营业收入利润率

C. 总收入利润率　　D. 销售净利润率

22. 上市公司盈利能力分析与一般企业盈利能力分析的区别关键在于（　　）。

A. 利润水平　　B. 股东权益　　C. 股利发放　　D. 股票价格

23. 商品经营盈利能力分析是利用（　　）进行分析。

A. 资产负债表　B. 现金流量表　　C. 利润表　　D. 利润分配表

24. 反映商品经营盈利能力的指标可分为两类：一类统称为收入利润率；另一类统称为（　　）。

A. 成本利润率　　B. 销售成本利润率

C. 营业成本费用利润率　　D. 全部成本费用利润率

25. （　　）是指股东权益总额减去优先股权益后的余额与发行在外的普通股平均股数的比值。

A. 每股收益　　B. 每股股利　　C. 每股金额　　D. 每股账面价值

26. 每股收益主要取决于每股账面价值和（　　）两个因素。

A. 净利润　　B. 普通股权益报酬率

C. 优先股股息　　D. 普通股股数

27. （　　）是普通股股利与每股收益的比值，反映普通股股东从每股的全部获利中分到多少。

A. 每股收益　　B. 普通股权益报酬率

C. 市盈率　　D. 股利发放率

28. 营业利润与营业利润率的关系是（　　）。

A. 正比例关系　B. 反比例关系　　C. 相等关系　　D. 无关

29. 下列对市盈率表述正确的是（　　）。

A. 过高的市盈率蕴含着较高的风险

B. 过高的市盈率意味着较低的风险

C. 市盈率越高越好

D. 市盈率越低越好

30. （　　）指标是评价上市公司盈利能力的核心指标。

A. 每股收益　　B. 每股市价　　C. 净资产收益率　D. 每股净资产

31. 下列说法不正确的是（　　）。
A. 处于经营收缩的公司，由于资金短缺，所以多采取低股利政策
B. 在通货膨胀时期公司股利政策往往偏紧
C. 盈余不稳定的公司一般采取低股利政策
D. 举债能力弱的公司往往采取较紧的股利政策

32. 主要依靠股利维持生活的股东最赞成的公司股利政策是（　　）。
A. 剩余股利政策　　B. 固定或持续增长的股利政策
C. 固定股利支付率政策　　D. 低正常股利加额外股利政策

33. 某股份公司目前的每股收益和每股市价分别为2.4元和24元。现拟实施10送2的送股方案，如果盈利总额不变，市盈率不变，则送股后的每股收益和每股市价分别为（　　）元。
A. 2和20　　B. 2.4和24　　C. 1.8和18　　D. 1.8和22

34. 下列可以反映股东权益账面价值增减变化的指标是（　　）。
A. 权益乘数　　B. 股东权益增长率
C. 产权比率　　D. 三年资本平均增长率

35. 下列不属于企业资产规模增加的原因的是（　　）。
A. 企业对外举债　　B. 企业实现盈利
C. 企业对外发放股利　　D. 企业发行股票

36. 下列属于增长率指标的是（　　）。
A. 产权比率　　B. 资本收益率　　C. 不良资产比率　　D. 资本积累率

37. 如果说生存能力是企业实现盈利的前提，那么企业实现盈利的根本途径是（　　）。
A. 发展能力　　B. 营运能力　　C. 偿债能力　　D. 资本积累

38. 从根本上看，一个企业的股东权益增长率应主要依赖于（　　）。
A. 净资产收益率　　B. 股东权益净投资率
C. 净损益占营业收入的比率　　D. 资本积累率

二、多项选择题

1. 影响现金比率的因素有（　　　　）。
A. 期末企业所拥有的现金数额　　B. 流动负债
C. 流动资产　　D. 长期负债

2. 下列属于速动资产范围的有（　　　　）。
A. 货币资金　　B. 短期投资　　C. 存货　　D. 待摊费用

3. 某公司年初流动比率为2.1，速动比率为0.9，而年末流动比率下降为1，速动比率为1.1，则不能说明（　　　　）。
A. 当年存货增加　　B. 当年存货减少
C. 应收账款的回收速度加快　　D. 现销增加，赊销较少

4. 速动比率大于1，有可能说明（　　　　）。
A. 流动负债有较多的速动资产做保证
B. 企业有足够的能力偿还流动负债
C. 企业将依赖出售存货或举债来偿债

D. 企业拥有较多现金

5. 有形净值债务率中的“有形净值”是指（　　　　）。

A. 有形资产净值　　B. 固定资产净值与流动资产之和

C. 所有者权益　　D. 所有者权益扣除无形资产

6. 不能用于偿债的流动资产主要有（　　　　）。

A. 预付账款　　B. 待摊费用　　C. 存货　　D. 应收票据

7. （　　　　）经济业务会影响产权比率。

A. 接受所有者投资　　B. 建造固定资产

C. 可转换债券转换为普通股　　D. 偿还银行借款

8. 影响长期偿债能力的因素有（　　　　）。

A. 尚未全部入账的资产　　B. 长期经营性租赁

C. 承诺事项　　D. 为其他企业的贷款担保

9. 从资产负债表中获取数据的长期偿债能力指标有（　　　　）。

A. 权益乘数　　B. 利息保障倍数

C. 资产负债率比率　　D. 有形净值债务比率

10. 计算应收账款周转率时，赊销收入净额不等于（　　　　）。

A. 销售收入－现销收入

B. 销售收入－现销收入－销售退回

C. 销售收入－现销收入－销售退回－销售折让

D. 销售收入－现销收入－销售退回－销售折让－销售折扣

11. 流动资产周转率的指标包括（　　　　）。

A. 现金周转率　　B. 应收账款周转率

C. 存货周转率　　D. 固定资产周转率

12. 下列不属于流动资产周转率的指标有（　　　　）。

A. 总资产周转率　　B. 应收账款周转率

C. 存货周转率　　D. 固定资产周转率

13. 应收账款周转率提高，意味着企业（　　　　）。

A. 流动比率提高　　B. 短期偿债能力增强

C. 坏账损失下降　　D. 速动比率提高

14. 影响营业周期计算结果的因素有（　　　　）。

A. 营业年度的选择　　B. 应收账款周转率

C. 存货周转率　　D. 固定资产周转率

15. 影响净资产收益率的因素主要有（　　　　）。

A. 总资产报酬率　　B. 负债利息率

C. 企业资本结构　　D. 总资产周转率

E. 所得税率

16. 反映企业盈利能力的指标有（　　　　）。

A. 营业利润　　B. 利息保障倍数

C. 净资产收益率　　D. 成本利润率

E. 净利润

17. 影响总资产报酬率的因素有（　　　　）。
A. 资本结构　　B. 销售利润率
C. 产品成本　　D. 销售息税前利润率
E. 总资产的周转率
18. 反映商品经营能力的指标有（　　　　）。
A. 销售收入利润率　　B. 总资产报酬率
C. 普通股权益报酬率　　D. 净资产收益率
E. 销售成本利润率
19. 反映上市公司盈利能力的指标有（　　　　）。
A. 每股收益　　B. 普通股权益报酬率
C. 股利发放率　　D. 总资产报酬率
E. 价格与收益比率
20. 资产经营盈利能力受（　　　　）的影响。
A. 资本经营盈利能力　　B. 商品经营盈利能力
C. 资产运营效率　　D. 产品经营盈利能力
E. 资本运营效率
21. 营业成本费用总额包括（　　　　）。
A. 产品销售成本　　B. 期间费用
C. 管理费用　　D. 财务费用
E. 营业费用
22. 普通股权益报酬率的变化受（　　　　）因素的影响。
A. 普通股股息　　B. 净利润
C. 优先股股息　　D. 普通股权益平均额
E. 普通股股数
23. （　　　　）是企业发放每股股利与股票市场价格之比。
A. 股利发放率　　B. 股利报偿率
C. 价格与收益比率　　D. 股利与市价比率
E. 市盈率
24. 分析企业投资报酬情况时，可使用的指标有（　　　　）。
A. 市盈率　　B. 股票获利率　　C. 市净率
D. 销售利润率　　E. 资产周转率
25. 企业单项发展能力包括（　　　　）。
A. 资产发展能力　　B. 销售发展能力
C. 股东权益发展能力　　D. 负债发展能力
26. 可以用来表示发展能力的财务指标包括（　　　　）。
A. 资产增长率　　B. 收入增长率
C. 营业利润增长率　　D. 股东权益增长率
27. 一个发展能力强的企业，表现为（　　　　）。
A. 资产规模不断扩大　　B. 营运效率不断提高
C. 股东财富持续增加　　D. 财务风险不断加大

28. 对收入增长率指标，下列表述正确的有（　　）。

A. 它是评价企业成长状况和发展能力的重要指标

B. 它是衡量企业经营状况和市场占有率的标志

C. 它是企业扩张的重要前提

D. 该指标小于 0，说明收入有增长，指标越低，增长越快。

三、判断题

1. 对债权人而言，企业的资产负债率越高越好。（　　）

2. 对任何企业而言，速动比率应该大于 1 才是正常的。（　　）

3. 企业的获利能力强，其偿债能力也强。（　　）

4. 如果企业采用租期较长的经营性租赁方式租入固定资产，则企业实际的偿债能力要比财务报表上显示的偿债能力低。（　　）

5. 为了稳健地反映企业的偿债能力，往往排列企业连续几年的利息保障倍数指标，选择其中中等年份的数据与本行业的平均水平进行比较。（　　）

6. 将积压的存货若干转为损失，将会降低流动比率。（　　）

7. 收回当期应收账款若干，将会提高流动比率。（　　）

8. 计算利息保障倍数时的利息费用，指的是计入财务费用的各项利息。（　　）

9. 在企业资金需求量一定的情况下，提高长期负债比率，意味着企业对短期借入资金依赖性降低，从而减轻企业的当期偿债压力。（　　）

10. 企业的长期偿债能力强，短期偿债能力也一定强。（　　）

11. 流动资产周转率与销售收入总是成正比关系。（　　）

12. 资产周转次数越多越好，周转天数越短越好。（　　）

13. 总资产周转率越高，说明企业的销售能力越强，资产投资的效益越好。（　　）

14. 流动资产周转越快，表明其实现的周转额越多。（　　）

15. 计算应收账款周转率时，分子只包括应收账款。（　　）

16. 资本经营盈利能力分析主要是对全部资产报酬率指标进行分析和评价。（　　）

17. 对企业盈利能力的分析主要指对利润额的分析。（　　）

18. 总资产报酬率越高，净资产收益率就越高。（　　）

19. 资本经营的基本内涵是合理配置与使用资产，以一定的资产投入，取得尽可能多的收益。（　　）

20. 净资产收益率是反映盈利能力的核心指标。（　　）

21. 收入利润率是综合反映企业成本效益的重要指标。（　　）

22. 企业盈利能力的高低与利润的高低成正比。（　　）

23. 影响销售成本利润率的因素与影响销售收入利润率的因素是相同的。（　　）

24. 普通股权益报酬率与净资产收益率是相同的。（　　）

25. 净资产报酬率是所有比率中综合性最强的、最具有代表性的一个指标。（　　）

26. 每股利益越高，意味着股东可以从上市公司分得越高的股利。（　　）

27. 企业能否持续增长，对投资者、经营者至关重要，而对债权人相对不重要，因为他们更关心企业的变现能力。（　　）

28. 从长远的角度来看，上市公司的增长能力是决定公司股票价格上升的根本因素。（　　）

29. 与盈利能力不一样，增长能力的大小不是一个相对的概念。（　　）

30. 企业资产增长率越高，说明企业的资产规模增长势头一定越好。（　　）

31. 仅仅分析某一项发展能力的指标，我们无法得出企业整体发展能力情况的结论。（　　）

四、计算分析题

1. 某企业资产负债表有关资料如表 3.31 所示。

表 3.31　资产负债表　　万元

资　产	年初数	年末数	负债及所有者权益	年初数	年末数
货币资金	1 000	960	短期借款	2 000	2 800
应收账款		1 920	应付账款	1 000	800
存货		4 400	预收账款	600	200
待摊费用	0	64	长期借款	4 000	4 000
固定资产	5 792	6 400	所有者权益	5 680	5 944
总计	13 280	13 744	总计	13 280	13 744

补充资料：

（1）年初速动比率为 0.75，年初流动比率为 2.08。

（2）该企业所在行业中的平均流动比率为 2。

（3）该企业为摩托车生产厂家，年初存货构成主要为原材料、零配件，年末存货构成主要为产品（摩托车）。

要求：

（1）计算该企业年初应收账款、存货项目的金额。

（2）计算该企业年末流动比率，并作出初步评价。

（3）分析该企业流动资产的质量，以及短期偿债能力。

2. 某企业资产负债表有关资料如表 3.32 所示。

表 3.32　资产负债表　　万元

资　产	年初数	年末数	负债及所有者权益	年初数	年末数
货币资金	1 000	960	短期借款	2 000	2 800
应收账款	1 700	1 920	应付账款	3 600	
存货	4 788	4 400	长期借款	2 200	4 200
待摊费用	0	64	实收资本	4 000	4 000
固定资产	5 760	5 776	未分配利润		
总计	13 280	13 120	总计	13 280	13 120

补充资料：

（1）年末流动比率为 2。

（2）年末资产负债率为 60%。

要求：

（1）计算年末应付账款。

（2）计算未分配利润。

（3）计算长期偿债能力的指标，并分析评价该企业的长期偿债能力。

3. 某公司 2016 年末根据有关资料计算的有关财务比率指标如下。

（1）流动比率为 2。

（2）速动比率为 1。

（3）现金比率为 0.2。

（4）资产负债率为 50%。

（5）长期负债对所有者权益比率为 25%。

要求：根据上述财务比率填列表 3.33 中空白处数据。

表 3.33 资产负债表

元

项 目	金 额	项 目	金 额
现金		流动负债	
应收账款		非流动负债	
存货			
固定资产		所有者权益	
资产总额		负债及权益总额	100 000

4. 某企业全部流动资产为 20 万元，流动比率为 2.5，速动比率为 1，最近刚刚发生以下业务。

（1）销售产品一批，销售收入 3 万元，款项尚未收到，销售成本尚未结转。

（2）用银行存款归还应付账款 0.5 万元。

（3）应收账款 0.2 万元，无法收回，作坏账处理。

（4）购入材料一批，价值 1 万元，其中 60% 为赊购，开出应付票据支付。

（5）用银行存款购入设备 1 台，价值 2 万元，安装完毕，交付使用。

要求：计算每笔业务发生后的流动比率与速动比率。

5. 某企业发生的经济业务如表 3.34 所示。

表 3.34 财务指标计算表

指标 业务	资产负债率/（%）	产权比率/（%）	有形净值债务比率/（%）	利息保障倍数
1. 用短期借款购买存货				
2. 支付股票股利				
3. 降低成本以增加利润				
4. 发行股票获得现金				
5. 偿还长期借款				

要求：根据上述经济业务分析对各财务指标的影响，并填列表 3.34。用“＋”表示增大，用“－”表示减小，用 0 表示无影响（假设利息保障倍数大于 1，其余指标均小于 1）。

6. 乙公司 2016 年初存货为 30 000 元，应收账款为 25 400 元。年末计算的流动比率为 200%，速动比率为 130%，存货周转率为 4 次，流动资产为 84 000 元。其中，现金类资产 20 000 元，本期销货成本率为 80%。

要求：

（1）该公司本年的销货额。

（2）该公司本年应收账款的平均收账期。

7. 某公司的有关资料如下所示。

存货：期初数 180 万元，期末数 240 万元；流动负债：期初数 150 万元，期末数 225 万元；速动比率：期初数 0.75；流动比率：期末数 1.6；总资产周转次数：本期数 1.2 次；总资产：本期平均数 900 万元。

要求：

（1）计算该公司流动资产的期初数和期末数。

（2）计算该公司本期销售收入。

（3）计算该公司本期流动资产平均余额和流动资产周转率。

8. 股份公司盈利能力分析。

某公司 2016 年度、2017 年度有关资料如表 3.35 所示。

表 3.35　财务数据摘录

元

项　目	2016 年	2017 年
净利润	200 000	250 000
优先股股息	25 000	25 000
普通股股利	150 000	200 000
普通股股利实发数	120 000	180 000
普通股权益平均额	1 600 000	1 800 000
发行在外的普通股平均数（股）	800 000	1 000 000
每股市价	4	4.5

要求：

根据所给资料计算该公司 2017 年度每股收益、普通股权益报酬率、股利发放率和价格与收益比率等指标。

项目四

财务报表综合分析

知识目标

1. 了解杜邦财务分析体系、沃尔评分法和可持续发展财务分析体系的含义。

2. 熟悉财务分析报告的撰写步骤。

3. 掌握杜邦财务分析体系、沃尔评分法和可持续发展财务分析体系的运用。

4. 掌握财务分析报告的撰写。

能力目标

1. 能够运用杜邦财务分析体系对财务报表进行综合分析。

2. 能够运用沃尔评分法对财务报表进行综合分析。

3. 能够运用可持续发展财务分析体系对财务报表进行综合分析。

4. 能够撰写财务分析报告。

综合财务分析就是将有关财务指标按其内在联系结合起来，系统、全面、综合地对企业的财务状况和经营成果进行剖析、解释和评价，说明企业整体财务状况和经营成果的优劣。通过本项目的学习，使学生了解财务报表综合分析的特点、类型，掌握财务报表综合分析的方法，如杜邦财务分析体系、沃尔评分法和可持续发展财务分析体系，最后能根据分析内容写出财务分析报告。

任务一　杜邦财务分析体系

理论讲解

一、杜邦财务分析体系的含义

前面已经介绍过反映企业各项能力的财务比率，虽然可以了解企业各方面的财务状况，但是不能反映企业各方面财务状况之间的关系，无法揭示企业各种财务比率之间的相互关系。实际上，企业的财务状况是一个完整的系统，内部各因素是相互依存、相互作用的，任何一个因素的变动都会引起企业整体财务状况的改变。财务分析者只有深入了解企业财务状况内部的各项因素及其相互关系，才能较全面地揭示企业财务状况的全貌。

杜邦财务分析体系，又称杜邦分析法，就是利用各主要财务比率之间的内在联系来综合分析企业财务状况的方法。杜邦财务分析体系是由美国杜邦公司于1910年首先设立并采用的。这种方法主要是利用一些基本财务比率指标之间的内在数量关系，建立一套系列相关的财务指标的综合模型，从投资者对企业要求的最终目标出发，经过层层指标分解，从而能系统地分析了解影响企业最终财务目标实现的各项因素的影响作用。

二、杜邦财务分析体系图

杜邦财务分析体系的公式为：

净资产收益率＝总资产净利率×权益乘数

＝销售净利率×总资产周转率×权益乘数

杜邦财务分析体系的内容可用杜邦财务分析体系图来表示，如图4.1所示。

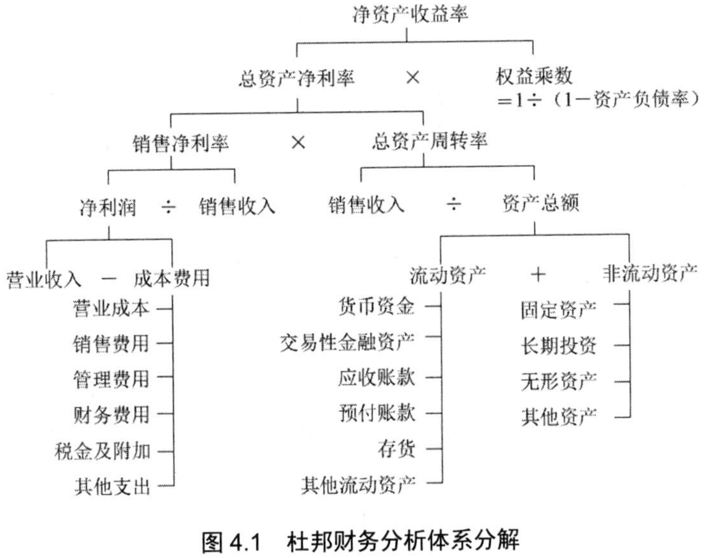

图4.1　杜邦财务分析体系分解

杜邦财务分析体系主要反映了以下几种财务比率关系。

① 净资产收益率与总资产净利率及权益乘数之间的关系。

净资产收益率＝总资产净利率×权益乘数

权益乘数＝平均总资产÷平均净资产

＝1÷（1－平均资产负债率）

② 总资产净利率与销售净利率及总资产周转率之间的关系。

总资产净利率＝销售净利率×总资产周转率

销售净利率＝净利润÷销售收入（即营业收入）

总资产周转率＝销售收入÷平均资产总额

杜邦财务分析体系在揭示上述几种关系之后，再将净利润、资产总额进行层层分解，这样就可以全面、系统地揭示出企业的财务状况以及财务状况这个系统内部各个因素之间的相互关系。

杜邦财务分析体系图提供了下列主要的财务指标关系的信息。

① 净资产收益率是一个综合性最强的财务比率，是杜邦财务分析体系的核心。它反映所有者投入资本的获利能力，同时反映企业筹资、投资、资产运营等活动的效率。决定净资产收益率高低的因素有 3 个：权益乘数、销售净利率和总资产周转率。权益乘数、销售净利率和总资产周转率 3 个比率分别反映了企业的负债比率、盈利能力比率和资产管理比率。

② 权益乘数主要受资产负债率影响。负债比率越大，权益乘数越高，说明企业有较高的负债程度，给企业带来较多的杠杆利益，同时也给企业带来了较多风险。

③ 总资产净利率是一个综合性的指标，同时受到销售净利率和资产周转率的影响。总资产净利率说明企业资产利用的效果。影响总资产净利率的因素有产品价格、单位成本、产量和销量、资金占用量。可以利用它来分析经营中存在的问题，从而提高销售利润率，加速资金周转。

④ 销售净利率反映了企业利润总额与销售收入的关系，从这个意义上看，提高销售净利率是提高企业盈利能力的关键所在。要想提高销售净利率，一是要扩大销售收入，二是降低成本费用。降低成本费用是企业财务管理的一项重要内容。通过各项成本费用的列示，企业可以进行成本费用的结构分析，加强成本控制，从而为寻求降低成本费用的途径提供依据。该指标可以进一步分为销售毛利率、销售税金率、销售成本率、销售期间费用率等因素。

⑤ 总资产周转率反映资产总额的周转速度，周转越快，反映销售能力越强。其可以进一步表现为长期资产周转率、流动资产周转率、应收账款周转率等因素。

综上所述，杜邦财务分析体系以净资产收益率为主线，将企业在某一时期的销售成果及资产营运状况全面联系在一起，层层分解，逐步深入，构成一个完整的分析体系。它能较好地帮助管理者发现企业财务和经营管理中存在的问题，能够为改善企业经营管理提供十分有价值的信息，因而得到了人们普遍的认同并在实际工作中被广泛应用。

杜邦财务分析体系是一种综合分析方法，并不排斥其他财务分析方法。相反，与其他分析方法相结合，不仅可以弥补自身的缺陷和不足，而且弥补了其他方法的缺点，使分析结果更完整、更科学。例如，以杜邦财务分析体系为基础，结合专项分析，可以对有关问题作更深、更细致的分析了解；可以结合比较分析法和趋势分析法，将不同时期的杜邦分析结果进行对比、趋势化，形成动态分析，从而找出财务变化的规律，为预测、决策提供依据；可以与一些企业财务风险分析方法相结合，进行必要的风险分析，也为管理者提供依据，分析者在应用时，应注意这一点。

另外，从杜邦财务分析体系图可以看出，净资产收益率和企业销售规模、成本水平、资产营运、资本结构有着密切的联系，这些因素构成一个相互依存的系统。只有把系统内这些因素的关系协调好，才能使净资产收益率达到最大值。

三、杜邦财务分析体系的运用

由于杜邦财务分析体系是一种对财务比率层层分解的方法，所以不同企业都可以根据需要利用财务报表等有关数据资料，对企业的财务状况进行综合分析。

现在以 HS 股份有限公司 2016 年和 2017 年的杜邦财务分析体系图为例进行分析（见图 4.2、图 4.3）。

从 2016 年和 2017 年杜邦财务分析体系图可以看出，净资产收益率 2017 年为 21.95%，2016 年为 22.08%，2017 年比 2016 年下降 0.13 个百分点，其主要原因有以下几个方面。

① 2017 年权益乘数比 2016 年有所下降，虽然总资产净利率相对于 2015 年有所上升，但由于权益乘数的下降速度快于总资产净利率的上升速度，导致 HS 股份有限公司 2017 年净资产收益率稍有下降。

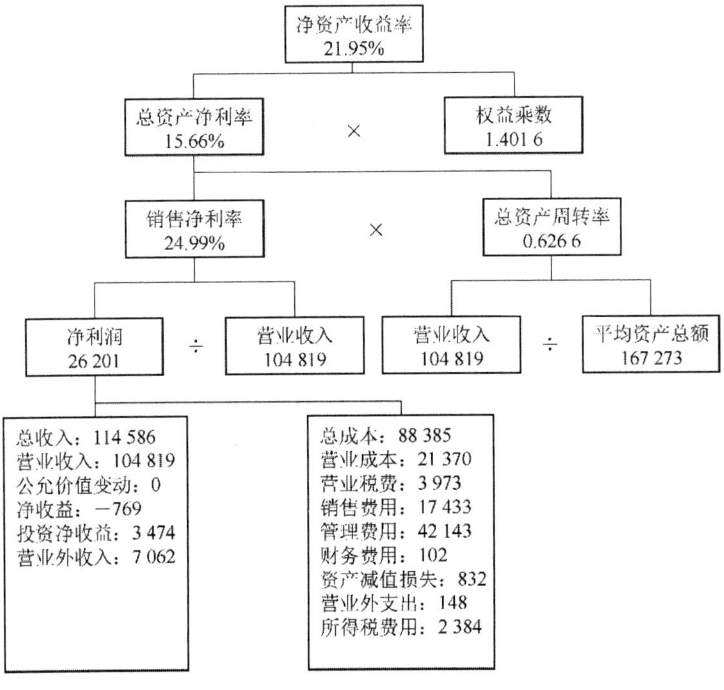

图 4.2　2017 年 HS 公司杜邦财务分析体系（金额单位：万元）

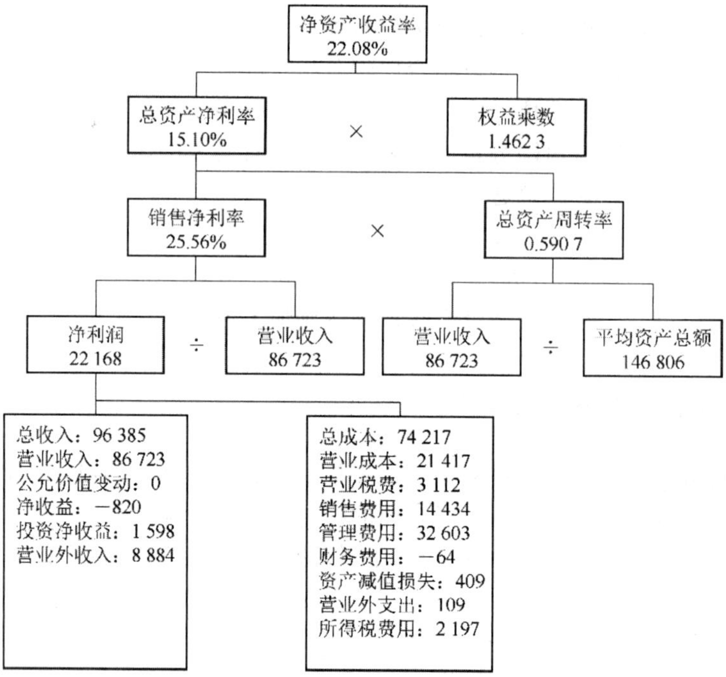

图 4.3　2016 年 HS 公司杜邦财务分析体系（金额单位：万元）

② 2017 年总资产净利率比 2016 年高，主要原因是 2017 年总资产周转速度比 2016 年有所加快。但 2017 年的销售净利率比 2016 年降低了 0.57%，根本原因在于收入的增长速度低于成本费用的增长速度，导致 2017 年 HS 股份有限公司的净利润虽比 2016 年多 4 033 万元，但销售净利率却比 2016 年低。

杜邦财务分析体系是一种分解财务比率的方法，而不是另外建立新的财务分析指标。总之，杜邦分析体系和其他财务分析方法一样，关键不在于指标的计算而在于对指标的理解和运用。

小知识

企业不同生命周期的财务特征

生理学家把人的生命周期分为 3 个阶段：生长发育期、成长期和老年期。经济学家也给企业赋予了“生命”的含义，将企业生命周期划分为初生期、成长期、成熟期和衰退期 4 个阶段。在企业生命周期的各个阶段中，企业呈现出不同的财务特点，具有不同的财务特征。这样，利用同样的分析公式、同样的分析过程，对同样的指标进行分析，在企业不同的生命周期，指标所代表的含义是不同的。因此，对企业进行综合财务分析时要认真研究企业所处的生命周期阶段的特点，避免在分析时就指标论指标而不考虑企业所处的不同生命周期对指标的影响。

在不同生命周期阶段的企业，其基本财务特征不一样。

1. 企业初创期的财务特征

一般来说，在企业创立阶段，投入多，收入少，发展速度不稳定，失败几率高，经营风险最大，财务结构可能不尽合理，但是创新意识强。例如，资产负债率较高、自有资产比率较低、长期偿债能力不足、筹资和投资指标不高都是正常现象。因为处于创业期的企业，基本无企业积累。为扩大企业规模、开发产品、发展业务和开辟市场等，较多地举债经营甚至是必需的，其结果必然导致企业在短期内长期偿债能力不足和筹资及投资指标不高。

2. 企业成长期的财务特征

对于成长期的企业，实力逐步加强，主导产品已研制成功，经营风险有所降低。为扩大企业规模、开发新产品、发展业务和开辟市场等，较多的举债经营仍然是必需的，其结果必然导致企业在短期内偿债能力不足，财务结构仍可能不尽合理。此时企业积累仍然有限，但因企业处于成长期，已经有盈利，故其筹资和投资指标应有所改善。

在公司发展阶段，因公司急于抢占市场，扩大生产能力，投资规模猛增，负债急剧膨胀，所以财务风险日益增大，且已成为威胁企业生存的主要因素。因此，对财务风险的控制成为管理的重中之重。相应地，对企业评价也更加注重揭示企业财务风险类的指标，如资产负债率、流动比率、负债结构和资产结构等。

3. 企业成熟期的财务特征

进入成熟期后，公司发展速度变慢，甚至停滞不前，但此时，因公司市场形象已形成，客户较为固定，盈利能力和现金流入量都较高和稳定；且因资金需要量减少，负债总额占资金来源的比重也会相应减少，短期偿债能力和长期偿债能力均较好，财务风险降低，是公司收获的阶段。企业整体财务结构已趋向合理，其筹资和投资指标应表现得非常好，且应有较好的盈利能力、资产管理能力、成本与费用控制能力和成长能力。但好景不长，公司又面临进入衰退阶段的威胁。

在公司成熟阶段，公司经营的基本目的应是如何长期保持这种稳定的状态，故财务评价更偏重于当前盈利能力与风险水平的协调。此外，由于处于该阶段的公司很可能步入衰退期，所以在分析中还应注意公司机动财力指标。该指标可由现金净流入量来表示，机动财力意味着企业应付变化所具有的潜力。当然，也应注意对企业创新和开拓意识的分析，因为这意味着企业保持稳定发展的能力。

4. 企业衰退期的财务特征

在衰退阶段，公司生产工艺已呈落后状态，产品逐渐老化，生产萎缩，各种负担沉重，亏损严重，负债增加，财务状况逐步恶化，但此时短期偿债能力和长期偿债能力应该还较好，筹资和投资指标也较好，而成长能力不足，这都是正常现象。因为对于衰退期的企业，企业有积累，为缩小规模，必然导致上述结果。

在公司衰退阶段，由于公司面临着破产衰亡和重获新生两种前途，因此在分析时更倾向于判断公司将步入哪种命运。这种判断的主要指标包括产品结构调整能力、研究开发和销售费用的变化状况等。

由于企业在生命周期中的不同阶段有不同的财务特征，因此对企业不同阶段也应有不同的分析评价标准。企业应根据所处发展时期的不同，相应地选择财务分析指标，这样更符合企业的实际情况。当企业处于初创阶段时，应当主要采用销售增长率和经营现金流量等财务指标来加以评价。此外，还要充分重视客户满意度和服务质量等非财务指标。当企业处于成长阶段时，应主要采用销售增长率、目标市场收入增长率、投资收益率等财务指标来加以分析评价。当然，还应当关注创新能力和产品质量等非财务指标。当企业处于成熟阶段时，应采用净利润、经营现金流量净额、经营现金流量净额与净利润的比率等财务指标来加以评价。这一阶段至关重要。当企业处于衰退阶段时，应主要采用净利润和经营现金流量等财务指标来加以评价。

资料来源：财务分析禁忌 70 例，电子工业出版社.

在线自测

任务检测 4-1

选择题

1. 杜邦财务分析体系的核心指标是（　　）。

A. 权益净利率　B. 资产周转率　C. 资产净利率　D. 销售净利率

2. 决定权益乘数大小的主要指标是（　　）。

A. 资产负债率　B. 资产利润率　C. 销售利润率　D. 资产周转率

3. 提高股东权益报酬率的根本途径在于（　　）。

A. 扩大销售，改善经营结构　B. 减缓资金周转

C. 节约成本费用　D. 合理配置资源

4. 杜邦财务分析体系中包含的主要指标有（　　）。

A. 销售净利率　B. 资产周转率　C. 权益乘数　D. 流动资产周转率

配套实训

实训 4-1　杜邦财务分析体系

实训目标

熟悉杜邦财务分析体系的指标体系，能运用杜邦财务分析体系进行企业财务状况的综合分析评价。

实训资料

HB 公司 2016 年、2017 年度会计报表的有关资料如表 4.1 所示。

表 4.1　HB 公司会计报表数据

万元

项　目	2016 年	2017 年
平均总资产	46 780	49 120
平均负债	21 051	24 069
平均所有者权益	25 729	25 051
营业收入	37 424	40 278
净利润	3 473	3 557

实训要求

（1）根据资料，计算杜邦财务分析体系所需的有关财务指标，填入表 4.2 中。

（2）采用因素分析法，确定有关因素变动对净资产收益率的影响方向和影响程度。

（3）试对净资产收益率指标的变动情况进行分析评价。

表 4.2 HB 公司杜邦分析指标计算

指 标	2016 年/（%）	2017 年/（%）	差 异
销售净利率			
总资产周转率			
资产负债率			
净资产收益率			

任务二 沃尔评分法

理论讲解

一、沃尔评分法的原理

沃尔评分法是由财务状况综合评价的先驱者之一亚历山大•沃尔提出的。他在 20 世纪初出版的《信用晴雨表研究》和《财务报表比率分析》中提出了信用能力指数的概念，把若干个财务比率用线性关系结合起来，以此评价企业的信用水平。他选择了 7 种财务比率，分别给定了其在总评价中占的比重，总和为 100 分，然后确定标准比率，并与实际比率相比较，评出每项指标的得分，最后求出总评分，以此对企业的财务状况作出排队或评价。

沃尔评分法采用的 7 个指标分别是流动比率、产权比率、固定资产比率、存货周转率、应收账款周转率、固定资产周转率和自有资金周转率，且分别给予 25%、25%、10%、10%、10%、10% 和 10% 的权重，然后确定标准比率（以行业平均数为基础），将实际比率与标准比率相比，得出相对比率，将此相对比率与各指标比重相乘，得出总评分。

二、沃尔评分法的分析步骤

（一）选定评价企业财务状况的财务比率

选择财务比率时，一要具有全面性，即要求反映企业的偿债能力、营运能力和获利能力的三大类财务比率都包括在内；二要具有代表性，即要选择能够揭示企业财务状况的重要的财务比率；三要具有变化方向的一致性，即当财务比率增大时，表示财务状况的改善，反之，财务比率减少时，表示财务状况的恶化。

（二）确定各项财务比率的标准评分值

根据各项财务比率的重要程度，确定其标准评分值，即重要性系数。各项财务比率的标准评分值之和应当等于 100 分。各项财务比率评分值的确定是财务比率综合评分法的一个重要问题，它直接影响到对企业财务状况的评分。对各项财务比率的重要程度，不同的分析者会有截然不同的态度，但是，一般来说，应根据企业经营活动的性质、企业的生产经营规模、市场形象和分析者的分析目的等因素来确定。

（三）确定各项财务比率的评分值的上限和下限

确定各项财务比率的评分值的上限和下限，也就是最高评分值和最低评分值。这主要是为了避免个别财务比率的异常给总分造成不合理的影响。

（四）确定各项财务比率的标准值

财务比率的标准值是指各项财务比率在本企业现时条件下最理想的数值，即最优值。财务比率的标准值，通常可以参照同行业的平均水平，并经过调整后确定。

（五）计算企业在一定时期各项财务比率的实际值

企业经过一定时期的经营，其财务状况和经营成果会通过会计报表展现出来。这时可以借助会计报表计算企业在一定时期各项财务比率的实际值，目的是与各项财务比率的标准值对比。

（六）计算关系比率

关系比率是指各项财务比率实际值与标准值的比率，即关系比率等于财务比率的实际值除以标准值。

（七）计算各项财务比率的实际得分

各项财务比率的实际得分是关系比率与标准值的乘积，每项财务比率的得分都不得超过上限或下限，所有各项财务比率实际得分的合计数就是企业财务状况的综合得分。企业财务状况的综合得分反映了企业综合财务状况是否良好。如果综合得分等于或接近 100 分，则说明企业的财务状况是良好的，达到了预先确定的标准；如果综合得分远低于 100 分，则说明企业的财务状况较差，应当采取适当的措施加以改善；如果综合得分远超过 100 分，则说明企业的财务状况很理想。

三、沃尔评分法的运用

利用沃尔评分法，给某股份有限公司 2017 年的财务状况评分的结果如表 4.3 所示。

表 4.3　某公司 2017 年沃尔评分法分析

财务比率	比重/（%） （1）	标准比率/（%） （2）	实际比率/（%） （3）	相对比率/（%） （4）=（3）÷（2）	评分 （5）=（1）×（4）
流动比率	25	2.0	5.3	2.7	66
产权比率	25	1.5	4.7	3.1	78
固定资产比率	10	2.5	4.5	1.8	18
存货周转率	10	8.0	16.7	2.1	21
应收账款周转率	10	6.0	16.4	2.7	27
固定资产周转率	10	4.0	11.0	2.8	28
自有资金周转率	10	3.0	3.0	1.0	10
合计	100				248

说明：

产权比率＝负债总额/所有者权益总额

固定资产比率＝资产/固定资产

存货周转率＝销售成本/存货

应收账款周转率＝销售额/应收账款

固定资产周转率＝销售额/固定资产

自有资金周转率＝销售额/净资产

利用沃尔评分法，得出该股份有限公司 2017 年的财务状况评分的结果是 248 分。按照沃尔评分法的原理，得分越高，企业总体价值就越高，这表明该公司的财务状况是优秀的。

这种综合分析分法解决了在分析公司各项财务指标时如何评价其指标的优、良、差，以及公司整体财务状况在同行业中的地位等问题。但原始意义上的沃尔评分法有两个缺陷：一是选择这 7 个比率及给定的比重，在理论上难以证明，缺乏说服力；二是从技术上讲，由于评分是相对比率与比重相乘计算出来的，当某一个指标严重异常（过高或过低，甚至是负数）时，会对总评分带来不合逻辑的重大影响。因而，在采用此方法进行财务状况综合分析和评价时，应注意几个方面的问题：①同行业的标准值必须准确无误；②标准分值的规定应根据指标的重要程度合理确定；③分析指标应尽可能全面，采用的指标越多，分析的结果越接近现实。尽管沃尔评分法在理论上还有待证明，在技术上也需要完善，但它在实践中还是具有较为广泛的应用价值。

小知识

企业经济增加值（EVA）

1982 年，美国思腾思特公司提出了经济增加值（Economic Value Added）概念。思腾思特公司认为：企业在评价其经营状况时通常采用的会计利润指标存在缺陷，难以正确反映企业的真实经营状况，因为它忽视了股东资本投入的机会成本，企业盈利只有在高于其资本成本（含股权成本和债务成本）时才为股东创造价值。经济增加值（EVA）高的企业才是真正的好企业。

思腾思特公司认为，以经济增加值为核心的企业价值管理体系包含 4 个方面：①评价指标和业绩考核；②管理体系；③激励制度；④理念意识和价值观。其中，业绩考核的核心指标就是经济增加值。对经济增加值的考核要注意：首先，要以企业的长期和持续价值创造为业绩考核导向；其次，考核时要根据企业的规模、发展阶段、经营实际、行业特点选择合适的参照企业，从而确定目标值；最后，结合传统财务指标进行考核，适当考虑和选择一些关键的非财务指标。

经济增加值，指从税后净营业利润中扣除包括股权和债务的全部投入资本成本后的所得。

经济增加值计算公式为：

EVA＝税后净营业利润－资本成本（机会成本）

＝税后净营业利润－资本占用×加权平均资本成本率

公司每年创造的经济增加值等于税后净营业利润与全部资本成本之间的差额。其中资本成本包括债务资本的成本，也包括股本资本的成本。经济增加值是对真正“经济”利润的评价，或者说，是表示净营运利润与投资者用同样资本投资其他风险相近的有价证券的最低回报相比，超出或低于后者的量值。

经济增加值是一种评价企业经营者有效使用资本和为股东创造价值能力，体现企业最终经营目标的经营业绩考核工具。目前，我国许多企业都在推行经济增加值管理方式，国资委也对下属的中央企业采用经济增加值评价体系，一些大型的民营企业在咨询过程中也提出了这方面的需求。

任务检测 4-2

在线自测

一、选择题

在现在使用的沃尔评分法中，共选用了 10 个财务指标。下列指标中没有被选用的是（　　）。

A．总资产净利率　　B．资产负债率　　C．自有资本比率　　D．速动比率

二、判断题

在现代的沃尔评分法中，A 企业总资产净利率的评分值为 18 分，标准比率为 5.5%，行业最高比率为 15.8%，最高评分为 30 分，最低评分为 10 分，总资产净利率的实际值为 10%，则 A 企业的该项得分为 24.37 分。（　　）

任务三　可持续发展财务分析体系

理论讲解

杜邦财务分析体系中没有涉及企业的发展能力，没有摆脱追求短期利润的局限性。针对杜邦财务分析体系存在的这一缺陷，美国哈佛大学教授克雷沙·帕利普等在《经营透视：企业分析与评价》一书中，提出了以可持续增长比率为核心的财务综合分析指标体系，所以可持续发展财务分析体系也称为帕利普财务分析体系。由于可持续增长比率相当于资本增长（积累）率，故本教材称其为可持续发展比率。

一、可持续发展财务分析体系的含义

企业的整体目标是在保持良好的财务状况的前提下，为股东创造价值。然而，从财务的角度来看，一味追求快速增长不一定是件好事。美国华盛顿大学教授罗伯特·希金斯在《财务管理分析》一书中指出："增长不总是上帝的一种赐福，快速增长可能会使一个公司的资源变得相当紧张，除非管理层采取积极的措施加以控制，否则快速增长可能导致破产。"并且他提出，公司应在不需要耗尽财务资源的情况下，追求可持续增长。然而，现在仍然有很多企业一味追求做大、做强，甚至不惜一切代价拼资源、拼消耗，以求快速增长达到最大化，导致一些原本已获得成功的知名企业很快陷入破产，如我国的迅驰、韩国的大宇等。

可持续发展财务分析体系是以杜邦财务分析体系为基础，以可持续发展比率为核心指标，以盈利能力为企业的核心能力，以良好的股利政策为依托，根据盈利能力比率、资产管理比率和债务管理比率三者之间的内在联系，对企业的财务状况和经营成果及利润分配进行综合、系统的分析和评价的一种方法。

与杜邦财务分析体系一样，可持续发展财务分析体系也采用指标分解的方法，也是通过数学变换，将核心指标可持续发展比率，逐项推移分解为销售净利率、总资产周转率、

权益乘数和留存收益比率四者的乘积，形成一组指标体系，以反映企业盈利能力、营运能力、偿债能力、资本结构和股利政策的共同作用对企业可持续发展的影响。核心指标可持续发展比率的计算公式为：

可持续发展比率＝净资产收益率×（1－股利支付比率）

＝销售净利率×总资产周转率×权益乘数×留存收益比率

需要说明的是，上述公式中的股利必须是现金股利，而不包括股票股利，因为股票股利不影响股东权益。公司分配现金股利，既体现公司对股东的投资回报，同时也会减少公司的股东权益。当年实现的税后净利润减去支付的现金股利总额后，即为公司当年通过经营理财活动，从税后盈利中扣除对股东的分配后，最终所增加的留存收益额。因此，可持续发展比率既考虑了利润分配对股东投资的回报，又突出了公司通过经营理财活动所达到的资本的积累和增长，充分体现了可持续发展的观念。

二、可持续发展财务分析体系图

由于可持续发展财务分析体系也是通过对核心指标进行分解，建立一组具有代表性的相互联系、相互依存的指标体系，因此可以根据该核心指标可持续发展比率与各项分解指标之间的内在联系，及其所涉及的各项会计要素，按照一定的规律进行有序排列，建立可持续发展财务分析体系图，简称可持续发展图（见图 4.4），以便利用可持续发展图更直观、更明晰地理解并运用可持续发展财务分析体系进行财务报表综合分析。

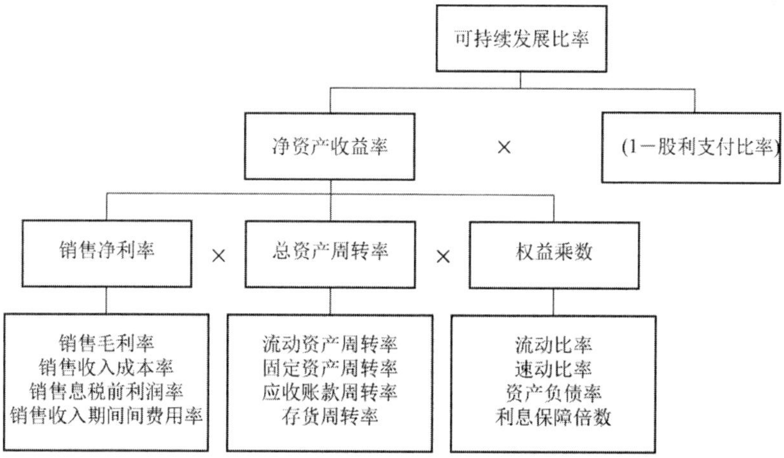

图 4.4　可持续发展财务分析体系

可持续发展财务分析体系的主要作用在于，它在杜邦财务分析体系以净资产收益率为目标的基础上，向前发展一步，提出以企业可持续发展比率为目标，强调企业可持续发展能力，弥补了杜邦财务分析体系忽视企业发展能力的缺陷，体现了追求企业价值长期最大化的观念。这从核心指标可持续发展比率的第 1 步分解公式“可持续发展比率＝净资产收益率×（1－股利支付比率）＝净资产收益率×留存收益比率”中就可以看出，企业经营者不仅要追求净资产收益率，而且应重视利润分配与股利政策对保持企业可持续发展能力的重要影响，正确处理好股东的投资回报与企业资本逐步积累的关系。公式中的留存收益是公司当年通过经营理财活动，实现的净利润扣除分配给股东的现金股利后，所增加的内部积累资本，相当于股东对公司的再投资。

尤其当公司进行不恰当的高比例分配和超额分配时，即使净资产收益率较高，但是核心指标可持续发展比率将很低或出现负数，表明公司的可持续发展能力极差。这是一个危险信号，若公司不能及时扭转，将很快陷入困境。

可持续发展财务分析体系通过对核心指标“可持续发展比率”的逐步分解，以及由此形成的指标体系告诉人们，可持续发展比率与净资产收益率和企业的股利政策，以及企业的再融资政策密切相关，同时与企业的销售规模、销售盈利能力、成本水平、营运能力、资产运用效率及资本结构等诸要素也有着密切的联系，它们构成一个相互依存、相互影响的系统。只有把这个系统内的各个方面、各个因素的关系安排好、协调好、处理好，才能使企业拥有可持续发展的能力，使净资产收益率获得持续的增长，不断地为股东创造财富、积累财富，以实现企业价值最大化或股东财富最大化的目标。

三、可持续发展财务分析体系的运用

现在以 HS 公司 2017 年的可持续发展财务分析体系图为例进行分析（见图 4.5）。

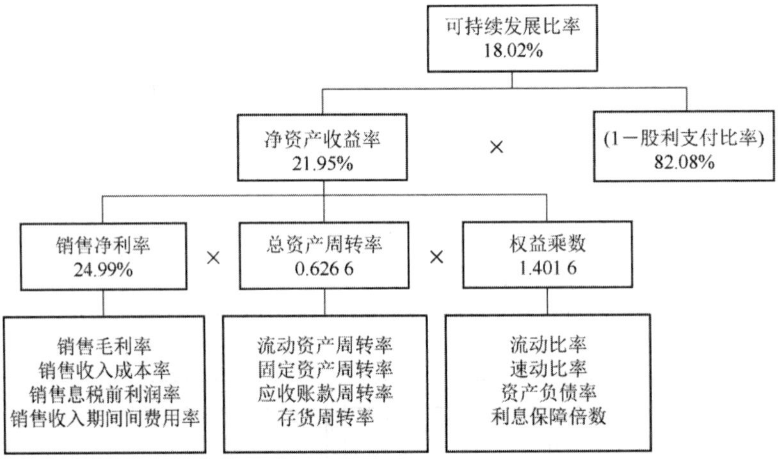

图 4.5　2017 年 HS 公司可持续发展财务分析体系（金额单位：万元）

根据图 4.5，2017 年 HS 公司可持续发展能力良好。企业在净资产收益率高达 21.95% 的基础上，股利支付较少，留存收益比率为 82.08%，表现出企业盈利能力较强，能在适当给予股东回报的同时，注重企业后续发展，增加企业积累。2017 年企业持续发展能力有所提升，有利于实现企业价值最大化的财务目标。

小知识

平衡计分卡

平衡计分卡是从财务、客户、内部运营、学习与成长 4 个角度，将组织的战略落实为可操作的衡量指标和目标值的一种新型绩效管理体系，人们通常称平衡计分卡是加强企业战略执行力的最有效的战略管理工具。

平衡计分卡方法打破了传统的只注重财务指标的业绩管理方法。传统的财务会计模式只能衡量过去发生的事情（落后的结果因素），但无法评估组织前瞻性的投资（领先的驱动因素）。在工业时代，注重财务指标的管理方法还是有效的。但在信息时代，传统的业绩管理方法并不全面，组织必须通过在客户、供应商、员工、组织流程、技术和革新等方面的投资，获得持续发展的动力。正是基于这样的认识，平衡计分卡方法倡导：组织应从 4 个角度审视自身业绩，即财务角度、顾客角度、内部经营流程、学习和成长。这几个角度分别代表企业 3 个主要的利益相关者：股东、顾客、员工。每个角度的重要性取决于角度的本身和指标的选择是否与公司战略相一致。其中每一个方面，都有其核心内容。

一、财务层面

财务业绩指标可以显示企业的战略及其实施和执行是否对改善企业盈利作出贡献。财务目标通常与获利能力有关，其衡量指标有营业收入、资本报酬率、经济增加值等，也可能是销售额的迅速提高或创造现金流量。

二、客户层面

在平衡记分卡的客户层面，管理者确立了其业务单位将竞争的客户和市场，以及业务单位在这些目标客户和市场中的衡量指标。客户层面指标通常包括客户满意度、客户保持率、客户获得率、客户盈利率，以及在目标市场中所占的份额。客户层面使业务单位的管理者能够阐明客户和市场战略，从而创造出出色的财务回报。

三、内部经营流程层面

在这一层面上，管理者要确认组织擅长的关键的内部流程，这些流程帮助业务单位提供价值主张，以吸引和留住目标细分市场的客户，并满足股东对卓越财务回报的期望。

四、学习与成长层面

它确立了企业要创造长期的成长和改善就必须建立的基础框架，确立了未来成功的关键因素。平衡记分卡的前 3 个层面一般会揭示企业的实际能力与实现突破性业绩所必需的能力之间的差距，为了弥补这个差距，企业必须投资于员工技术的再造、组织程序和日常工作的理顺。这些都是平衡记分卡学习与成长层面追求的目标，如员工满意度、员工保持率、员工培训和技能等，以及这些指标的驱动因素。

平衡计分卡反映了财务与非财务衡量方法之间的平衡，长期目标与短期目标之间的平衡，外部和内部的平衡，结果和过程的平衡，管理业绩和经营业绩的平衡等多个方面。平衡计分卡与传统评价体系比较，能为企业战略管理提供强有力的支持；可以提高企业整体管理效率；更注重团队合作，防止企业管理机能失调；可以提高企业激励作用，扩大员工的参与意识；使企业信息负担降到最少，在保证满足企业管理需要的同时，尽量减少信息负担成本。

任务检测 4-3

选择题

在线自测

1. 可持续发展比率的计算公式是（　　）。

A. 总资产收益率×（1－支付现金股利）÷净利润

B. 总资产收益率×（1＋支付现金股利）÷净利润

C. 净资产收益率×（1－支付现金股利）÷净利润

D. 净资产收益率×（1＋支付现金股利）÷净利润

2. 根据可持续发展财务分析体系，下列影响可持续发展比率的因素有（　　）。

A. 销售净利率　　B. 总资产周转率

C. 财务杠杆作用　　D. 现金股利支付率

配套实训

实训 4-2　可持续发展财务分析体系

实训目标

熟悉可持续发展财务分析体系的内容，明确可持续发展财务分析体系的指标构成，能运用可持续发展财务分析体系进行企业财务状况的综合分析评价。

实训资料

HU 公司可持续发展比率指标资料如表 4.4 所示。

表 4.4　可持续发展比率指标资料

万元

项　目	2016 年	2017 年
平均总资产	68 520	74 002
平均净资产	41 112	40 701
营业收入	51 390	57 722
净利润	3 083	3 215
现金股利支付额	1 233	1 125

实训要求

（1）根据资料计算可持续发展财务分析体系所需用的有关财务指标，填入表 4.5 中。

表 4.5　财务指标计算

项　目	2016 年/（%）	2017 年/（%）
净资产收益率		
销售净利率		
总资产周转率		
权益乘数		
现金股利支付率		
可持续发展比率		

（2）采用因素分析法确定有关因素变动对可持续发展比率的影响方向和影响程度。

（3）试对可持续发展比率指标变动情况进行分析。

任务四　财务分析报告的撰写

理论讲解

一、财务分析报告的撰写要求

财务分析报告是反映企业财务状况和财务成果意见的报告性书面文件。撰写财务分析报告是对财务分析工作的概括和总结的重要环节。财务分析人员将财务分析评价结果向会计报表的使用者报告，以便他们了解企业的财务状况、经营成果、发展前景及存在的障碍，从而作出科学、合理的决策；同时，财务分析报告也是财务分析人员分析工作的最终成果，其撰写质量的高低，直接反映出报表分析人员的业务能力和素质。可见，财务分析报告是会计报表使用者作出决策的依据，也是财务分析人员工作能力的最好体现。

财务分析是以企业财务报告等会计资料为基础，对企业的财务状况和经营成果进行分析和评价的一种方法。财务分析的作用从最初评价借款人的偿债能力到现在已经有了充分的发展。它既可以正确评价企业的过去，也可以全面反映企业的现状，还可以通过对过去与现状的分析评价来预测企业的未来发展状况与趋势。这些作用不仅有利于企业内部生产经营管理，也有利于企业外部债权人作出正确的贷款决策、赊销决策，以及投资者作出正确的投资决策等。而这一作用是否能够得到充分发挥还有赖于财务分析及其最终的载体，即财务分析报告质量的高低。为了最终得到一份高质量的财务分析报告，在财务分析及其报告编制过程中应注意以下几个问题。

（一）财务分析报告应满足不同报告使用者的需要

在实际工作中，因为财务分析报告的使用者有各自不同的要求，因而使得分析的内容也应有一定的区别。例如，对企业外部投资者所作出的投资分析报告要提供有关企业能否投资方面的分析资料，而企业内部经营者却想得到企业整体经营状况的分析结论。因此，要做好分析工作，应首先明确分析的目的，这样才能抓住重点，集中分析与分析目的直接相关的信息，从而提高分析效率，避免不必要的成本浪费。在具体工作中，要注意与分析报告使用者的沟通，了解他们最想得到的信息是什么，针对这些信息提出分析应解决的主要问题。例如，投资分析报告应解决投资项目的可行性、未来的盈利能力等问题，而贷款分析报告则应将重点放在企业的还款能力及贷款的使用效率等方面。确定了分析的内容以后，还要确定分析的范围，并根据分析的范围和分析报告使用者的不同，确定分析报告的详略程度及专业化程度。若分析范围仅限于一个车间、部门或小厂，则分析应尽量详细而具体；若分析范围扩大到一个集团公司，分析的内容就可以稍微概括一些。同样，若分析报告使用者本身是专业人士，分析报告自然也应该专业一些；反之，若分析报告使用者是非专业人士，则分析报告的文字就应尽量简明、通俗。例如，上市公司的财务分析报告，由于使用者是广大投资者，其中有许多使用者对财务了解不多，太专业会降低其对分析报告的理解程度，甚至出现误导投资者的现象。

（二）财务分析报告须具备真实性

真实性是财务分析报告质量好坏的重要评价标准。要完成一份真实可靠的分析报告，得出正确的分析结论，与有效的分析密不可分。这不仅要求在分析资料的搜集过程中应保证分析资料的真实，也要求在具体分析时选择科学而高效的分析技术和方法。要保证分析资料的真实可靠，应先注意资料来源的权威、合法性，并且尽可能通过实际考证确保资料的真实。例如，对企业财务数据资料的分析应关注审计师出具的审计报告，这对企业报表的真实性、合理性有重要的说明作用。较常用的信息资料来源有政府机关（包括国家财政部、商务部等公布的数据）、各行业协会公布的信息、一些专业的商业职业组织（如投资咨询公司、资信评级公司等）公布的各类数据，以及一些专业计算机数据库的各类信息等。另外，还要注意尽可能全面搜集所有分析所需要的资料，以避免“偏听偏信”。

由于财务分析的基本资料是企业各财务报表，所以在具体分析过程中，应先进行会计分析，即从会计数据表面揭示其实际含义。分析中不仅包括对各会计报表及相关会计科目内涵的分析，而且包括对会计原则与政策变更的分析、会计方法选择与变动的分析、会计质量及变动的分析等。实质上，会计分析是为了明确会计信息的内涵和质量，毕竟会计数据本身由于会计货币计量假设及会计职业判断等原因有着一定的局限性。要正确分析一家企业必须通过会计分析还原企业业务，同时还要求分析人员熟悉企业业务，深刻领会数据背后的业务背景，从而能够揭示业务中存在的问题，据此判断经济业务发生的合理性、合规性，由此写出来的分析报告也就能真正为业务部门提供有用的决策信息。

传统的财务分析更注重定量分析，即借助于数学模型，从数量上测算、比较和确定企业各项财务指标变动的数额，以及各财务指标变动的影响原因和各因素影响大小的一种分析方法。该方法既运用于事前预测分析，又运用于事中控制分析，还运用于事后总结分析。具体的定量分析方法主要有比较分析法、比率分析法、因素分析法、损益平衡分析法、线性规划分析法、回归分析法、指数分析法、净现值分析法、现金流量分析法等。定量分析是财务分析的基础和重要步骤。这种分析方法有它的科学性，但同时也有其局限性。特别是在预测分析中，基本上都是假设历史条件或过去资料的数学模型在今后继续存在为前提的。因此，预测分析的值基本上是近似值，有指导性的作用，但也有一定误差。预测的结果只有在起决定作用的各种条件未来不发生变化的情况下才是可靠的。显然，这是不可能的。因为自然条件的变化、生产技术的发展、社会消费习惯和方式的改变、市场情况的变化，以及国际、国内政治、经济形势和企业内部职工和管理人员的素质等的变化，都会影响未来的经济活动。而定性分析则是指对企业各项财务指标变动的合法性、合理性、可行性、有效性进行科学的论证和说明。这一步骤就是对定量分析的结果，根据国家有关财务制度、法规和政策进行相互联系的研究，考虑各种不可计量的因素加以综合论证，并对定量分析结果进行切合实际的修正。例如，在评价企业综合绩效时，除了计算反映企业盈利能力、营运能力等一系列财务比率外，还应加上对经营者基本素质、产品市场占有能力、顾客满意度、在岗职工素质等定性方面的评议指标。而银行在对贷款企业进行贷款分析时，除了考虑其还款能力、盈利能力外，还需考虑借款企业对还款的态度、以前贷款的归还情况等。常用的定性分析方法有经验判断法、会议分析法、专家分析法和类比分析法等。

（三）财务分析报告必须明晰

财务分析报告的内容应条理清晰，表述顺畅，没有语法错误，不易使人误解。这就要求分析报告的行文要尽可能流畅、通顺、简明、精练，避免口语化、冗长化。基于这一原则，要完成一份高质量的财务分析报告，必须有一个清晰的思路，建立一个好的框架。报告是分析者与使用者交流的载体，若分析者的思路不清，分析报告条理混乱，必然也会使使用者不知所云，难以作出正确的决策。在分析的第一个步骤中，分析者已经通过分析目的的确立，明确了要解决的具体问题，现在就要按照解决这些问题的先后顺序设立好分析的框架结构，最有利于说明问题、解决问题的分析应排在最前面，然后依重要性依次进行分析。如投资分析报告，首先应分析投资的盈利能力，然后分析投资的风险大小。若分析贷款的可行性，则应先分析贷款企业短期偿债能力，然后预计该企业未来可利用和处置的现金，这就须对企业的获利能力进行分析。

在具体分析时，财务分析报告的框架可以按如下内容和顺序安排：报告目录—重要提示—报告摘要—具体分析—问题重点综述及相应的改进措施。其中，“报告目录”告诉报告使用者本报告所分析的内容及所在页码；“重要提示”主要是针对本报告需加以关注的问题事先作出说明，旨在引起报告使用者的高度重视；“报告摘要”是对本报告内容的高度浓缩，一定要言简意赅，点到为止。无论是“重要提示”还是“报告摘要”，都应在其后标明具体分析所在页码，以便报告使用者及时查阅相应分析内容。以上三部分非常必要，其目的是让报告使用者在最短的时间内获得对报告的整体性认识，以及本报告中将告知的重大事项。“问题重点综述及相应的改进措施”主要是对本报告“具体分析”部分中揭示出的重点问题进行集中阐述，旨在将零散的分析集中化，再一次给报告使用者留下深刻印象。

“具体分析”部分是报告分析的核心内容。“具体分析”部分的写作如何，关键性地决定了本报告的分析质量和档次。要想使这一部分写得很精彩，首要的是有一个好的分析思路。例如，分析一家跨国公司的经营情况，该公司在世界各国分别有多少家分公司。财务报告的分析思路是：公司总体指标分析—总公司情况分析—各分公司情况分析。在每一部分里，对最近几年经营情况进行比较分析；具体分析时，按盈利能力分析—销售情况分析—成本费用控制情况分析展开。如此层层分解，环环相扣，各部分间及每部分内部都存在着紧密的联系。另外，清晰的分析过程可以提高分析者的判断能力，发现分析信息的不完整或不恰当，有助于分析者从重要的分析证据中提炼出正确的分析结论。

（四）财务分析报告须体现出重要性原则

财务分析报告要求在编制过程中，根据内容重要性大小做到详略得当。如上所述，对于重要的、对决策有着重要影响的内容不仅要详细地反映，而且要放在报告前面。对于可作为决策参考的不太重要的内容，则放在报告后面作较为简略的反映。在具体确定重要分析内容时，可采用交集原则揭示异常情况。例如，某公司下属有 10 个销售分公司，为分析这 10 个分公司的销售情况，首先可选择一个反映销售情况的指标，如销售收入额，然后分别计算最近几个月各分公司的销售收入增长额和增长率，再选取增长额和增长率都较高的分公司或都较低的分公司作为主要分析对象，并进行重点分析。只要有重要性原则的意识，分析人员就会始终抓重点问题和主要问题。

（五）财务分析报告必须及时提供给使用者

由于财务分析报告是用于评价企业经营状况、作为相关决策依据的重要信息来源，而影响企业经营的内外部经济环境都在不断变化，企业面对的是复杂多变的市场，在这个大市场里，任何宏观经济环境的变化或行业竞争对手政策的改变都会或多或少地影响着企业的竞争力，甚至决定着企业的命运，因此报告的时效性非常强。在分析中应尽可能地立足当前，瞄准未来，以便分析报告发挥预测的作用。

另外，在编制财务分析报告的过程中，还应遵守成本效益原则。即要在本着圆满完成分析任务的前提下，尽量利用较为便利的分析手段简化工作。因此，对于一些基于会计报表所进行的较为繁杂的定量分析可以利用电脑进行，财务软件中大多有财务分析这一模块，能利用财务报表的特点，以企业不同时期、不同单位报表数据为依据，从经营业绩、成本、资产结构合理性、偿债能力、盈利能力、发展潜力、管理水平、现金流量、经营健康状况、经营风险大小等多方面，对企业经营和财务状况进行分析诊断，从而得出财务分析和经营诊断报告，以满足不同客户的需求。但这一技术也有其自身的局限性，它不仅不能提供所有必需的信息（如缺少企业会计政策和原则方面的信息，缺少附注和其他解释性的信息，缺少对数据的追溯性调整等），不能帮助调整会计数字使它们具有可比性或满足分析的特定需要，而且不具备一名合格的财务分析师所必备的直觉判断和敏锐洞察力。因此，尽管财务软件分析可以提高分析效率，但不能完全取代人工分析。

综上所述，要完成一份高质量的财务分析报告不仅需要明确分析目的，搜集真实可靠且全面的信息，掌握较高的财务分析基本技术和方法，还得掌握分析报告的一些写作技巧，合理安排分析报告的框架结构，清晰地反映分析的思路和结论。本着上述几大原则进行报告的编制，应该能够达到分析的目的，满足报告使用者的需求。

二、财务分析报告的撰写步骤

（一）撰写前的准备工作

1. 搜集资料阶段

搜集资料是一个调查过程，深入全面的调查是进行科学分析的前提，但调查要有目的地进行。分析人员可以在日常工作中，根据财务分析内容要点，经常搜集、积累有关资料。这些资料既包括间接的书面资料，又包括从直属企业取得的第一手资料。财务分析人员应搜集的资料具体包括：①各类财务资料；②各类业务资料；③各类报纸、杂志公布的行业资料；④其他资料。

2. 整理核实资料

各类资料搜集齐全后，要加以整理核实，以保证其合法性、正确性和真实性，同时根据所规划的财务分析报告内容进行分类。整理核实资料是财务分析工作中的中间环节，起着承上启下的作用。在这一阶段，分析人员应根据分析的内容要点作些摘记，合理分类，以便查找和使用。

应当指出，搜集资料和整理核实资料不是截然分离的两个阶段，一般可以边搜集边核实整理，相互交叉进行。但切忌临近撰写分析报告才搜集资料，应把这项任务贯穿在日常工作中进行，这样才能搜集到内容丰富、涉及面广、有参考价值的资料，在进行分析时就会胸有成竹，忙而不乱。

（二）财务分析报告的选题

由于财务分析报告的形式多种多样，因此报告的选题没有统一的标准和模式，一般可以根据报告所针对的主要内容和提供的核心信息确定报告的选题，如某季度财务分析、负债情况分析、税法变更对企业效益的影响分析等都是比较合适的选题。报告的选题应能准确地反映出报告的主题思想。报告的选题一旦确定，就应当紧紧围绕选题搜集资料、整理资料，并编制财务分析报告。

（三）财务分析报告的起草

资料整理完毕，选题确定后，就可以进入财务分析报告的撰写阶段，而财务分析报告撰写的首要工作就是报告的起草。财务分析人员只有具备较强的综合素质，才能胜任编制财务分析报告这一重要工作。

报告的起草应围绕报告的选题并按报告的结构进行，特别是专题分析报告，应将问题分析透彻，真正地分析问题、解决问题。对综合分析报告的起草，最好先拟写报告的提纲，提纲必须能反映综合分析报告的主要内容，然后只需在提纲框架的基础上，依据所搜集、整理的资料选择恰当的分析方法，起草综合分析报告。

（四）财务分析报告的修订

财务分析报告形成初稿后，可交由财务分析报告的直接使用者审阅，并征求使用者的意见和建议，充实补充新的内容，使之更加完善，最后由直接使用者审定即可定稿。

三、财务分析报告撰写实例

W公司系根据中华人民共和国法律在中国境内注册成立的股份有限公司。公司系经中国国家经济贸易委员会以国经贸企改〔1999〕1266号文批准，由W集团有限公司独家发起设立，于2000年2月3日于上海市正式注册。经营范围为：钢铁冶炼、加工、电力、煤炭、工业气体生产、码头、仓储、运输等与钢铁相关的业务，技术开发、技术转让、技术服务和技术管理咨询服务，汽车修理，经营本企业自产产品及技术的出口业务等。

公司主营业务为：钢铁冶炼、加工、电力、煤炭、工业气体生产、码头、仓储、运输等与钢铁相关的业务，技术开发、技术转让、技术服务和技术管理咨询服务，汽车修理，经营本企业自产产品及技术的出口业务，经营本企业生产、科研所需的原辅材料、仪器仪表、机械设备、零配件及技术的进口业务（国家限定公司经营和国家禁止进出口的商品及技术除外），经营进料加工和“三来一补”业务。公司主要从事钢铁产品的制造和销售，以及钢铁产销过程中产生的副产品的销售与服务。

公司主要报表资料如下。

（一）资产负债表（见表4.6）

表4.6 资产负债表

元

项 目	2016年12月31日	2015年12月31日	2014年12月31日
流动资产：			
货币资金	8 840 469 097.21	14 379 464 105.74	9 200 675 786.05
交易性金融资产	89 577 809.31	352 804 683.86	297 133 851.72
应收票据	12 411 303 185.31	12 860 113 254.16	7 879 784 804.93
应收账款	8 542 193 127.62	6 983 893 119.47	6 728 952 000.41
预付账款	3 716 337 443.68	5 298 265 694.46	5 464 166 424.66
应收利息	948 484 949.13	11 757 749.94	8 097 921.09
应收股利	33 639 886.82	246 648 970.16	19 199 112.85
其他应收款	1 127 915 016.72	1 227 688 540.03	1 088 689 487.14
存货	28 790 882 932.79	37 389 713 386.91	38 027 321 873.88
一年内到期的非流动资产	4 880 000 000.00	483 907 475.02	150 362 590.00
其他流动资产	—	—	—
流动资产合计	69 380 803 448.59	79 234 256 979.75	68 864 383 852.73
非流动资产：			
可供出售金融资产	1 467 832 301.93	1 504 972 994.37	1 253 630 345.22
持有至到期投资	—	—	—
投资性房地产	477 471 234.63	487 474 698.00	154 564 391.52
长期股权投资	9 118 968 766.28	4 498 487 312.97	4 432 305 394.65
长期应收款	18 035 939 000.00	27 388 500.00	—
固定资产	79 440 015 016.44	115 371 361 577.46	117 737 019 179.64
工程物资	111 190 366.94	805 812 260.74	504 102 159.55
在建工程	9 966 930 139.34	16 282 590 033.75	9 762 744 217.47
固定资产清理	—	—	—
生产性生物资产	—	—	—
油气资产	—	—	—
无形资产	6 152 529 015.20	8 126 173 826.75	8 149 310 483.44
开发支出	—	—	—
商誉	—	—	—
长期待摊费用	906 159 533.22	42 017 928.52	18 828 446.84
递延所得税资产	2 026 536 047.54	1 188 689 741.88	1 135 371 070.97
其他非流动资产	14 509 906 520.94	120 375 537.42	121 043 972.78
影响非流动资产其他科目	2 763 019 609.19	3 410 144 438.27	3 931 800 234.92
非流动资产合计	144 976 497 551.65	151 865 488 850.13	147 200 719 897.00
资产总计	214 357 301 000.24	231 099 745 829.88	216 065 103 749.73
流动负债：			
短期借款	28 964 525 209.64	38 876 457 632.91	23 611 246 423.82

（续表）

项　目	2016 年 12 月 31 日	2015 年 12 月 31 日	2014 年 12 月 31 日
交易性金融负债	20 789 685.96		3 480 773.10
应付票据	3 255 540 509.18	2 677 585 618.61	2 221 942 799.91
应付账款	18 655 403 230.17	19 270 699 108.70	19 164 134 658.37
预收账款	11 194 900 927.62	10 789 724 318.08	11 795 800 061.97
应付职工薪酬	1 565 024 385.52	1 553 291 216.55	1 641 234 036.31
应交税费	1 238 213 835.07	−987 589 062.21	1 122 962 791.89
应付利息	177 928 027.43	316 050 944.68	289 681 337.11
应付股利	22 155 313.83	18 082 635.32	14 489 839.41
其他应付款	681 525 421.62	780 610 181.71	865 954 967.77
预提费用	—	—	—
预计负债	—	—	—
一年内到期的非流动负债	—	—	—
其他流动负债	2 938 659 947.30	—	—
影响流动负债其他科目	8 671 462 806.92	8 733 585 032.21	8 908 340 779.32
流动负债合计	82 226 685 180.89	98 838 166 074.85	73 175 978 552.29
非流动负债：			
长期借款	2 731 689 992.42	7 325 679 720.00	8 586 976 200.00
应付债券	9 835 739 000.07	8 918 663 150.96	18 474 795 283.20
长期应付款	250 000 000.00	—	2 542 058 246.12
专项应付款	688 993 701.54	911 415 731.15	458 086 945.11
递延所得税负债	320 632 524.32	316 780 621.85	396 226 414.46
其他非流动负债	961 802 609.24	1 319 044 230.80	1 088 486 622.56
非流动负债合计	14 788 857 827.59	18 791 583 454.76	31 546 629 711.45
负债合计	97 015 543 008.48	117 629 749 529.61	104 722 608 263.74
所有者权益：			
实收资本（或股本）	17 122 048 088.00	17 512 048 088.00	17 512 048 088.00
资本公积金	35 892 221 131.19	37 330 639 029.54	37 565 832 959.01
盈余公积金	23 229 714 608.04	21 132 255 172.18	20 124 401 541.84
未分配利润	35 540 808 913.80	30 754 305 445.21	29 674 047 101.69
库存股	115 785 165.80	—	—
外币报表折算差额	−299 633 775.37	−245 545 838.69	-145 142 801.00
未确认的投资损失	—	—	—
少数股东权益	5 954 489 275.04	6 974 505 417.34	6 596 017 233.65
归属于母公司股东权益合计	111 387 268 716.72	106 495 490 882.93	104 746 478 252.34
所有者权益合计	117 341 757 991.76	113 469 996 300.27	111 342 495 485.99
负债及所有者权益总计	214 357 301 000.24	231 099 745 829.88	216 065 103 749.73

（二）利润表（见表 4.7）

表 4.7　利润表

元

项　目	2016 年度	2015 年度	2014 年度
一、营业总收入	191 512 137 670.60	222 856 551 230.36	202 413 451 160.48
营业收入	191 135 536 828.10	222 504 684 693.73	202 149 152 364.77
二、营业总成本	189 117 333 837.44	214 640 818 873.43	186 586 431 218.13
营业成本	176 879 358 812.58	203 040 720 884.79	177 816 743 212.39
营业税金及附加	307 987 349.04	441 204 466.15	525 055 202.74
销售费用	1 925 622 030.62	1 949 535 869.48	1 784 620 103.36
管理费用	7 237 559 690.08	8 583 662 236.26	5 304 370 387.55
财务费用	415 679 745.91	72 320 524.41	806 574 502.66
资产减值损失	2 084 099 983.65	350 302 590.67	187 685 600.66
三、其他经营收益	−66 884 221.34	−602 064 417.18	−14 870 783.07
允许价值变动净收益	−12 975 596.11	−7 305 654.37	12 063 575.63
投资净收益	1 214 690 828.50	630 470 730.12	826 681 541.14
联营、合营企业投资收益	207 026 633.19	260 237 983.08	444 906 040.66
汇兑净收益	—	—	—
四、营业利润	3 596 519 065.55	8 838 897 432.68	16 665 765 059.12
营业外收入	10 502 489 013.27	646 413 128.52	589 839 984.17
营业外支出	959 355 275.97	225 185 204.97	179 372 012.82
非流动资产处置净损失	779 567 721.43	178 886 100.76	133 386 264.64
五、利润总额	13 139 652 802.85	9 260 125 356.23	17 076 233 030.47
所得税	2 706 697 134.02	1 524 325 189.19	3 715 345 425.92
未确认的投资损失	—	—	—
六、净利润（万元）	103.86	73.62	128.89
少数股东损益	46 583 146.78	373 838 530.63	471 804 285.43
归属于母公司股东的净利润	10 386 372 522.05	7 361 961 636.41	12 889 083 319.12
七、每股收益	0.60	0.42	0.74
基本每股收益	0.60	0.42	0.74
稀释每股收益	0.60	—	0.74

（三）现金流量表（见表 4.8）

表 4.8　现金流量表

元

项　目	2016 年度	2015 年度	2014 年度
一、经营活动产生的现金流量			
销售商品、提供劳务收到的现金	220 057 231 706.70	250 862 817 851.43	231 965 535 494.77
收到的税费返还	236 335 694.24	198 250 118.63	120 096 182.75
收到其他与经营活动有关的现金	3 735 055 127.63	3 866 898 235.74	4 434 516 649.85
经营活动现金流入小计	224 028 622 528.57	254 927 966 205.80	236 520 148 327.37
购买商品、接受劳务支付的现金	184 147 619 778.19	222 611 487 125.82	198 696 473 425.56

（续表）

项 目	2016 年度	2015 年度	2014 年度
支付给职工以及为职工支付的现金	8 780 477 553.29	9 093 149 003.85	8 025 470 106.38
支付的各项税费	4 431 758 211.64	7 367 904 635.22	7 277 031 657.28
支付其他与经营活动有关的现金	4 466 593 116.57	3 713 195 692.93	3 665 646 774.30
经营活动现金流出小计	201 826 448 659.69	242 785 736 457.82	217 664 621 963.52
经营活动产生的现金流量净额	22 202 173 868.88	12 142 229 747.98	18 855 526 363.85
二、投资活动产生的现金流量			
收回投资收到的现金	3 449 444 471.54	2 637 328 762.55	5 894 245 599.30
取得投资收益收到的现金	602 985 116.92	414 483 716.25	586 383 359.92
处置固定资产、无形资产和其他长期资产收回的现金净额	21 328 973 756.85	31 650 014.98	123 578 548.77
处置子公司及其他营业单位收到的现金净额	1 973 043 650.38	12 703 102.72	—
收到其他与投资活动有关的现金	413 889 215.27	179 485 470.05	50 545 045.75
投资活动现金流入小计	27 768 336 210.96	3 275 651 066.55	6 654 752 553.74
购建固定资产、无形资产和其他长期资产支付的现金	12 343 614 165.20	15 068 201 566.60	13 246 396 042.13
投资支付的现金	12 760 475 730.40	4 340 991 625.70	5 977 056 402.29
取得子公司及其他营业单位支付的现金净额	−1 422 513.09	−6 427 856.16	—
支付其他与投资活动有关的现金	16 864 017.29	2 977 331.19	2 910 513 292.10
投资活动现金流出小计	25 119 531 399.80	19 405 742 667.33	19 265 165 736.52
投资活动产生的现金流量净额	2 648 804 811.16	−16 130 091 600.78	−12 610 413 182.78
三、筹资活动产生的现金流量			
吸收投资收到的现金	—	—	—
子公司吸收少数股东投资收到的现金	—	—	—
取得借款收到的现金	62 422 098 535.16	69 659 982 105.95	57 442 984 308.40
收到其他与筹资活动有关的现金	1 921 647 447.24	0.00	0.00
发行债券收到的现金	1 491 500 000.00	—	—
筹资活动现金流入小计	66 165 063 380.48	69 871 863 456.06	57 666 069 046.80
偿还债务支付的现金	86 374 410 725.23	50 798 083 624.57	53 440 636 678.25
分配股利、利润或偿付利息支付的现金	5 356 022 090.67	6 912 378 714.40	4 523 729 900.65
子公司支付给少数股东的股利	—	—	—
支付其他与筹资活动有关的现金	2 868 833 680.10	2 868 833 680.10	0.00
筹资活动现金流出小计	96 515 792 364.00	60 579 296 019.07	60 833 166 578.90
筹资活动产生的现金流量净额	−30 350 728 983.52	9 292 567 436.99	−3 167 097 532.10
四、现金及现金等价物净增加额			
汇率变动对现金的影响	−59 021 345.38	−62 401 619.77	35 820 868.28

（续表）

项　目	2016 年度	2015 年度	2014 年度
现金及现金等价物净增加额	−5 558 771 648.86	5 242 303 964.42	3 113 836 517.25
期初现金及现金等价物余额	13 180 223 388.65	7 937 919 424.23	4 824 082 906.98
期末现金及现金等价物余额	7 621 451 739.79	13 180 223 388.65	7 937 919 424.23
补充资料：			
1. 将净利润调节为经营活动的现金流量			
净利润	10 432 955 668.83	7 735 800 167.04	13 360 887 604.55
加：资产减值准备	2 084 099 983.65	350 302 590.67	187 685 600.66
固定资产折旧、油气资产折耗、生产性生物资产折旧	11 186 545 722.35	—	—
无形资产摊销	199 604 168.91	208 224 717.38	205 783 446.80
长期待摊费用摊销	17 729 337.01	9 532 660.28	31 272 485.15
待摊费用减少	—	—	—
预提费用增加	—	—	—
处置固定资产、无形资产和其他长期资产的损失	−8 911 231 072.81	159 966 895.88	123 700 730.69
固定资产报废损失	—	—	—
公允价值变动损失	12 975 596.11	7 305 654.37	−12 063 575.63
财务费用	370 518 327.08	13 478 973.19	759 194 635.36
投资损失	−1 214 690 828.50	-630 470 730.12	−826 681 541.14
递延所得税资产减少	-837 846 305.66	-53 561 399.73	−80 701 316.25
递延所得税负债增加	11 893 153.28	68 341 855.89	104 116 054.03
存货的减少	2 459 971 298.38	244 515 920.26	−8 712 787 971.53
经营性应收项目的减少	−1 078 774 524.19	−5 080 365 872.74	−4 372 485 203.34
经营性应付项目的增加	7 468 423 344.44	−3 797 163 479.08	5 055 744 194.57
未确认的投资损失	—	—	—
其他	11 186 545 722.35	12 906 321 794.69	13 031 861 219.93
经营活动产生的现金流量净额	22 202 173 868.88	12 142 229 747.98	18 855 526 363.85
2. 债务转为资本	—	—	—
3. 一年内到期的可转换公司债券	—	—	—
4. 融资租入固定资产	—	—	—
5. 现金及现金等价物净增加情况			
现金的期末余额	7 621 451 739.79	12 899 442 675.29	7 887 919 424.23
减：现金的期初余额	12 899 442 675.29	7 887 919 424.23	4 724 082 906.98
现金等价物的期末余额	—	280 780 713.36	50 000 000.00
减：现金等价物的期初余额	280 780 713.36	50 000 000.00	100 000 000.00
现金及现金等价物净增加额	−5 558 771 648.86	5 242 303 964.42	3 113 836 517.25

根据 W 公司的财务资料，编写的 W 公司 2016 年度的财务分析报告如下。

一、利润分析

（一）利润总额

2016 年实现利润为 13 139 652 802.85 元，与 2015 年的 9 260 125 356.23 元相比有所增加，增加 41.87%，与 2014 年的 17 076 233 030.47 元相比有所下降，下降 23.05%。利润主要来自于内部经营业务，公司盈利基础比较可靠。利润变化情况如图 4.6 所示。

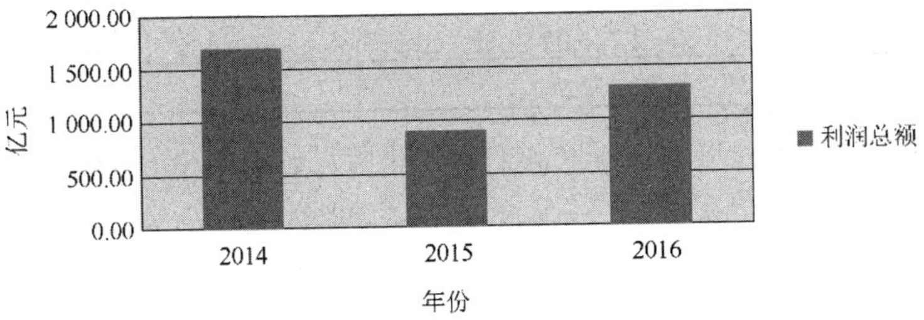

图 4.6　利润变化情况

（二）主营业务的盈利能力

根据企业报表数据，参照表 4.9，公司 2016 年主营业务收入净额 191 135 536 828.10 元，与 2015 年的 222 504 684 693.73 元相比有所下降，下降 14.10%，与 2014 年的 202 149 152 364.77 元相比有所下降，下降 5.45%。主营业务成本为 176 879 358 812.58 元，与 2015 年的 203 040 720 884.79 元相比有所下降，下降 12.89%，与 2014 年的 177 816 743 212.39 元相比有所下降，下降 0.53%。主营业务收入和主营业务成本同时下降，但主要业务收入下降幅度大于主营业务成本，表明公司主营业务盈利能力下降。

表 4.9　利润增减情况

亿元

利润表	2014 年	2015 年	2016 年	2015 年横向分析	2016 年横向分析
营业收入	2 021.49	2 225.05	1 911.36	10.70%	−14.10%
营业成本	1 778.17	2 030.41	1 768.49	14.19%	−12.89%
销售费用	17.85	19.50	19.26	9.24%	−1.23%
财务费用	8.07	0.72	4.6	−91.08%	477.77%
管理费用	53.04	85.84	72.38	61.82%	-15.68%
资产减值损失	1.88	3.50	20.84	86.63%	494.95%
投资收益	8.27	6.31	12.15	−23.37%	92.66%
营业利润	166.66	88.39	35.97	−46.96%	−59.31%
利润总额	170.76	92.60	131.40	−45.77%	41.89%
所得税	37.15	15.24	27.07	−58.97%	77.57%
归属母公司所有者净利润	128.89	73.62	103.86	−42.88%	41.08%

（三）利润真实性判断

从报表数据来看，公司销售收入主要是现金收入，收入质量是可靠的。公司的实现利润主要来自于营业利润。2014年、2015年和2016年实现的营业收入及营业利润情况如表4.10所示。

表4.10　营业收入变化

亿元

年　份	营业收入	营业利润
2014年	2 021.49	166.66
2015年	2 225.05	88.39
2016年	1 911.36	35.97

根据上述数据，绘制营业收入和营业利润变化图，如图4.7所示。

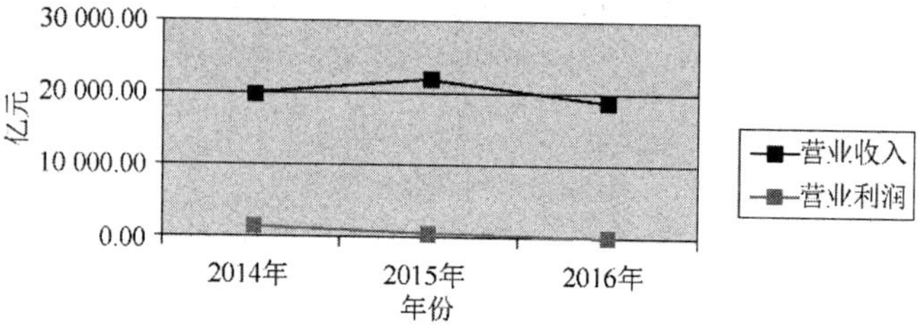

图4.7　销售收入变化

由图4.7可见，在市场份额迅速扩大的情况下，公司营业利润却有所下降，应注意在市场销售业绩迅速上升背后所隐藏的经营压力和风险。

二、成本费用分析

（一）成本构成情况

2016年W公司成本费用总额为18 911 733万元。其中，主营业务成本为17 687936万元，占成本总额的94%；销售费用为192 562万元，占成本总额的1%；管理费用为723 756万元，占成本总额的4%；财务费用为41 568万元，占成本总额的0.22%。成本构成如图4.8所示。

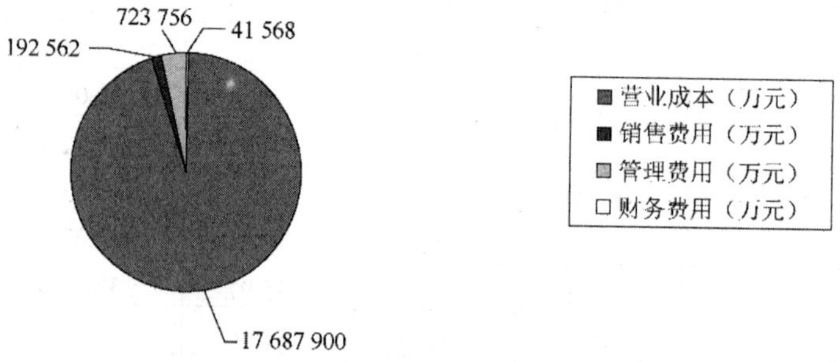

图4.8　2016年成本构成

（二）销售费用的合理性评价

销售费用变化如图4.9所示。2016年销售费用为192 562万元，与2015年的194 954万元相比有较大幅度的下降，并且在收入下降情况下销售费用也有所下降，说明公司进行了销售费用控制，但此举也影响了公司的销售收入，公司销售活动效果一般。

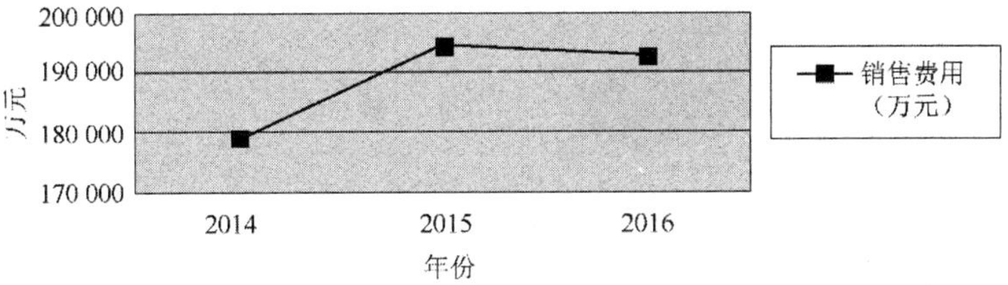

图4.9 销售费用变化

（三）管理费用变化及合理性评价

管理费用变化如图4.10所示。2016年管理费用为723 756万元，与2015年的858 366万元相比有较大下降，下降15.68%。2016年管理费用占销售收入的比例为3.79%，与2015年的3.86%相比变化不大。管理费用与销售收入同步下降，且销售利润大幅度下降，因此要注意提高管理费用支出的效率。

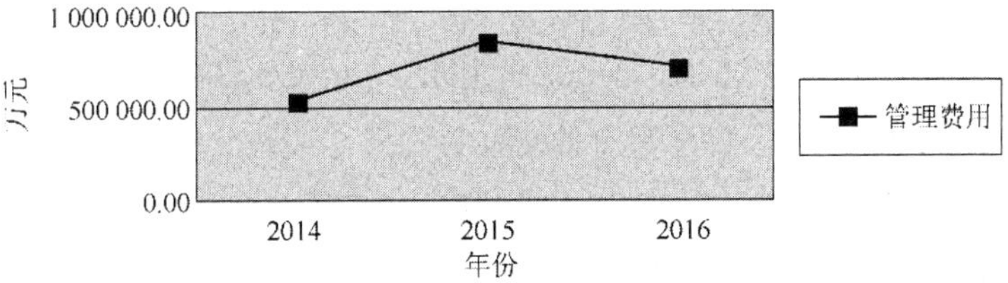

图4.10 管理费用变化

三、资产结构分析

（一）资产构成情况

W公司2016年资产总额为21 435 730万元，其中流动资产为6 938 080万元，主要分布在存货、其他应收款、货币资金等环节，分别占公司流动资产合计的41.50%、1.63%、12.74%。非流动资产为14 497 650万元，主要分布在固定资产、长期股权投资和无形资产上，分别占公司非流动资产的54.80%、6.29%、4.24%。资产构成各项对比如图4.11所示。

如图4.11所示，公司生产加工环节占用的资金数额较大，约占公司流动资产的41.50%，说明市场销售情况的变化会对公司资产的质量和价值带来较大影响，要密切关注公司产品的销售前景和增值能力。公司流动资产中被别人占用的、应当收回的资产数额较大，约占公司流动资产的13.94%，应当加强应收账款管理，关注应收款项的质量。从资产构成来看，公司非流动资产所占比例较高，非流动资产的质量和周转率对公司的经营状况起决定性作用。

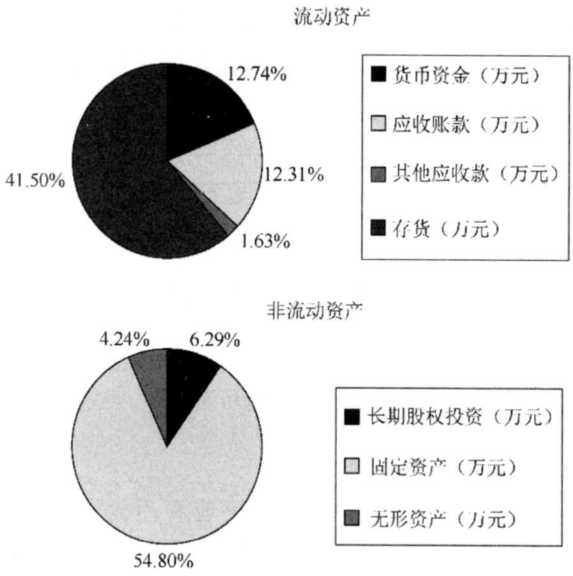

图 4.11　资产构成

（二）资产的增减变化

2016 年总资产为 21 435 730 万元，与 2015 年的 23 109 974 万元相比变化不大，变化幅度为 7.24%。具体来说，以下项目的变动使资产总额增加：应收账款增加 155 830 万元；应收利息增加 93 672.72 万元；共计增加 249 502.72 万元。以下项目的变动使资产总额减少：预付账款减少 158 193 万元；其他应收款减少 9 977 万元；应收票据减少 4 480 万元；货币资金减少 553 903 万元；共计减少 726 553 万元。以上增加项和减少项相抵，使资产总额减少 447 050.28 万元。

（三）资产结构的合理性评价

从资产各项目与主营业务收入的比例关系来看，2016 年应收账款所占比例基本合理，其他应收款所占比例过高，存货所占比例过高，固定资产趋于老化。2016 年公司资产结构基本合理。

存货变化和应收账款变化分别如图 4.12、图 4.13 所示。

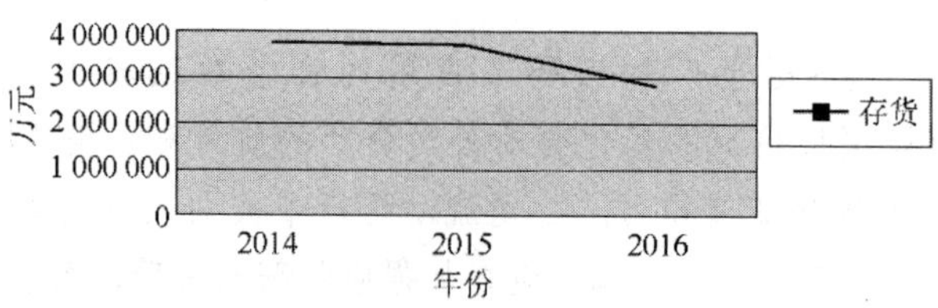

图 4.12　存货变化

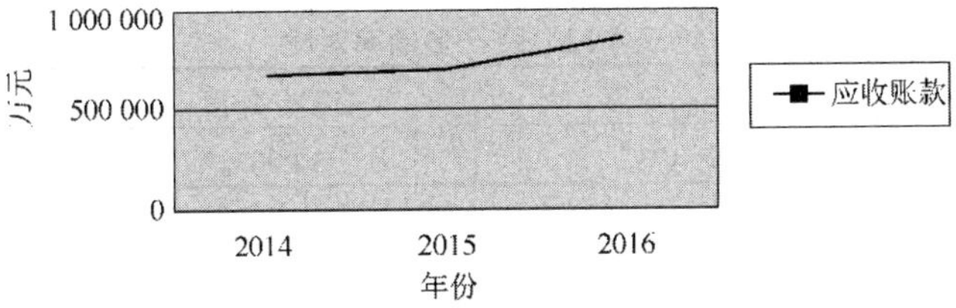

图 4.13 应收账款变化

2016 年与 2015 年相比，2016 年存货占销售收入的比例明显下降，应收账款占销售收入的比例上升，其他应收款小幅度下降。总体来看，流动资产增长慢于主营业务收入增长，资产的盈利能力没有提高。因此，与 2015 年相比，资产结构趋于恶化。主要资产项目变动情况如图 4.14 所示。

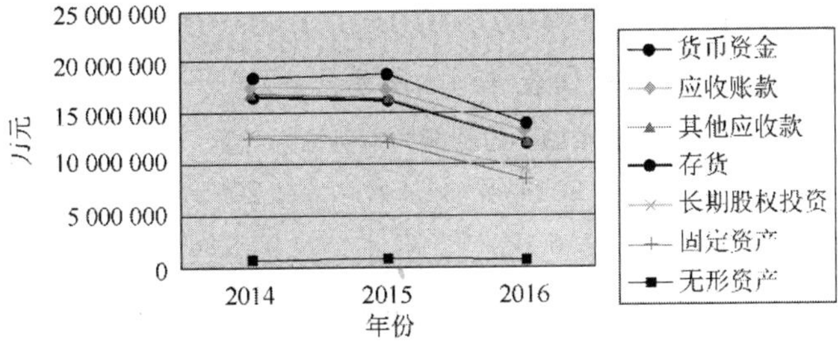

图 4.14 主要资产项目变动情况

四、偿债能力分析

（一）短期偿债能力

从支付能力来看，W 公司 2016 年的日常现金支付资金比较紧张，主要依靠短期借款。从发展角度来看，W 公司按照当前资产的周转速度和盈利水平，公司短期债务的偿还没有充足的资金保证。如表 4.11 所示，2016 年的流动比率为 0.84，与 2015 年的 0.80 相比变化不大。2016 年速动比率为 0.45，与 2015 年的 0.42 相比变化不大。

表 4.11 W 公司 2014—2016 年偿债能力指标

财务指标	2014 年度	2015 年度	2016 年度
流动比率	0.94	0.80	0.84
速动比率	0.42	0.42	0.49

（二）还本付息能力

从短期来看，公司经营活动的资金主要依靠短期借款，全部偿还短期债务本息会有一定困难。从盈利情况来看，公司盈利对利息的保障倍数为 50.31 倍。从实现利润和利息的关系来看，公司盈利能力较强，利息支付有保证。根据表 4.12 的数据，资产负债率变化如图 4.15 所示。可以看出，公司资产负债率 2016 年呈下降趋势，说明公司长期偿债能力逐渐增强。

表 4.12 资产负债率对比

财务指标	2014 年度	2015 年度	2016 年度
资产负债率	48.47%	50.90%	45.26%

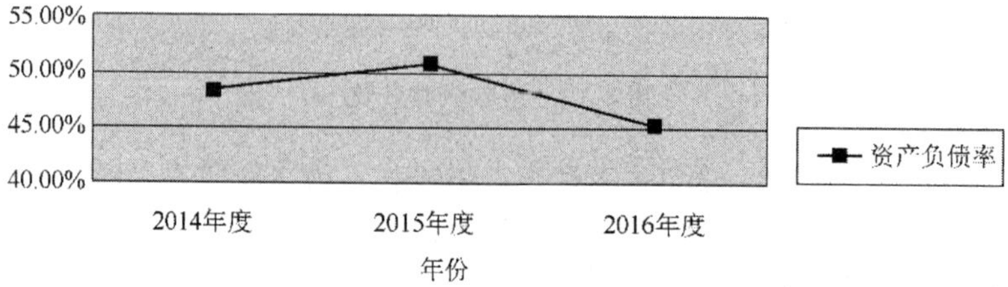

图 4.15 资产负债率变化

五、盈利能力分析

W 公司盈利能力财务指标计算如表 4.13 所示。

表 4.13 盈利能力财务指标计算

财务指标	2014 年	2015 年	2016 年
营业净利率	6.61%	8.86%	5.46%
营业利润率	8.24%	3.97%	1.88%
营业毛利率	12.04%	15.26%	7.30%
成本费用利润率	9.17%	4.31%	6.95%
总资产净利润率	6.40%	3.46%	4.68%
净资产收益率	12.31%	7.02%	9.52%

（一）主营业务的盈利能力

如表 4.14 所示，W 公司 2016 年的营业利润率为 1.88%，总资产净利率为 4.68%，净资产收益率为 9.52%，成本费用利润率为 6.95%。

（二）净资产收益率

如图 4.16 所示，2016 年净资产收益率为 9.52%，与 2015 年的 7.02% 相比有所上升，上升 2.50%。

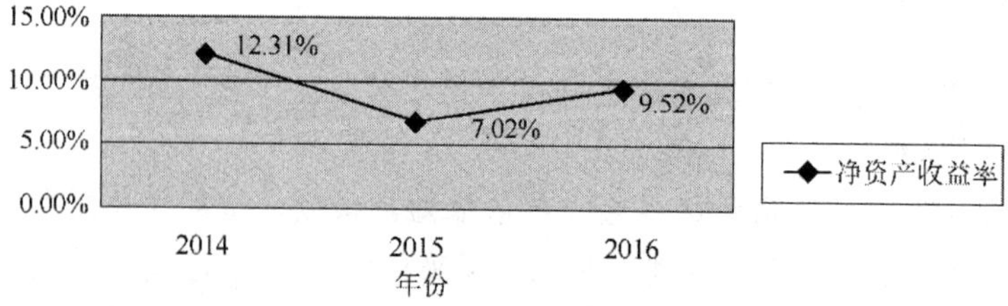

图 4.16 净资产收益率

（四）总资产净利率

2016 年总资产净利率为 4.68%，与 2015 年的 3.46% 相比有所上升，上升 1.22%。

2016 年总资产净利率比 2015 年上升的主要原因是：2016 年净利润为 1 308 600 万元，与 2015 年的 736 200 万元相比有较大幅度上升，上升 41.08%。2016 年平均总资产为 21 435 730 万元，与 2015 年的 23 109 975 万元相比变化不大，变化幅度为 7.24%。

（五）成本费用利润率

2016 年成本费用利润率为 6.95%，与 2015 年的 4.31% 相比有所上升，上升 2.64%。

六、营运能力分析

（一）存货周转天数

如图 4.17 所示，W 公司 2016 年存货周转天数为 67.35 天，2015 年为 66.86 天，2016 年比 2015 年增长 0.49 天。2016 年存货周转天数比 2015 年增长的主要原因是：2016 年平均存货为 2 879 088 万元，与 2015 年的 3 738 971 万元相比变化不大，变化幅度为 23%。2016 年主营业务成本为 17 687 936 万元，与 2015 年的 20 304 072 万元相比有较大下降，下降 12.89%。平均存货下降速度快于主营业务成本的下降速度，致使存货周转天数增长。收入增长而存货没有多大变化，存货水平未出现不合理增长。

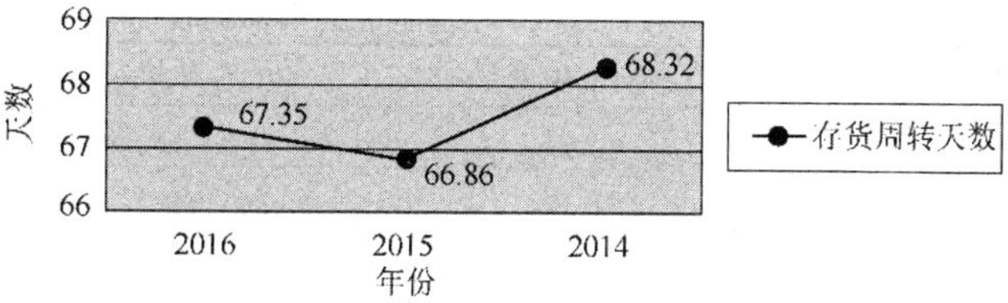

图 4.17 存货周转天数变化

（二）应收账款周转天数

如图 4.18 所示，W 公司 2016 年应收账款周转天数 14.62 天，2015 年为 11.09 天，2014 年为 10.95 天。2016 年比 2015 年延长 3.53 天，2015 年比 2014 年延长 0.14 天，应引起企业的关注。

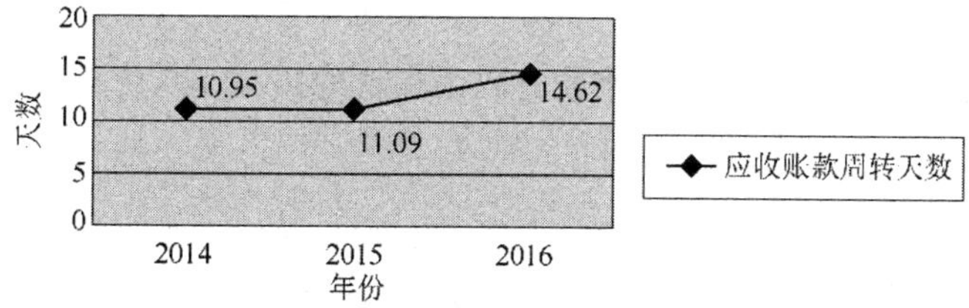

图 4.18 应收账款周转天数

（三）营业周期

如图 4.19 所示，W 公司 2016 年营业周期为 81.97 天，2015 年为 77.95 天，2016 年比 2015 年增长 4.02 天。从存货、应收账款、应付账款三者占用资金数量及其周转速度的关系来看，公司经营活动的资金占用有较大幅度的下降，营运能力明显提高。

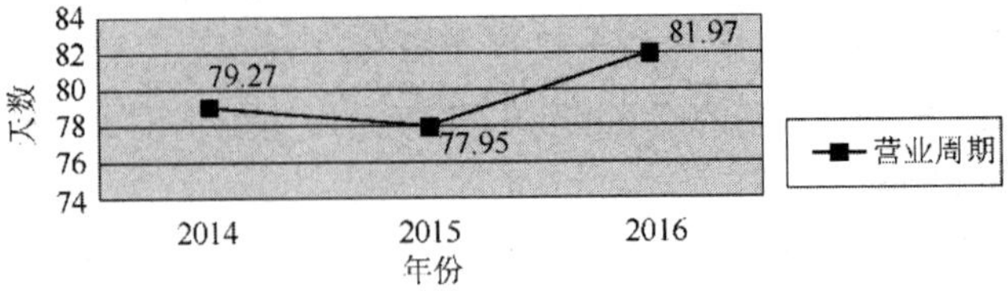

图 4.19　营业周期

（四）营运能力财务指标比较分析

如表 4.14 所示，2016 年流动资产周转天数比 2015 年增长的主要原因是：2016 年流动资产为 6 938 080 万元，与 2015 年的 7 923 426 万元相比变化不大，变化幅度为 12.44%；2016 年主营业务收入为 19 113 554 万元，与 2015 年的 22 250 468 万元相比有较大下降，下降 14.10%；流动资产下降速度慢于主营业务收入的下降速度，致使流动资产周转天数增长。

表 4.14　2014—2016 年营运能力指标比较

财务指标	2014 年度	2015 年度	2016 年度
总资产周转率/次	0.97	1	0.86
总资产周转天数/天	371.48	361.81	418.6
流动资产周转率/（%）	3.33	3	2.75
流动资产周转天数/天	108.22	119.8	130.91
应收账款周转率/（%）	32.88	32.45	24.62
应收账款周转天数/天	10.95	11.09	14.62
存货周转率/（%）	5.27	6.7	5.35
存货周转天数/天	68.32	66. 86	67.35

如图 4.20 所示，W 公司 2016 年总资产周转次数为 0.86 次，比 2015 年周转速度减慢，周转天数从 361.81 天增长到 418.60 天。公司在资产规模增长的同时，使主营业务收入有较大幅度增长，表明公司经营业务有较大幅度的扩张，总资产周转速度有较小幅度的下降。

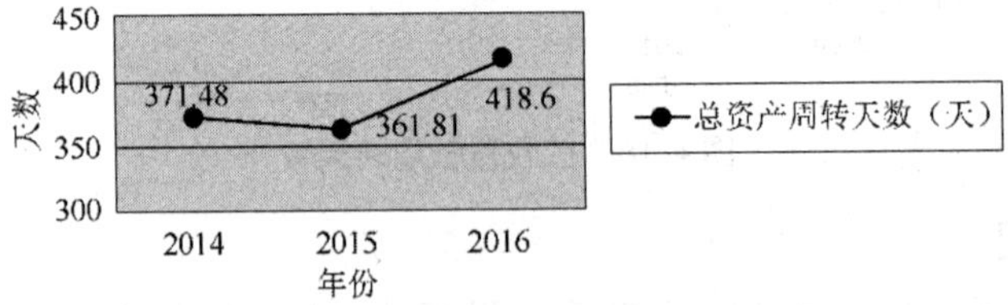

图 4.20　总资产周转天数

七、发展能力分析

W 公司 2014—2016 年发展能力指标如表 4.15 所示。

表 4.15　W 公司 2014—2016 年发展能力指标

财务指标	2016 年度	2015 年度	2014 年度
营业收入/亿元	1 911	2 225	2 021
归属净利润/亿元	103.86	73.6	128.89
净资产/亿元	1 173.42	1 134.70	1 113.42
总资产/亿元	2 143.57	2 341.00	2 160.65
营业收入增长率	−0.141 1	0.100 9	
净利润增长率	0.411 1	−0.428 90	
净资产增长率	0.034 1	0.019 1	
总资产增长率	−0.072 0	0.069 1	

结合 2015 年和 2014 年的数据来看，2016 年总资产增长率较 2015 年有明显下降趋势，净资产增长率较 2015 年有明显上升趋势，净利润增长率上升幅度比较大，但营业收入下降，需要引起企业重视。

八、经营风险分析

（一）主要风险

宏观经济政策趋于收紧、经济增速趋缓等因素导致我国钢铁需求增速下降的风险正在出现。我国经济结构调整、产业升级和发展模式转型任重而道远，钢铁企业发展环境仍具有很多的不确定性。

国内钢铁市场供求矛盾依然突出，上游资源价格上升，钢铁企业成本压力继续加重，下游行业议价能力提高，国内钢铁企业受双重挤压，对公司稳定盈利和效益提升形成制约和挑战。节能减排、环保压力依然很大。“十三五”期间，国家节能减排政策将日趋严格，企业所在地政府对钢铁行业的环保提出更高的要求，社区居民的环保诉求仍将持续提高，对公司生产经营带来制约。

（二）对策措施

2017 年，面对复杂多变的国内外竞争环境，公司本着“居危思进”精神，在作好“微利时代”长期艰苦奋斗的准备的同时，坚定信心，坚持差异化经营，加强成本管理，把握机遇，确保公司持续的竞争优势，在逆境中实现新的跨越。公司将继续关注损益、资产使用效率和现金流量，围绕产品经营、成本改善、解决方案、精品开发、环境经营等战略主题，全面落实公司年度各项重点工作。

优化产品结构，提升成本竞争力，坚持服务领先，努力拓展差异化竞争优势，继续确保公司保持国内行业“业绩最优”地位。优化资产配置，巩固并强化公司在优质碳钢扁平材领域的领先地位，提升公司业绩。公司拟向控股股东出售不锈钢、特钢事业部的相关资产。资产出售后，公司将专注于碳钢领域产品发展，并进一步巩固竞争优势，继续将公司打造成“最具竞争力钢铁企业、最具投资价值的上市公司”。加强战略管理，完善运营管理，夯实基层基础管理；坚持以内涵发展为主的道路，落实新一轮规划各项战略举措；完善市场倒逼的长效机制，持续改善现有钢铁单元的竞争力；进一步完善公司的体系、流程及持续创新能力，不断增强公司核心竞争力。继续加强和完善公司的风险管理，提升公司抗风险能力。以营运资金风险、信用风险、原燃料市场价格波动风险、投资风险、协力风险、外汇及利率风险、市场贸易摩擦风险等重点风险为抓手，进一步完善风险管理策略和风险应对方案；发挥内控审计在重大风险领域的监督评价作用。

实务演练

案例资料：资料请根据本教材提供的 HS 公司有关资料（资产负债表、利润表、现金流量表、所有者权益变动表，参见表 2.2、表 2.21、表 2.48、表 2.61），撰写 HS 公司 2017 年财务分析报告。

任务检测 4-4

在线自测

选择题

1. 财务分析报告按其分析的内容范围分（　　）。

A. 综合分析报告　　B. 专题分析报告

C. 简要分析报告　　D. 定期分析报告

2. 财务分析报告的资料内容有（　　）。

A. 会计资料　　B. 业务资料

C. 对比资料　　D. 其他资料

3. 财务分析报告的使用者有（　　）。

A. 企业的投资者　　B. 企业的债权人

C. 企业的经营者　　D. 政府有关部门

配套实训

实训 4-3　财务分析报告及其撰写

实训目标

明确财务分析报告的作用和特点，熟悉财务分析报告的结构，掌握报告的撰写步骤和要求，能根据搜集的相关资料进行企业财务分析，并撰写出财务分析报告。

实训资料

1. 如何分析上市公司年度报告

上市公司年度报告是综合反映年度内经营业绩与财务状况的重要报告，是投资者据以判断证券价格变动趋势的主要依据。年度报告正文包括：公司简介、会计数据和业务数据摘要、股本变动及股东情况、股东大会简介、董事会报告、监事会报告、业务报告摘要、重大事项、财务报告、公司的其他有关资料。

分析年报的基础是数据的真实、准确、完整。上市公司公开披露的信息如有虚假、严重误导性陈述或者重大遗漏，负责对文件验证的中介机构对此要承担相应的法律责任，公司的全体发起人或者董事也应承担连带责任。分析年报时，采用比较法很重要，一般包括以下几点。

① 本期的实际指标与前期的实际指标相比较。对比的方式有两种：一是确定增减变动数量；二是确定增减变动率。其计算公式为：

$$增减变动量=本期实际指标-前期实际指标$$

$$增减变动率(\%)=\frac{增减变动额}{前期实际指标}\times100\%$$

② 本期的实际指标与预期目标相比较。这可以考核公司经营者受托责任的完成情况，预期目标完成得好，表明公司经营者比较成功地把握了市场。还要与长远规划相比较，分析达到长远奋斗目标的可能性。但在进行这种对比时，必须检查计划目标本身的合理性和先进性，否则对比就失去了客观的依据。

③ 本期的实际指标与同类公司同类指标相比较。这可以清醒地认识到该上市公司在本行业中的地位，同时结合业绩情况进行分析。

当然，分析年报时，还要学会去伪存真，认清有些公司年报中存在的“陷阱”。一是注意销售利润率。如果公司经营上无重大变化，它的销售利润率应该是相对稳定的。如果报告期的销售利润率变动较大，则表明公司有可能少计或多计费用，从而导致账面利润增加或减少。二是注意应收款项目。例如，有些公司将给销售员的回扣费用计入应收款，使利润虚增。三是注意坏账准备，有些应收账款由于多种原因，长期无法收回，账龄越长，风险越大。由于我国坏账准备金低，一旦收不回来的账款过多，对公司的利润影响将非常大。四是注意折旧。这是上市公司大有文章可做的地方。有的在建工程完工后不转成固定资产，公司也就免提折旧，有的不按重置后的固定资产提取折旧，有的甚至降低折旧率，这些都会虚增公司的利润。

2．RM公司2015年度财务报告分析

（1）RM公司2015年度财务数据

2016年4月17日晚，RM公司（股票代码为603000）发布2016年度财务报告，但不含2015年第四季度财务数据。2015年度财报显示，RM公司2015年度营业收入人民币7.08亿元，同比增长42%；归属于RM公司母公司的净利润人民币2.1亿元，同比增长50.78%；稀释每股收益为0.83元/股，同比增长23.88%。

（2）RM公司2015年度财务分析

① 营业收入项目

RM公司2015年度财务报告显示，年度总营业收入70 802万元，比上年增长42.38%。如图4.21所示，RM公司营业收入增长速度比上市前两年有所放缓。

根据RM公司公布的2015年度财报披露的其主要经营收入来源，很难确切地了解其市场化收入情况。从财报中的主营业务产品收入分类看，其收入主要来自四大类，即广告及宣传服务收入为39 409万元，同比增长32.49%；信息服务收入为18 004万元，同比增长28.7%；移动增值业务收入为11 766万元，同比增长140.63%；技术服务收入为1 623万元，同比增长47.16%。按地区收入计算，RM公司2015年国内收入为70 209.42万元，同比增长43.56%，国外收入为592万元，同比下降27.98%。

图4.22显示按主营产品分类，各业务板块收入在总收入中的占比。但广告及宣传服务收入项目下，并无法知晓其市场化广告收入情况。

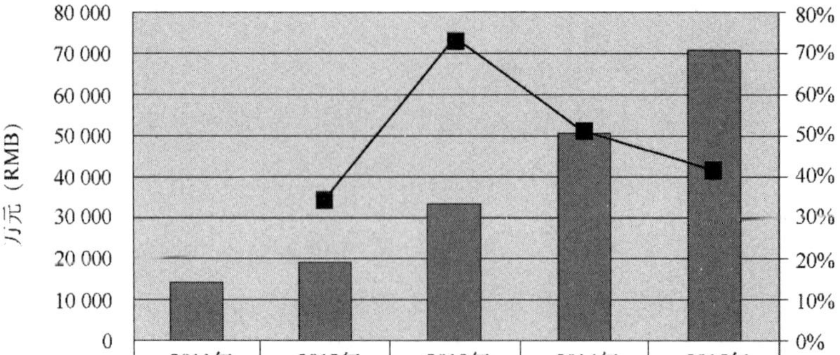

	2011年	2012年	2013年	2014年	2015年
营业收入	14 223	19 032	33 166	49 726	70 802
增长率		34%	74%	50%	42%

图 4.21　RM 公司历年总收入及增长率

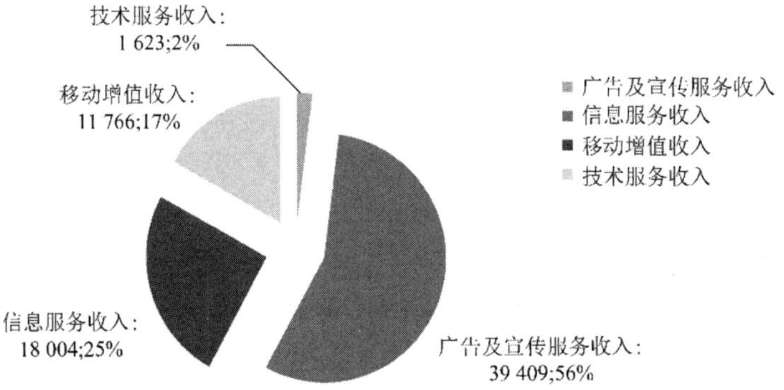

图 4.22　2015 年 RM 公司各项收入及比重

从 RM 公司财报披露的各项主营业务收入及营业成本计算看，RM 公司各项业务的毛利率都较高，在国内新媒体行业中属于较好水平。图 4.23—图 4.26 显示 2014 和 2015 年度 RM 公司各业务的毛利率数据：2015 年度广告及宣传服务收入的毛利率高达 67%；信息服务收入的毛利率为 64%；移动增值服务收入的毛利率相对略低为 42%；技术服务收入的毛利率为 64%。

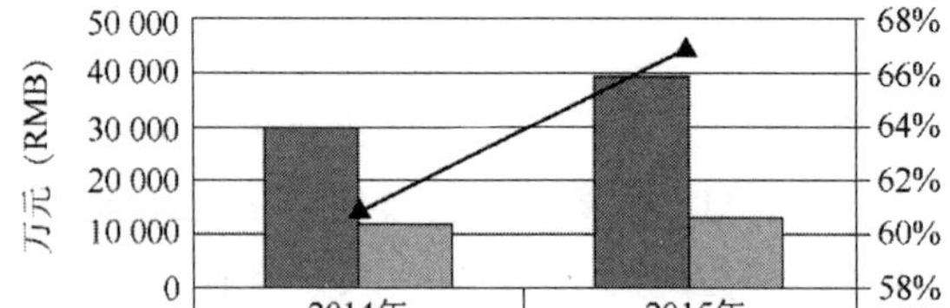

	2014年	2015年
广告及宣传服务收入	29 745	39 409
营业成本	11 592	12 899
毛利率	61%	67%

图 4.23　RM 公司广告及宣传服务收入及毛利率

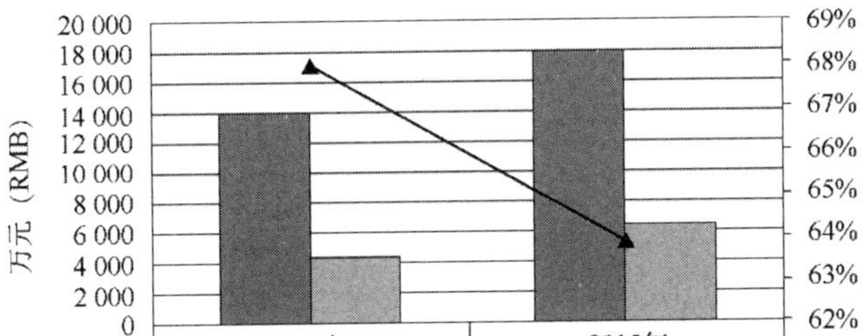

	2014年	2015年
信息服务收入	13 989	18 004
营业成本	4 423	6 435
毛利率	68%	64%

图 4.24　RM 公司信息服务收入及毛利率

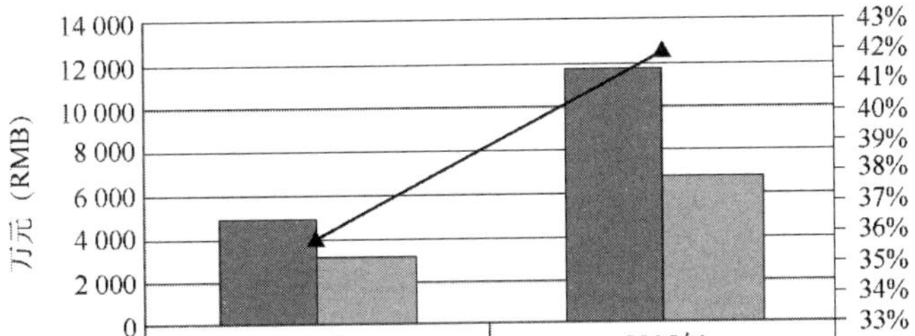

	2014年	2015年
移动增值	4 890	11 766
营业成本	3 119	6 851
毛利率	36%	42%

图 4.25　RM 公司移动增值业务收入及毛利率

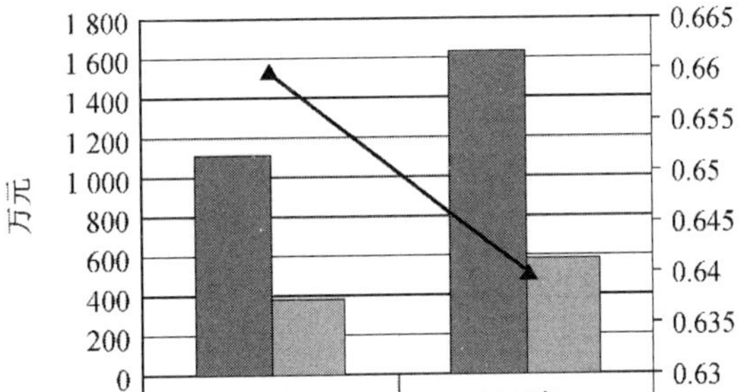

	2014年	2015年
技术服务收入	1 103	1 623
营业成本	377	581
毛利率	0.66	0.64

图 4.26　RM 公司技术服务收入及毛利率

② 成本费用项目

RM 公司 2015 年度营业总成本 49 617 万元，比上年增长 32.15%。其中，营业成本

26 766 万元，同比增长 37.3%。从图 4.27 看，2015 年 RM 公司营业总成本增长率较上年大幅度下降，营业总成本增长率远低于营业总收入增长率，结合 RM 公司历年 3 项主要费用数据（见图 4.28），可以看出，RM 公司营业总成本增长率下降，主要是由财务费用所弥补。

2015 年度，RM 公司主要费用项目有：营业税金及附加 3 226 万元，同比增长 10.4%；销售费用 14 984.7 万元，同比增长 58.69%；管理费用 8 769.9 万元，同比增长 25.9%；财务费用 －4 326 万元，同比增长 229.47%；资产减值损失 195.4 万元，增长率 404.9%。

图 4.28 显示，2015 年度 RM 公司财务费用同比增长 229%，这主要是 RM 公司 2012 年上市后所募集的巨额资金的利息收入所致。财务费用明细表显示，2015 年度利息收入约 4 360 万元，这在一定程度上平衡了营业总成本的增加额。

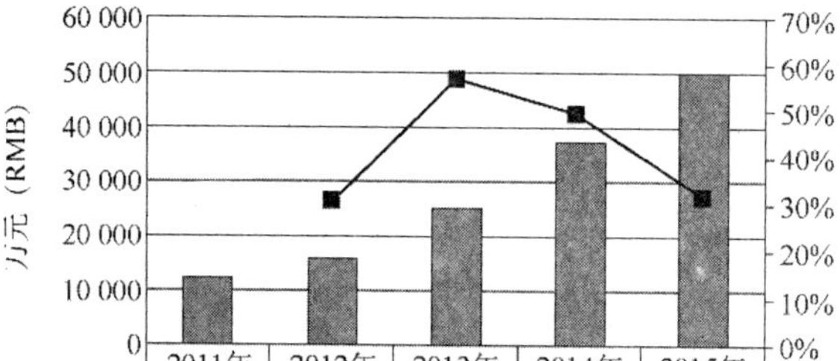

	2011年	2012年	2013年	2014年	2015年
营业总成本	12 264	16 053	25 258	37 547	49 617
增长率		31%	57%	49%	32%

图 4.27 RM 公司历年营业总成本及增长率

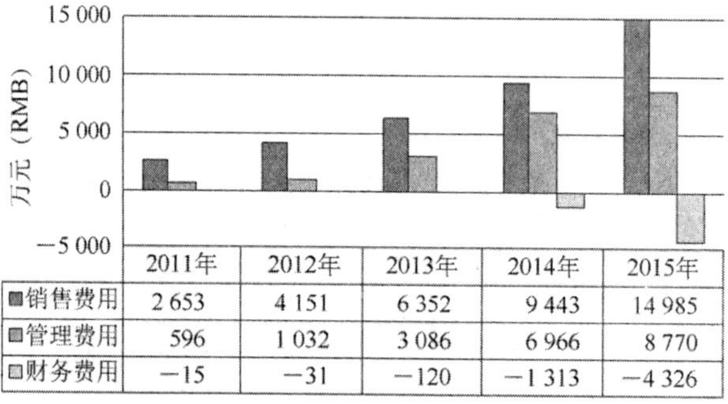

	2011年	2012年	2013年	2014年	2015年
销售费用	2 653	4 151	6 352	9 443	14 985
管理费用	596	1 032	3 086	6 966	8 770
财务费用	－15	－31	－120	－1 313	－4 326

图 4.28 RM 公司历年 3 项主要费用

③ 毛利、运营利润、净利润

图 4.29 显示，RM 公司总体毛利率水平一直在稳步提升，说明 RM 公司盈利能力在稳步增强。

图 4.30 显示了 RM 公司营业利润及增长率。2013 年度 RM 公司营业利润获得了 165% 的增长率；2015 年度 RM 公司营业利润达 21 186 万元，增长率达 74%。这说明 RM 公司运营成本控制良好。

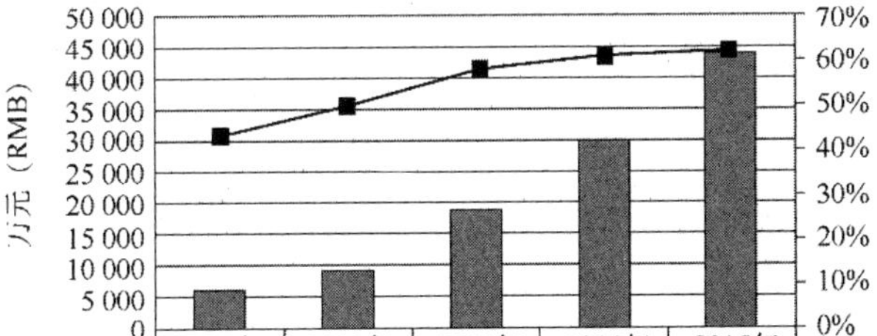

	2011年	2012年	2013年	2014年	2015年
毛利润	6 115.89	9 325.68	19 236.28	30 235.4	44 036
毛利率	43%	49%	58%	61%	62%

图 4.29　RM 公司历年毛利率及毛利润

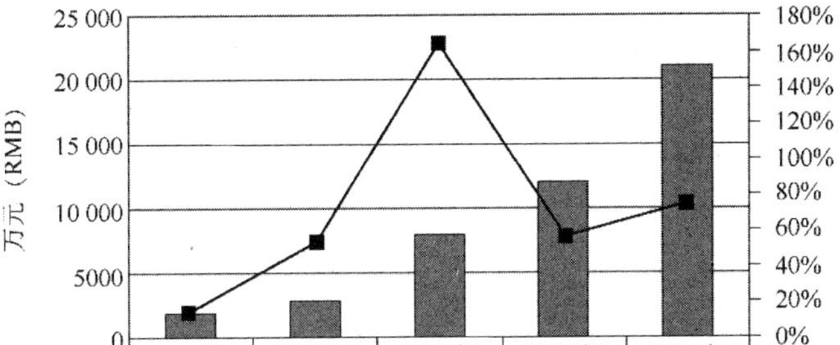

	2011年	2012年	2013年	2014年	2015年
营业利润	1 959	2 979	7 908	12 196	21 186
增长率	14%	52%	165%	54%	74%

图 4.30　RM 公司历年营业利润及增长率

图 4.31 显示，RM 公司净利润及净利润率在几年中稳定提升，目前也处于新媒体行业中较好水平。

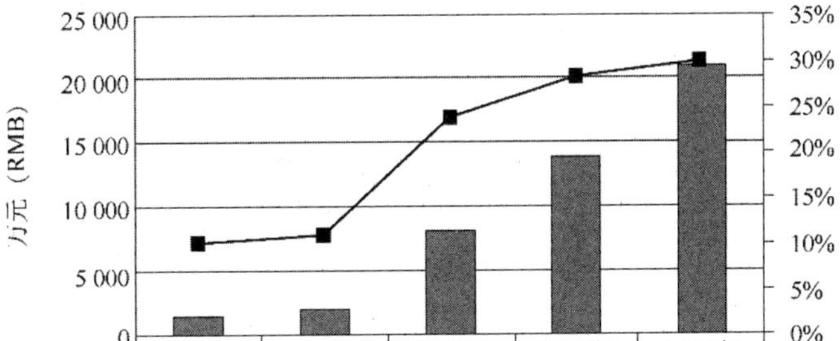

	2011年	2012年	2013年	2014年	2015年
净利润	1 447	2 154	7 976	13 948	21 031
净利润率	10%	11%	24%	28%	30%

图 4.31　RM 公司历年净利润及利润率

④ 现金流及资本运营

图 4.32 显示了 RM 公司 2011—2015 年的现金流数据。2015 年度 RM 公司经营活动产生的现金流净值为 9 283 万元，比前两年大幅度减少。查看 RM 公司 2015 年上半年公

布的财务报告，现金流报表显示其 2015 上半年经营活动产生的现金流约为－3 585 万元。

2015 年度 RM 公司投资活动的现金流为负值，从财务数据上看，RM 公司持续多年对企业进行资金注入，尤其是 2015 年度注入了 86 938 万元。但从年度财务报告公布的数据看，RM 公司动用的公司上市募集资金累计仅使用了 1328 万元。目前 RM 公司现金及现金等价物约为 20.2 亿元。

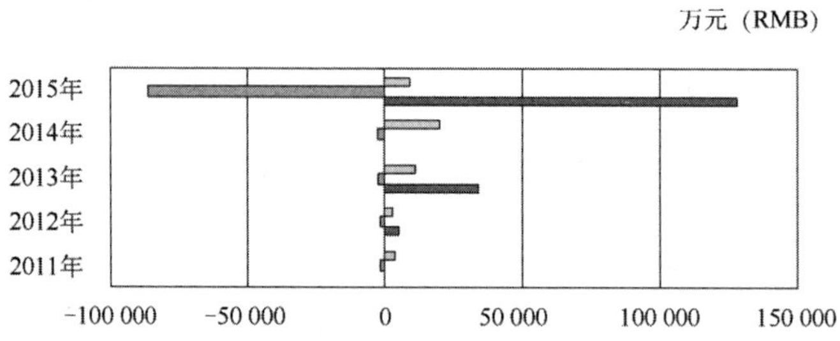

	2011年	2012年	2013年	2014年	2015年
经营活动的现金流	3 347	2 422	10 855	10 078	9 283
投资活动的现金流	-1 670	-2 228	-3 128	-2 749	-86 938
融资活动的现金流		5 000	33 790	-237	128 351

图 4.32　RM 公司历年现金流量情况

RM 公司经过几年的改制、股权融资及公开上市融资，融得的大量资金还没有得到有效的利用，这是其资产周转率（见图 4.33）大幅度下降的主要因素。

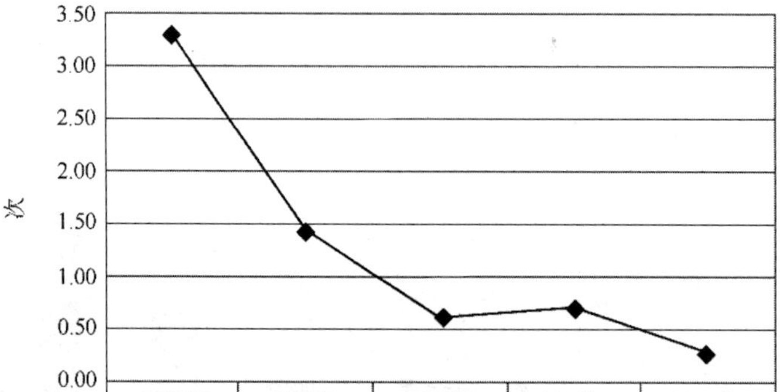

	2011年	2012年	2013年	2014年	2015年
资产周转率	3.3	1.44	0.6	0.72	0.32

图 4.33　RM 公司资产周转率

如图 4.34 所示，RM 公司资产利润率也有所下降，说明 RM 公司现在的投资回报率下降。

RM 公司 2015 年 4 月在 A 股上市。从 2015 年度财务报告看，RM 公司作为国家重点新闻网站运营情况良好。希望能从市场战略上了解 RM 公司进一步的举措。

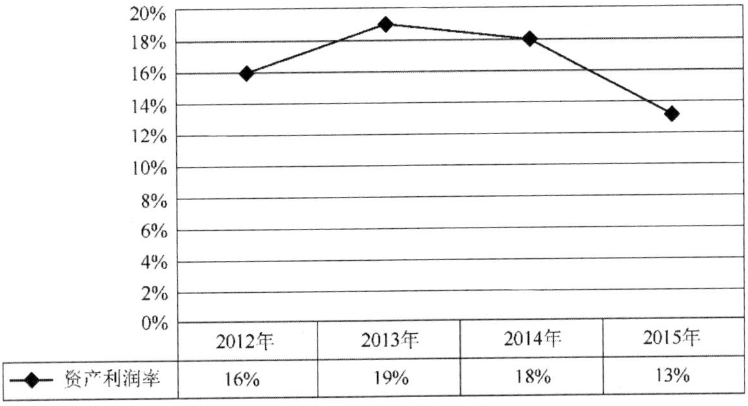

图 4.34 RM 公司资产利润率

资料来源：央视国际网络，2016 年 4 月 19 日.

3．X 集团有限公司

X 集团有限公司（以下简称 X 公司）是 20 世纪 50 年代初由几家公司联合组建而成，1998 年改制，现有职工 30 000 多人。X 公司是一个产业多元化发展的企业，它以生产经营浓香型白酒及其系列酒和相关辅助产品为主营业务，同时也兼营饮料、药品、水果种植、进出口业务、物业管理等。

X 公司 2014—2016 年度主要财务报表资料如表 4.16 至表 4.18 所示。

表 4.16 资产负债表

百万元

项 目	2016 年 12 月 31 日	2015 年 12 月 31 日	2014 年 12 月 31 日
流动资产：			
货币资金	7 543.59	5 925.40	4 060.77
交易性金融资产	23.71	8.09	8.09
应收票据	1 842.13	601.75	523.94
应收账款	102.76	5.17	6.79
预付款项	195.69	45.46	7.62
应收利息	29.34	52.82	43.22
其他应收款	68.86	25.94	27.59
存货	3 476.84	2 076.93	1 805.87
流动资产合计	13 282.92	8 741.55	6 483.89
非流动资产：			
长期股权投资	29.98	27.47	26.39
固定资产	6 935.93	4 334.38	4 670.66
在建工程	218.46	327.72	322.90
无形资产	308.09	60.90	62.49
商誉	1.62	0.00	0.00
长期待摊费用	66.36	0.00	0.00
递延所得税资产	5.74	4.39	5.32
非流动资产合计	7 566.17	4 754.87	5 087.76

（续表）

项　目	2016年12月31日	2015年12月31日	2014年12月31日
资产总计	20 849.09	13 496.42	11 571.65
负债及所有者权益：			
应付账款	239.07	38.08	30.31
预收款项	4 376.27	1 052.92	711.59
应付职工薪酬	41.71	37.48	193.36
应交税费	1 046.11	827.80	941.73
应付股利	220.63	0.00	0.00
其他应付款	339.96	84.20	65.93
流动负债合计	6 263.75	2 040.48	1 942.91
长期应付款	1.00	0.00	2.50
递延所得税负债	3.88	0.00	0.00
非流动负债合计	4.88	0.00	2.50
负债合计	6 268.63	2 040.48	1 945.41
实收资本	3 795.97	3 795.97	3 795.97
资本公积	953.20	953.20	953.20
盈余公积	2 318.89	1 985.20	1 803.74
未分配利润	7 206.96	4 645.70	3 016.47
所有者权益合计	14 580.46	11 455.94	9 626.24
负债和所有者权益总计	20 849.09	13 496.42	11 571.65

表4.17　利润表

百万元

项　目	2016年度	2015年度	2014年度
一、营业总收入	11 129.22	7 933.07	7 328.56
营业收入	11 129.22	7 933.07	7 328.56
二、营业总成本	6 561.19	5 503.52	5 148.15
营业成本	3 860.66	3 618.07	3 377.98
营业税金及附加	798.59	565.75	582.63
销售费用	1 164.15	890.83	782.76
管理费用	838.97	588.99	497.94
财务费用	−109.73	−159.95	−92.23
资产减值损失	8.55	−0.17	−0.93
三、营业利润	4 586.67	2 431.13	2 183.42
加：营业外收入	20.72	1.45	1.89
减：营业外支出	1.81	33.42	6.96
非流动资产处置损失	0.63	2.63	0.58
四、利润总额	4 605.59	2 399.16	2 178.35
减：所得税费用	1 138.92	569.46	705.56
五、净利润	3 466.67	1 829.70	1 472.78

表 4.18 现金流量表

百万元

项　　目	2016 年	2015 年	2014 年
一、经营活动产生的现金流量：			
销售商品、提供劳务收到的现金	15 120.5	9 514.52	9 077.98
收到的税费返还	26.97	0.00	0.00
收到其他与经营活动有关的现金	257.02	161.49	74.20
经营活动现金流入小计	15 404.49	9 676.02	9 152.18
购买商品、接受劳务支付的现金	3 522.04	3 537.85	3 186.99
支付给职工以及为职工支付的现金	1 127.35	895.05	692.19
支付的各项税费	3 165.46	2 155.46	2 551.50
支付其他与经营活动有关的现金	1 535.63	1 115.03	1 055.95
经营活动现金流出小计	9 350.48	7 703.38	7 486.63
经营活动产生的现金流量净额	6 054.01	1 972.64	1 665.55
二、投资活动产生的现金流量：			
收回投资收到的现金	0	0.00	0.60
取得投资收益收到的现金	0.5	0.50	3.39
处置固定资产、无形资产和其他长期资产收回的现金额	0.31	3.36	1.46
收到其他与投资活动有关的现金	3.11	0.00	0.00
投资活动现金流入小计	3.92	3.86	5.45
购建固定资产、无形资产和其他长期资产支付的现金	985.16	109.37	248.81
投资支付的现金	3.2	0.00	0.00
取得子公司及其他营业单位支付的现金净额	3 269.46	0.00	0.00
支付其他与投资活动有关的现金	3.1	0.00	0.00
投资活动现金流出小计	4 260.92	109.37	248.81
投资活动产生的现金流量净额	−4 257.00	−105.51	−243.35
三、筹资活动产生的现金流量：			
吸收投资收到的现金	11	0.00	15.00
其中：子公司吸收少数股东投资收到的现金	11	0.00	15.00
筹资活动现金流入小计	11	0.00	15.00
分配股利、利润或偿付利息支付的现金	189.8	0.00	162.68
支付其他与筹资活动有关的现金	2.5	2.50	0.00
筹资活动现金流出小计	192.3	2.50	162.68
筹资活动产生的现金流量净额	−181.3	−2.50	−147.68
四、汇率变动对现金及现金等价物的影响	0	0.00	0.00
五、现金及现金等价物净增加额	1 615.71	1 864.63	1 274.51
加：期初现金及现金等价物余额	5 925.4	4 060.77	2 786.26
六、期末现金及现金等价物余额	7 543.59	5 925.40	4 060.77

实训要求

（1）请在互联网上浏览沪市、深市上市公司的年度财务报告及有关信息。

（2）根据 RM 公司资料，结合财务分析报告撰写的要求，谈谈 RM 公司财务分析报告的优缺点及改进建议。

（3）根据 X 公司资料，撰写 X 公司 2016 年度财务分析报告。

提示：报告需要包括以下几方面内容。

（1）行业情况及公司情况

① 公司所处的行业发展概况。

② 公司基本情况。

③ 公司总体财务状况。

（2）偿债能力分析

（3）资产营运能力分析

（4）盈利能力分析（可以进行杜邦分析）

（5）存在的问题及改进措施

（4）以小组为单位完成以下分析内容。

① 搜集某上市公司近 3 年的财务报表。

提示：所分析公司年度报告与同行业先进企业年报可至上海证券交易所——上证所公告、上市公司信息、定期报告（http://www.sse.com.cn）或巨潮资讯（http://www.cninfo.com.cn）分别寻找。

② 计算该上市公司主要的财务比率。

③ 根据杜邦分析进行综合分析。

④ 撰写该上市公司 2016 年度财务分析报告。

项目习题

一、单项选择题

在线自测

1. 可持续发展财务分析体系的核心指标是（　　）。

　A. 权益乘数　　B. 1－股利支付率

　C. 净资产收益率　　D. 可持续增长率

2. 在杜邦财务分析体系的第一层次分解中，将（　　）分解为营业净利率和总资产周转率两个因素的乘积。

　A. 权益乘数　　B. 净资产收益率

　C. 总资产收益率　　D. 可持续增长率

3. 总资产和净资产的比率是（　　）。

　A. 权益乘数　　B. 净资产收益率

　C. 总资产收益率　　D. 可持续增长率

4. 可持续增长率指标是净资产收益率和（　　）的乘积。

　A. 权益乘数　　B. 1－股利支付率

　C. 总资产净利率　　D. 可持续增长率

5. （ ）越大，可持续增长率越低。

A. 营业净利率　B. 总资产周转率
C. 权益系数　D. 股利支付率

6. 一般情况下，综合经济指数达到（ ），说明企业经营总体水平达到了标准要求。

A. 90%　B. 100%　C. 80%　D. 60%

二、多项选择题

1. 杜邦分析法是利用各个主要财务比率之间的内在联系，将反映企业（ ）的比率形成一个完整的指标体系，最终通过（ ）这一核心指标来全面、系统、综合地反映企业的财务状况。

A. 发展能力　B. 偿债能力　C. 盈利能力　D. 营运能力
E. 净资产收益率

2. 杜邦财务分析体系包含两大层次，分别对（ ）进行分解。

A. 总资产收益率　B. 权益乘数　C. 净资产收益率　D. 营业净利率
E. 总资产周转率

3. 可持续发展财务分析体系以可持续发展比率为核心，将反映企业（ ）的指标联系在一起，使财务分析的方法体系更加完善。

A. 发展能力　B. 偿债能力　C. 盈利能力　D. 营运能力
E. 净资产收益率

4. 净资产收益率可以分解为（ ）因素的乘积。

A. 营业净利率　B. 总资产周转率　C. 权益乘数　D. 1-股利支付率
E. 存货构成

5. 绩效评价结果以评价得分和评价类型加评价级别表示,评价类型包括（ ）。

A. 优　B. 良　C. 中　D. 低　E. 差

三、判断题

1. 杜邦分析法最终通过净资产收益率这一核心指标来全面、系统、直观地反映企业的财务状况。（ ）
2. 净资产收益率可以分解为总资产周转率和权益乘数的乘积。（ ）
3. 营业净利率也是杜邦财务分析体系的重要内容，而且属于第二层次的分解内容。（ ）
4. 权益乘数最大，净资产收益率越高，财务风险越小。（ ）
5. 可持续发展财务分析体系是对杜邦财务分析体系的发展与完善。（ ）
6. 可持续发展财务分析体系的核心是净资产收益率。（ ）
7. 可持续增长率的高低取决于净资产收益率和股利支付率两个因素。（ ）

四、计算分析题

1. 某公司净资产收益率指标资料如表 4.20 所示。

表 4.20　相关财务指标资料

万元

项　目	上　年	本　年
平均总资产	46 780	49 120
平均净资产	25 729	25 051
营业收入	37 424	40 278
净利润	3 473	3 557

要求：根据以上资料，按杜邦财务分析体系对净资产收益率变动原因进行分析。

2. 某公司有关财务指标资料如表 4.21 所示。

表 4.21　相关财务指标资料

万元

项　目	上　年	本　年
平均总资产	68 520	74 002
平均净资产	41 112	40 701
营业收入	51 390	57 722
净利润	3 083	3 215
现金股利支付额	1 233	1 125

要求：根据以上资料，按可持续发展财务分析体系对可持续发展比率变动原因进行分析。

参 考 文 献

[1] 财政部会计资格评价中心. 初级会计实务（2016）[M]. 北京：中国财政经济出版社，2016.

[2] 财政部会计资格评价中心. 中级会计实务（2016）[M]. 北京：经济科学出版社，2016.

[3] 财政部会计资格评价中心. 财务管理（2016）[M]. 北京：中国财政经济出版社，2016.

[4] 中国注册会计师协会. 财务成本管理（2016）[M]. 北京：中国财政经济出版社，2016.

[5] 张先治，陈友邦. 财务分析[M]. 大连：东北财经大学出版社，2014.

[6] 张先治，陈友邦，秦志敏. 财务分析习题与案例[M]. 大连：东北财经大学出版社，2015.

[7] 张新民，王秀丽. 财务报表分析[M]. 北京：高等教育出版社，2016.

[8] 张新民，钱爱民. 财务报表分析[M]. 北京：中国人民大学出版社，2014.

[9] 钱爱民，张新民. 财务报表分析：案例分析与学习指导[M]. 北京：中国人民大学出版社，2014.

[10] 苏布拉马尼亚姆. 财务报表分析[M]. 宋小明，谢盛纹，译. 北京：中国人民大学出版社，2015.

[11] 熊楚熊. 财务报表分析原理与技术[M]. 上海：立信会计出版社，2015.

[12] 刘姝威. 上市公司虚假会计报表识别技术[M]. 北京：机械工业出版社，2011.

尊敬的老师：

您好。

请您认真、完整地填写以下表格的内容(务必填写每一项)，索取相关图书的教学资源。

教学资源索取表

<table>
<tr><td>书　名</td><td colspan="4"></td><td>作者名</td><td></td></tr>
<tr><td>姓　名</td><td colspan="2"></td><td>所在学校</td><td colspan="3"></td></tr>
<tr><td>职　称</td><td colspan="2"></td><td>职　务</td><td></td><td>职　称</td><td></td></tr>
<tr><td rowspan="2">联系方式</td><td>电　话</td><td colspan="3"></td><td>E-mail</td><td></td></tr>
<tr><td>QQ号</td><td colspan="3"></td><td>微信号</td><td></td></tr>
<tr><td colspan="2">地址（含邮编）</td><td colspan="5"></td></tr>
<tr><td colspan="3">贵校已购本教材的数量（本）</td><td colspan="4"></td></tr>
<tr><td colspan="2">所需教学资源</td><td colspan="5"></td></tr>
<tr><td colspan="2">系/院主任姓名</td><td colspan="5"></td></tr>
</table>

系／院主任：________________（签字）

（系／院办公室公章）

20_____年____月____日

注意：

① 本配套教学资源仅向购买了相关教材的学校老师免费提供。

② 请任课老师认真填写以上信息，并请系／院加盖公章，然后传真到 (010) 80115555 转 718438 索取配套教学资源。也可将加盖公章的文件扫描后，发送到 fservice@126.com索取教学资源。欢迎各位老师扫码关注我们的微信号和公众号，随时与我们进行沟通和互动。

③ 个人购买的读者，请提供含有书名的购书凭证，如发票、网络交易信息，以及购书地点和本人工作单位来索取。

微信号　　　　公众号

中国工信出版集团　　電子工業出版社 PUBLISHING HOUSE OF ELECTRONICS INDUSTRY